Nº	Nom	Classe	Date

French - English, English - French

Your
FRENCH
Dictionary
Second edition

Val Levick
Glenise Radford
Alasdair McKeane

CONTENTS

La France

LES PAYS FRANCOPHONES

l'Algérie *f*
la Belgique
le Bénin (ex Dahomey)
le Burkina Faso (ex Upper Volta)
le Burundi
le Cambodge (le Kampuchéa)
le Cameroun
le Canada
les Comores *fpl*
la Côte d'Ivoire
la République de Dijbouti
la France
le Gabon
la Guinée
l'île d'Haïti *f*
le Liban
le Luxembourg
l'île de Madagascar *f*
le Mali
le Maroc
l'île Maurice *f*
la Mauritanie
le Niger
la République Centrafricaine
le Ruanda
le Sénégal
les Seychelles *fpl*
la Suisse
le Tchad
le Togo

la Tunisie
le Vietnam
le Zaïre

la Guadeloupe - DOM
French overseas département in the Caribbean

la Martinique - DOM
French overseas département south of Guadeloupe

la Guyane - DOM
French overseas département between Surinam and Brazil

l'île de la Réunion *f* - DOM
French overseas département in the Indian Ocean

les îles de St-Pierre et Miquelon *fpl* - DOM
French islands off Newfoundland

Terres Australes et Antartiques *fpl* - TOM
French islands in the Antarctic and Australasian area. Scientific base

la Nouvelle Calédonie - TOM
French overseas territory in the Pacific, to the east of Australia

la Polynésie française - TOM
French overseas territory in the Pacific

Wallis et Futuna - TOM
French islands in the Pacific

DOM: - les départements d'outre-mer
These areas are administratively part of France and are represented in the French parliament.

TOM: - les territoires d'outre mer
These areas are administered by France, but are not represented in the French parliament.

HOW TO USE A DICTIONARY

All learners of a foreign language will find knowing how to use a dictionary a really useful skill. It is sensible to learn how to look up words and to understand the abbreviations.

Alphabetical order

Dictionaries are arranged in alphabetical order. So all words beginning with the letter *a* come before all those beginning with the letter *b*, and so on. Within the section for each letter, the same applies. So the words which start with the letters *ab* come before those starting *ac*, and so on. In the same way, words starting *aba* come before those starting *abb*. If you are not totally sure of your alphabet, write it on a bookmark which you keep with your dictionary.

In French, accents over letters (*é, è, ê*) do not affect the alphabetical order.

Abbreviations

All dictionaries contain abbreviations for convenience. However, they are only convenient if you know what they mean! In this dictionary there are reminders of the most frequent abbreviations at the foot of each page. The full list of abbreviations we have used is given on page vii.

Looking up a French word

When you look up a **French** word, it is possible that you may find a number of English translations given, listed with the most common first. You will then need to work out which meaning is most likely in the context.

You may find that a word is not listed. This may mean that it is a past participle, or some other part of an irregular verb. Check the irregular verb table on page 208.

Adjectives

In French, adjectives change their spelling to agree with their noun.

Adjectives with the same form in both masculine and feminine, or adjectives which just add **-e** in the feminine are shown in one form only in this dictionary:

Example: **red** – rouge *adj*
             big – grand *adj*

Adjectives with a more complicated feminine form are shown in both forms:

Example: **happy** – heureux, heureuse *adj*

Adjectives which for some reason do not change their spelling are marked as invariable: *adj inv*

      Example: **smart** – (fashionable) chic *adj inv*

Plural forms of adjectives are mentioned only when they are unusual.

      Example: **uneven** – inégal (*mpl* inégaux)

Nouns

Nouns are identified as masculine or feminine.

      Example: **boy** – garçon *nm*
                    girl – fille *nf*

Some nouns can be either masculine or feminine. These are shown separately if they are spelled differently, or once only if the noun is the same in both genders.

      Example: **customer** – client *nm*, cliente *nf*
                    pupil – élève *nmf*

Verbs

Verbs are classified as regular (*v reg*), regular with variations (*v reg* †), reflexive (*v refl*) or irregular (*v irreg* §)

Regular verbs are verbs which belong to the **-er**, **-ir** or **-re** groups:

      Example: regard**er**, fin**ir**, répond**re**

These are identified as *v reg*.

Regular verbs with variations are **-er** verbs which broadly follow the regular pattern with some variations:

      Example: man**ger**, commen**cer**, envo**yer**

These are identified as *v reg* †. Look at pages 232-233 for help with these verbs.

Irregular verbs are verbs which just have to be learned individually:

      Example: devoir, pouvoir, voir

These are identified as *v irreg* §. Look in the verb table on pages 208-226 for help with these verbs.

Reflexive verbs are verbs with an extra pronoun:

      Example: se laver*

They are identified as *v refl* if they are regular, as *v refl* † if they are **-er** verbs with variations and as *v refl* § if they are irregular. Look at page 231 for more help. Remember that * is the symbol used to show that a verb takes **être** in the perfect and other compound tenses.

You will not find every irregular reflexive verb listed in the verb table. If you cannot find the one you want, look it up without **se** or **s'**.

Looking up an English word

When you look up an **English** word to find the French equivalent, it is important to know if you are looking for an adjective, a noun, a verb, an adverb, etc. (Adjectives, adverbs, nouns and verbs are all identified in both parts of the dictionary. See pages viii-xii if you are unsure of any of these terms.) When you have found the French word, look that up in the French-English section. You should get the same English word you started with in the English-French section, or a word which means the same in the same situation.

In the English-French section of the dictionary, words which could be misleading have an explanation in brackets to clarify the meaning.

Example: **square** – (in town) place *nf*

                    square – (on paper) case *nf*

                    square – (shape) carré *adj*

What else is in the dictionary?

There is a **table of irregular French verbs** at the end of the dictionary. If a verb has the § symbol after it, you will find it in the verb table on pages 208-226. To save space some verbs are not written out in full. So the entry for *revenir* will refer you to *venir*, which behaves in exactly the same way.

There is information about **how to write letters**, both formal and informal, on pages 236-239.

There is a **list of instructions** in French which you might see in text books and in examinations, together with translations of these instructions. These will be found on pages 240-244.

This dictionary also contains **simple explanations of grammatical terms**, with examples on pages viii-xii, and a reminder of **simple grammar points** on pages 227-235.

LIST OF ABBREVIATIONS

§	see verb table (pages 208-226)
†	**-er** verb with variations (pages 232-233)
*	verb takes *être* in perfect tense (page 234)
‡	word beginning with h which does not require the word before it to be abbreviated: le hibou, la haie, se hâter, de haute taille
adj	adjective
adv	adverb
art	article
coll	colloquial
conj	conjunction
def	definite
dem adj	demonstrative adjective (page 228)
dem pron	demonstrative pronoun
excl	exclamation
indef	indefinite
inv	invariable
neg	negative
nf	noun, feminine singular
nfpl	noun, feminine plural
nm	noun, masculine singular
nmf	noun which can be either masculine or feminine
nmpl	noun, masculine plural
pers pron	personal pronoun
pl	plural
poss adj	possessive adjective
pp	past participle
pref	prefix: mi-, demi-
prep	preposition
pron	pronoun
qqch	quelque chose
qqn	quelqu'un
rel pron	relative pronoun
sing	singular
sl	slang
s.o.	someone
sthg	something
v irreg §	verb, irregular; details in the verb table (pages 208-226)
v refl	verb, reflexive (page 231)
v reg	verb, regular (pages 229-230)
v reg †	verb, regular with variations (pages 232-233)

GRAMMATICAL TERMS EXPLAINED

adj   **Adjectives (les adjectifs)**

These are words which describe or tell you more about a noun.
There are many kinds of adjectives:
Example: **big** – grand *adj*
            green – vert *adj*
            intelligent – intelligent *adj*
            French – français *adj*
            this – ce *adj*
but they all serve to give extra information about their noun.

adv   **Adverbs (les adverbes)**

These are words which are added to a verb, adjective or another adverb to tell you
how, when, where a thing was done:
Example: **quickly** – rapidement *adv*
            soon – bientôt *adv*
            there – là *adv*

art   **Articles (les articles)**

There are two kinds of articles mentioned in this dictionary:
    def art   **Definite (l'article défini)**   **the** – le, la, les
    indef art   **Indefinite (l'article indéfini)**   **a, an, some** – un, une, des

coll   **Colloquial (familier)**

These are words used in spoken French but they are perhaps not always suitable for
written French.

conj   **Conjunctions (les conjonctions)**

These are words used to join sentences and clauses:
Example: **and** – et *conj*
            but – mais *conj*

excl   **Exclamations (les exclamations)**

These are phrases and words often used with an exclamation mark:
Example: **help!** – au secours! *excl*

inv   **Invariable (invariable)**

These nouns or adjectives do not change their spelling for feminine or plural.

neg   **Negative (négatif)**

This identifies words such as *not* ne...pas, *nothing* ne...rien, *never* ne...jamais.

nm, nf, nmf   **Nouns (les noms)**

These are names of people, places and things. There are two genders in French: masculine **le/un** and feminine **la/une**. All nouns fit into one or other of these categories.

      Example: **boy** – garçon *nm*
                     girl – fille *nf*

Some nouns can be either feminine or masculine:

      Example: **pupil** – élève *nmf*

pp   **Past Participles (les participes passés)**

These are parts of a verb used with an **auxiliary verb** *avoir* or *être* to form the **Perfect (Passé Composé)** and other compound tenses.

In English they often end in **-en, -ed** or **-t**:

            given   *looked*   *bought*

In French they often end in **-é, -i, -u, -s** or **-t**:

            donn**é**   fin**i**   répond**u**   pri**s**   condui**t**

There are times when they agree (change their spelling).

Past participles are to be found in the **passé composé** columns in the verb table on pages 208-226.

poss adj   **Possessive Adjectives (les adjectifs possessifs)**

These adjectives show ownership:

      Example: **my**   mon, ma, mes

pref   **Prefix (préfixe)**

A prefix is a group of letters added, sometimes with a hyphen, to the beginning of a word to alter its meaning:

      Example: **happy** – heureux *adj*
                     unhappy – **mal**heureux *adj*
                     hour – heure *nf*
                     half hour – **demi**-heure *nf*

prep   **Prepositions (les prepositions)**

These are words placed in front of nouns and pronouns to show position and other relationships:
    Example: **in** – dans *prep*
                           before – avant *prep*

pron   **Pronouns (les pronoms)**

Pronouns are short words used to stand in the place of a noun to avoid repeating it or to give emphasis:
    Example: **her, it** – la *pron*

dem pron   **Demonstrative Pronouns (les pronoms démonstratifs)**

These words are used to establish contrast between two things or people:
    Example   **this one** – celui-ci *dem pron*

pers pron   **Personal Pronouns (les pronoms personnels)**

This is the general name given to subject, direct object, reflexive pronouns:
    Example: **he** – il *pers pron*
                           him – le *pers pron*
                           himself – se *pers pron*

rel pron   **Relative Pronouns (les pronoms relatifs)**
These are words which join two phrases or ideas which are linked by meaning:
    Example: **which** – qui, que *rel pron*
                           *The book **which** is on the table is mine*
                           Le livre **qui** est sur la table est à moi

sing, pl   **Singular, Plural (singulier, pluriel)**

Nouns and adjectives can be singular or plural:
    Example: **boy** – garçon *nm*
                           holidays – vacances *nfpl*

sl   **Slang (l'argot)**

These words and phrases are heard in spoken French. They should only be used with care! Do not use them in written French.
    Example: **lousy** – infect *adj sl*, moche *adj sl*

v reg, v irreg, v refl   Verbs (les verbes)

A verb will tell you the actions and events in a sentence.

Example: *I am playing football*   **Je joue** au football

The form of the verb which is listed in this dictionary and verb table is called the infinitive. It means "to".....

Example: regarder *– to look at, to watch*

The final two letters of the infinitive are important. They tell you to which group or conjugation the verb belongs.

v reg   **Regular Verbs (les verbes reguliers)**

There are three main regular families (conjugations) in French:

-er   travailler – to work *v reg*
-ir   finir – to finish *v reg*
-re   répondre – to answer *v reg*

Many verbs belong to one of these groups and they are identified as *v reg* in the dictionary.

v reg †

Some of the **-er** verbs have variations in their spelling in the present tense:

Example: manger – *v reg* †   je mange   nous mangeons
                    commencer – *v reg* †   je commence   nous commençons

These verbs are identified as *v reg* † and more information about them will be found on pages 232-233.

v irreg §   **Irregular Verbs (les verbes irreguliers)**

These verbs, which do not follow one of the three patterns, are set out for you in the verb table on pages 208-226. They are verbs which are frequently used and which you **must** know. They are listed as *v irreg* §.

Example: **laugh** – rire *v irreg* §
                    be able to – pouvoir *v irreg* §
                    come – venir* *v irreg* §

* is the symbol used to show that a verb takes **être** in the perfect and other compound tenses.

v refl   **Reflexive Verbs (les verbes pronominaux)**

These are verbs which have an extra pronoun:

Example: *I wash myself*   Je **me** lave
                she gets dressed   elle **s'**habille

They will always take *être* in the compound tenses and are marked with a *.
They are frequently regular **-er** verbs and are just marked *v refl*:

Example: **wash o.s.** − se laver* *v refl*

Those which are **-er** with variations are marked *v refl* †:

Example: **get up** − se lever *v refl* †

The common ones which are irregular are marked *v refl* § and are in the verb table:

Example :   **sit down** − s'asseoir* *v refl* §

If you do not find the verb in its reflexive form in the table, try looking for it
without the **se** or **s':**

Example: **get angry** − se mettre* en colère *v refl* §

Here you will have to look up **mettre** in the verb table.
You must also remember to use the correct reflexive pronoun.

A

a – *see avoir* § has
  elle a –she has
  il a – he has
  il y a – there is, there are
  on a – we have, you have, one has
à – *prep* to, at, in
  à la, à l', aux – to the, at the
  à bientôt – *adv* see you soon
  à bord de – on board
  à carreaux – *adj* checked
  à cause de – because of
  à ce moment-là – at that moment
  à ce soir – see you this evening
  à cinq euros – costing five euros
  à cinq minutes d'ici – 5 minutes
    from here
  à côté de – *adv* beside, next to
  à demain – *adv* see you tomorrow
  à dix kilomètres de – 10 km from
  à droite – on the right, to the right
  à emporter – to take away
  à gauche – on the left
  à haute voix – aloud
  à l'appareil – (on the phone)
    speaking
  à l'est – in the east
  à l'étage – upstairs
  à l'étranger – abroad
  à l'extérieur – outside
  à l'heure – on time
  à l'ouest – in the west
  à la campagne – in the country
  à la mer – at the sea
  à la montagne – in the mountains
  à la radio – on the radio
  à la tienne – cheers!
  à la vôtre – cheers!
  à Londres – in London
  à louer – for hire
  à moi – to me, mine, my
  à mon avis – in my opinion

  à Noël – at Christmas
  à Pâques – at Easter
  à part – beside, apart from
  à partir de – from
  à peine – hardly
  à peu près – more or less, scarcely
  à pied – on foot
  à point – medium (steak)
  à propos (de) – about, concerning
  à proximité de – near to
  à quel point – how much, to what
    extent
  à quelle heure? – at what time?
  à samedi – see you Saturday
  à souhait – to perfection
  à ta santé – cheers!
  à table! – *excl* the meal is ready!
  à tout à l'heure – see you later
  à toute vitesse – at top speed
  à vos souhaits! – bless you!
  à votre avis – in your opinion
  à votre santé! – cheers!
abandonner – *v reg* to give up
abbaye – *nf* abbey
abbé – *nm* priest, abbot
abeille – *nf* bee
abîmé – *adj* damaged, spoiled
abîmer – *v reg* to spoil, ruin
abonnement – *nm* subscription
aborder – *v reg* to approach
aboyer – *v reg* † to bark
abri – *nm* shelter
  à l'abri (de) – sheltered (from)
abricot – *nm* apricot
absent – *adj* absent
absolu – *adj* absolute
absolument – *adv* absolutely
accélérer – *v reg* † to accelerate
accent – *nm* accent
  accent aigu – acute accent (é)

---

prep - preposition   *v reg* - verb regular   *v refl* - verb reflexive   § - see verb tables
pp - past participle   *v irreg* - verb irregular   † - see verb information   * - takes être

accent circonflexe – circumflex accent (ê)
accent grave – grave accent (è)
accepter – *v reg* to accept
  accepter de – to agree to
accès – *nm* access, way in
  accès aux quais – "to the trains"
  accès interdit – no entry
accessible – *adj* approachable, affordable
accessoire – *nm* accessory, prop
accident – *nm* accident
  accident de train – train crash
  accident d'avion – plane crash
  par accident – by accident
accidenté – *adj* bumpy, uneven, injured
acclamation – *nf* acclaim
accompagnateur – *nm* tour leader
accompagnatrice – *nf* tour leader
accompagner – *v reg* to go with
  accompagné de – accompanied by
accord – *nm* agreement
accorder – *v reg* to grant, award
  faire accorder un verbe –
  v irreg § to make a verb agree
accrocher – *v reg* to hang up
accueillant – *adj* welcoming, friendly
accueillir – *v irreg* § to welcome
accuser – *v reg* to accuse
  accuser réception de – to acknowledge receipt of
achat – *nm* purchase
  faire des achats – *v irreg* § to go shopping
acheter – *v reg* † to buy
acier – *nm* steel
acrobate – *nmf* acrobat
acte – *nm* act (in play), action
acteur – *nm* actor (film)
actif, active – *adj* active
activité – *nf* activity
actrice – *nf* actress (film)

actualité – *nf* current events
actualités – *nfpl* news (at the cinema)
actuel, actuelle – *adj* present, current
  à l'heure actuelle – at the present time
actuellement – *adv* at the moment, currently
addition – *nf* bill
adhérent – *nm* member (club, etc)
adieu – goodbye
adjectif – *nm* adjective
administration – *nf* government, administration
admirer – *v reg* to admire
admissible – *adj* acceptable, eligible
adolescent(e) – *nmf* adolescent, teenager
adopté – *adj* adopted
adorable – *adj* delightful
adorer – *v reg* to love
adouci – *adj* softened, mellowed
s'adoucir* – *v refl* to become mild
adresse – *nf* address
adresser – *v reg* to address (letter, remark)
  s'adresser à* – *v refl* to speak to, apply to, contact
adulte – *adj* adult, grown up
adulte – *nmf* adult
adverbe – *nm* adverb
adversaire – *nmf* opponent
aérobic – *nm* aerobics
aérogare – *nf* airport buildings, air terminal (in city)
aéroglisseur – *nm* hovercraft
aéroport – *nm* airport
aérospatiale – *nf* aerospace industry, science of aerospace
affaire – *nf* business transaction, matter, problem
affaires – *nfpl* business
  une femme d'affaires – *nf* business woman

---

nm - noun masculine   *nmpl* - noun masculine plural   *adj* - adjective   *conj* - conjunction
nf - noun feminine   *nfpl* - noun feminine plural   *adv* - adverb   *pron* - pronoun

un homme d'affaires – *nm*
business man
affaires – *nfpl* belongings, things
affamé – *adj* starving, starved
affectueux, affectueuse – *adj*
affectionate
affiche – *nf* notice, poster
affirmer – *v reg* to state
affluence – *nf* crowds
affolé – *adj* terrified
affreux, affreuse – *adj* awful, ugly
affrontement – *nm* confrontation
afin de – *prep* in order to
africain – *adj* African
Afrique – *nf* Africa
  Afrique du Sud – South Africa
agacer – *v reg* † to annoy
  ça m'agace – that gets on my
  nerves
âge – *nm* age
âgé – *adj* aged
  âgé de six ans – six years old
  être âgé – *v irreg* § to be old,
  elderly
agence – *nf* agency
  agence de renseignements –
  information office
  agence de voyages – travel
  agency
  agence immobilière – estate
  agent
agenda – *nm* diary
agenouillé – *adj* kneeling
s'agenouiller* – *v refl* to kneel
agent – *nm* agent, official
  agent de police – *nm* policeman
agglomération – *nf* urban area
agile – *adj* nimble, agile
agir – *v reg* to act
  il s'agit de – it is about
agneau – *nm* lamb
agrafe – *nf* staple

agrafeuse – *nf* stapler
agrandir – *v reg* to increase, enlarge
agréable – *adj* pleasant
agréablement – *adv* pleasantly
agréer – *v reg* to accept
agresser – *v reg* to attack
agressif, agressive – *adj* aggressive
agricole – *adj* agricultural
agriculteur – *nm* farmer
ai – *see avoir* § have
  j'ai ... ans – I am ... years old
aide – *nf* help
aider – *v reg* to help
aïe! – *excl* ouch! ow!
aigre – *adj* sour
aigu, aiguë – *adj* acute, sharp
  accent aigu – acute accent (é)
aiguille – *nf* needle, (clock) hand
ail – *nm* garlic
aile – *nf* wing
ailier – *nm* winger
  ailier droit, gauche – right, left
  winger
ailleurs – *adv* somewhere else
  d'ailleurs – moreover
aimable – *adj* friendly
aimer – *v reg* to like
  beaucoup aimer – to like a lot
  bien aimer – to like
  j'aimerais – I would like
  mieux aimer – to prefer
aîné – *adj* elder
ainsi – *adv* in this way, thus
  ainsi que – as well as
air – *nm* air
  avoir l'air de –
  v irreg § to seem to
aire de jeu – *nf* adventure playground
aire de pique-nique – *nf* picnic area
aire de repos – *nf* rest area
aise – *nf* satisfaction

---

prep - preposition	*v reg* - verb regular	*v refl* - verb reflexive	§ - see verb tables
pp - past participle	*v irreg* - verb irregular	† - see verb information	* - takes être

être à l'aise – *v irreg* § to feel at ease
mal à l'aise – ill at ease
aisé – *adj* easy, well-off
ajouter – *v reg* to add
ajuster – *v reg* to adjust
alarme – *nf* alarm
alcool – *nm* alcohol
alentours – *nmpl* surroundings
aux alentours de Paris – in the Paris area
Algérie – *nf* Algeria
algérien, algérienne – *adj* Algerian
Algérien(ne) – *nmf* Algerian person
aliment – *nm* food
alimentation – *nf* food, diet
alimentation générale – grocer's
alimenter – *v reg* to feed
allais – *see aller* § used to go
allait – *see aller* § used to go
si on allait? – shall we go?
allé – *pp aller* § went, have gone
allée – *nf* avenue, drive
Allemagne – *nf* Germany
allemand – *adj* German
allemand – *nm* German (language)
Allemand(e) – *nmf* German person
aller* – *v irreg* § to go
aller à – to go to
aller à la pêche – to go fishing
aller au lit – to go to bed
aller chercher – to go and get, fetch
aller faire – *v irreg* § to be going to do
aller voir – to go and see, visit (people)
aller bien – to be well
aller mal – to be ill
mieux aller – to be better
pour aller à ... ? – what is the way to ... ?

s'en aller* – *v refl* § to go away
aller-retour – *nm* return ticket
aller simple – *nm* single ticket
allez – *see aller v irreg* § go
allez! – *excl* come on!
allez tout droit – go straight on
allez-vous-en! – *excl* go away!
allez-y! – *excl* go on, go ahead!
alliance – *nf* wedding ring
allô! – *excl* hello! (on the phone)
allocation – *nf* allowance, benefit
allons – *see aller v irreg* § go
allonger – *v reg* † to lengthen
s'allonger* – *v refl* † to lie down
allons-y – let's go
allumer – *v reg* to light, switch on
allumer la radio – to switch on the radio
allumer les phares – to switch on headlights
allumette – *nf* match(stick)
allure – *nf* look, speed, walk
alors – *adv* then
alors que – whilst
et alors? – so what?
les Alpes – *nfpl* the Alps
alpin – *adj* alpine
alpinisme – *nm* mountain climbing
alpiniste – *nmf* mountaineer
alto – *nm* viola, alto
amande – *nf* almond
ambassade – *nf* embassy
ambiance – *nf* atmosphere
ambitieux – *adj* ambitious
ambulance – *nf* ambulance
ambulant – *adj* travelling
âme – *nf* soul
amélioration – *nf* improvement
améliorer – *v reg* to improve
aménagé – *adj* fitted, converted
aménagement – *nm* improvement (home)

---

aménager – *v reg* † to fit out, convert
amende – *nf* fine (punishment)
amener – *v reg* † to bring (someone)
amer, amère – *adj* bitter
américain – *adj* American
Américain(e) – *nmf* American
Amérique – *nf* America
  Amérique du Nord – North America
  Amérique du Sud – South America
ami – *nm* friend (male)
  petit ami – boy friend
amical – *adj* friendly
  amicalement – with best wishes from (letter)
amie – *nf* friend (female)
  petite amie – girlfriend
amitié – *nf* friendship
  amitiés – love from (letter)
amour – *nm* love
amoureux, amoureuse (de) – *adj* in love (with)
amplifier – *v reg* to amplify
ampoule – *nf* light bulb
amusant – *adj* amusing
amuser – *v reg* to amuse
s'amuser* – *v refl* to have a good time
  amuse-toi bien! – have a good time!
  amusez-vous bien! – have a good time!
an – *nm* year
  en l'an 1789 – in 1789
  le nouvel an – New Year's Day
  trois fois par an – three times a year
analphabétisme – *nm* illiteracy
ananas – *nm* pineapple
ancêtre – *nmf* ancestor
ancien, ancienne – *adj* old, ex-
ancre – *nf* anchor

âne – *nm* donkey
anéantir – *v reg* to destroy, wipe out
ange – *nm* angel
angine – *nf* tonsillitis
  avoir une angine – *v irreg* § to have a sore throat
anglais – *adj* English
anglais – *nm* English (language)
Anglais(e) – *nmf* English person
Angleterre – *nf* England
anglophone – *adj* English speaking
angoisse – *nf* anguish, dread, fear
animal – *nm* animal
  animal domestique – pet
  animal sauvage – wild animal
animateur – *nm* organiser (male)
animatrice – *nf* organiser (female)
animaux – *nmpl* animals
animé – *adj* lively
  dessin animé – *nm* cartoon
anneau – *nm* ring
année – *nf* year
  année scolaire – school year
  bonne année! – Happy New Year!
  l'année dernière – last year
  l'année prochaine – next year
anniversaire – *nm* birthday
  bon anniversaire! – Happy Birthday!
  cadeau d'anniversaire – *nm* birthday present
  carte d'anniversaire – *nf* birthday card
annonce – *nf* advert
  petites annonces – *nfpl* classified, small ads
annoncer – *v reg* † to announce, forecast
annuaire – *nm* telephone directory
annuel, annuelle – *adj* annual, yearly
annuler – *v reg* to cancel
anorak – *nm* anorak

---

antenne – *nf* aerial
  antenne parabolique – satellite dish
  être à l'antenne – *v irreg* § to be on the air
antibiotique – *nm* antibiotic
antillais – *adj* West Indian
Antillais(e) – *nmf* West Indian person
Antilles – *nfpl* West Indies
antiquaire – *nmf* antique dealer
antique – *adj* ancient
antiseptique – *nm* antiseptic
anxiété – *nf* anxiety
anxieux, anxieuse – *adj* worried
août – *nm* August
apercevoir – *v irreg*§ to see, make out
  s'apercevoir* de – *v refl* § to notice
apéritif – *nm* aperitif, pre-meal drink
apparaître – *v irreg* § to appear, seem
appareil – *nm* appliance, machinery
appareil – *nm coll* phone
  il est à l'appareil – he's on the phone
appareil-photo – *nm* camera
apparence – *nf* appearance, aspect
appartement – *nm* flat
appartenir à – *v irreg* § to belong to
  cela m'appartient – that is mine
appel – *nm* call
  faire l'appel – *v irreg* § to call the register
appeler – *v reg* † to call
  appeler police-secours – to dial 999
  s'appeler* – *v refl* † to be called
  je m'appelle ... – my name is ...
appellation – *nf* name, classification
appétissant – *adj* appetizing
appétit – *nm* appetite
  bon appétit – enjoy your meal

applaudir – *v reg* to applaud
appliquer – *v reg* to apply
apporter – *v reg* to bring (something)
apprécier – *v reg* to appreciate
apprendre – *v irreg* § to learn
  apprendre à faire – to learn to do
apprenti(e) – *nmf* apprentice
apprentissage – *nm* apprenticeship
approche – *nf* approach
  à mon approche – as I came up
approcher – *v reg* to put near to
  s'approcher de* – *v refl* to go near to, approach
approprié – *adj* appropriate, suitable
approuver – *v reg* to approve of
appuyer – *v reg* † to support
  appuyer sur – to press on
  s'appuyer* sur – *v refl* † to lean on
après – *prep* after
  après avoir fini – after finishing, after having finished
  d'après – according to
  après tout – after all
après-demain – *adv* the day after tomorrow
après-midi – *nm inv* afternoon
araignée – *nf* spider
arbitre – *nm* referee
arbre – *nm* tree
  arbre de Noël – Christmas tree
  arbre fruitier – fruit tree
  arbre généalogique – family tree
arc – *nm* bow, arch
  arc en ciel – rainbow
  tir à l'arc – *nm* archery
archéologie – *nf* archaeology
archéologue – *nmf* archaeologist
architecte – *nmf* architect
argent – *nm* money, silver
  argent de poche – pocket money
argot – *nm* slang
arithmétique – *nf* arithmetic

arme – *nf* weapon
armée – *nf* army
  armée de l'air – air force
armoire – *nf* wardrobe
aromatisé – *adj* flavoured
arracher – *v reg* to snatch, pull up/out
arranger – *v reg* † to arrange, organise
  s'arranger* – *v refl* † to manage, get better, improve
arrêt – *nm* stop
  arrêt d'autobus – bus stop
  arrêt de 3 minutes – a 3-minute stop
arrêter – *v reg* to stop, arrest
  arrêter de faire quelque chose – to stop doing something
  s'arrêter* (de) – *v refl* to stop (o.s.)
  s'arrêter* de fumer – to stop smoking
arrhes – *nfpl* deposit
arrière – *nm* back, rear (vehicle)
  à l'arrière de – at the back (of)
  à l'arrière plan – in the background
  en arrière – backwards, behind
arrière – *nm* back (footballer)
arrivée – *nf* arrival
arriver* – *v reg* to arrive, happen
  ça m'est arrivé – that happened to me
arrondissement – *nm* district of city
arroser – *v reg* to water, spray
art – *nm* art, artistry
  les arts de la scène – *nmpl* performing arts
  étudier l'art dramatique – *v reg* to do drama
artichaut – *nm* artichoke
article – *nm* article, item
artificiel, artificielle – *adj* artificial
artisan – *nm* craftsman

artisanat – *nm* craft industry
artiste – *nmf* artist
as – *nm* ace
as – *see avoir* § have
ascenseur – *nm* lift
asiatique – *adj* Asian
Asie – *nf* Asia
asile – *nm* refuge, home (for aged)
aspirateur – *nm* vacuum cleaner
aspirer – *v reg* to breathe in
aspirine – *nf* aspirin
assassiner – *v reg* to murder
assemblée – *nf* meeting
assembler – *v reg* to assemble
s'asseoir* – *v refl* § to sit down
  asseyez-vous! – sit down! (plural)
  assieds-toi! – sit down! (singular)
assez – *adv* enough, fairly, quite, rather
  assez de – enough of
  j'en ai assez – I've had enough
assiette – *nf* plate
  assiette anglaise – mixed cold meats
assis, assise – *pp* seated, sitting down
assister à – *v reg* to be present at
associer – *v reg* to associate
assurance – *nf* insurance
assurer – *v reg* to assure, insure
  s'assurer de* – *v refl* to make sure of
asthme – *nm* asthma
astronaute – *nmf* astronaut
astronomie – *nf* astronomy
astuce – *nf* clever trick, shrewdness
atelier – *nm* workshop, studio
athlète – *nmf* athlete
athlétisme – *nm* athletics
  faire de l'athlétisme – *v irreg* § to do athletics
Atlantique – *nm* Atlantic Ocean
atmosphère – *nf* atmosphere

---

atout – *nm* trump, advantage
attacher – *v reg* to fasten, attach
  être attaché à – *v irreg* § to be
  attached to
attaquer – *v reg* to attack
atteindre – *v irreg* § to reach
attendre – *v reg* to wait (for)
attentat – *nm* attack
attention – *nf* attention, care
  attention! – look out!
  avec attention – carefully
  faire attention (à) – *v irreg* § to
  pay attention (to)
atterrir – *v reg* to land (plane)
atterrissage – *nm* landing (plane)
attestation du médecin – *nf*
  doctor's certificate
attirer – *v reg* to attract, draw
attraper – *v reg* to catch (fish, etc)
au (= à + le) – *prep* to the, at the
  au bord de la mer – by the sea
  au bout de – at the end of
  au cinéma – at the cinema
  au début – at the start
  au-dessous – below, under
  au-dessus de – above, on top of
  au feu! – fire!
  au fond de – at the bottom of
  au lieu de – instead of
  au milieu de – in the middle of
  au mois de – in the month of
  au mois de juin – in June
  au nom de – in the name of
  au nord (de) – in the north (of)
  au revoir! – goodbye!
  au rez-de-chaussée – downstairs,
  on the ground floor
  au secours! – help!
  au sud – in the south
auberge – *nf* inn
  auberge de jeunesse – youth
  hostel
aubergiste – *nmf* innkeeper, warden

aucun, aucune – *adj* not any, no
audace – *nf* daring, boldness
audacieux, audacieuse – *adj* bold
auditeur – *nm* listener
auditoire – *nm* audience
auditrice – *nf* listener
augmentation – *nf* increase
augmenter – *v reg* to increase
aujourd'hui – *adv* today
aumône – *nf* charity
auparavant – *adv* earlier, previously
auprès de – *prep* with, next to
aura – *see avoir* § will have
aurait – would have
  il y aurait – there would be
aussi – *adv* also, as well, too
  aussi ... que – as ... as
aussi – *conj* therefore, so
aussitôt – *adv* straight away
  aussitôt que – as soon as
Australie – *nf* Australia
australien, australienne – *adj*
  Australian
autant – *adv* the same
  autant de – as much/many,
  so much/many
  autant que – as much as
auteur – *nm* author
authentique – *adj* genuine
auto – *nf* car
autobus – *nm* bus
autocar – *nm* coach
autocollant – *nm* sticker
auto-école – *nf* driving school
automne – *nm* autumn
  en automne – in autumn
automobiliste – *nmf* motorist
autonome – *adj* independent
autorisation – *nf* permission
autoritaire – *adj* bossy
autorités – *nfpl* authorities
autoroute – *nf* motorway

---

autoroute à péage –
toll motorway
auto-stop – *nm* hitch-hiking
  faire de l'auto-stop – *v irreg* § to
  go hitch-hiking
autour – *adv* around
autour de – *prep* around, round about
  tout autour – all around
autre – *adj* other, different
  autre part – somewhere else
  l'autre jour – the other day
autre – *pron* another
  d'autres – others
  les autres – the others
  personne d'autre – no-one else
  quelque chose d'autre – something
  else
  quelqu'un d'autre – someone else
  un autre jour – another day
autrefois – *adv* in the past
autrement – *adv* differently,
otherwise
Autriche – *nf* Austria
autrichien, autrichienne – *adj*
Austrian
aux (=à + les) – *prep* to the, at the
avait – *see avoir* § used to have
  il y avait – there was, were
avaler – *v reg* to swallow
avancement – *nm* promotion
avancer – *v reg* † to bring, go forward
s'avancer* – *v refl* † to move
forward
en avance – *adv* early
  ma montre est en avance –
  my watch is fast
avant – *prep* before
  avant de – + *infin* before ...ing
  avant de partir – before leaving
  avant hier – the day before
  yesterday
  avant peu – before long
  avant tout – above all

avantage – *nm* advantage
avantageux, avantageuse – *adj*
advantageous
avare – *adj* mean, miserly
avec – *prep* with
  avec plaisir – with pleasure
  avec succès – with success
  et avec ça? – anything else?
avenir – *nm* future
  à l'avenir – from now on, in future
aventure – *nf* adventure
  film d'aventure – *nm* adventure
  film
  roman d'aventure – *nm*
  adventure story
aventureux, aventureuse – *adj*
adventurous
avenue – *nf* avenue
averse – *nf* shower, downpour
avertir – *v reg* to warn
avertissement – *nm* warning
aveugle – *adj* blind
avez – *see avoir* § have
aviation – *nf* flying
avion – *nm* aeroplane
aviron – *nm* oar
avis – *nm* opinion
  à mon avis – in my opinion
  changer d'avis – *v reg* † to change
  one's mind
avocat – *nm* avocado pear
avocat(e) – *nmf* lawyer
avoir – *v irreg* § to have
  avoir besoin de – to need
  avoir chaud – to be warm
  avoir dix ans – to be 10 years old
  avoir du mal à – to have
  difficulty in
  avoir envie de – to wish to
  avoir faim – to be hungry
  avoir froid – to be cold
  avoir honte (de) – to be
  ashamed (of)

---

avoir horreur de – to hate
avoir l'air – to seem
avoir le droit de – to have the
right to
avoir le temps de – to have time to
avoir lieu – to take place
avoir mal à la gorge – to have a
sore throat
avoir mal à la jambe – to have a
bad leg
avoir mal à la tête – to have a
headache
avoir mal au bras – to have a bad
arm
avoir mal au cœur – to feel sick

avoir mal au ventre – to have
stomach ache
avoir mal aux dents – to have
toothache
avoir peur – to be afraid
avoir raison – to be right
avoir soif – to be thirsty
avoir sommeil – to be sleepy
avoir tort – to be wrong
avoir un rhume – to have a cold
avouer – v reg to confess
avril – nm April
poisson d'avril – nm April fool
ayez – see avoir § have

B

babyfoot – nm table football
bac – nm A level, AVCE equivalent
bac – nm basin, ferry boat
bac à vaisselle – washing up sink
baccalauréat – nm examination (see
bac)
badge – nm badge (sew-on, stick-on)
badminton – nm badminton
bagages – nmpl luggage
bagarre – nf fight
bagnole – nf sl old car, banger
bague – nf ring
baguette – nf stick of bread
baie – nf bay
baignade – nf bathing
baignade interdite – no bathing
se baigner* – v refl to bathe, swim
baignoire – nf bath (tub)
bâiller – v reg to yawn
bain – nm bath, swim
prendre un bain – v irreg § to
have a bath

baisse – nf fall, drop
baisser – v reg to fall (temperature),
to lower
bal – nm dance, ball
balade – nf coll walk
se balader* – v refl coll to go for a
walk
baladeur – nm personal stereo
balai – nm broom
balance – nf scales
Balance – nf Libra
être (de) la Balance – v irreg § to
be (a) Libra
balancer – v reg † to swing
balançoire – nf swing
balayer – v reg † to sweep
balcon – nm balcony
baleine – nf whale
ball-trap – nm clay pigeon shooting
balle – nf bullet, small ball
balle de tennis – tennis ball
ballon – nm (foot)ball, balloon

banal – *adj* common, trite
banane – *nf* banana
 sac banane – *nm* bumbag
banc – *nm* seat, bench
bande – *nf* group of people, tape
 bande dessinée – cartoon strip
Bangladesh – *nm* Bangladesh
 du Bangladesh – *adj* Bangladeshi
 habitant(e) du Bangladesh –
 nmf Bangladeshi person
banlieue – *nf* suburb
 de banlieue – suburban
 en banlieue – in the suburbs
bannière – *nf* banner
banque – *nf* bank
banquette – *nf* car seat, bench
banquier – *nm* banker
baptême – *nm* baptism, christening
bar – *nm* bar
barbe – *nf* beard
 barbe à papa – candyfloss
barbecue – *nm* barbecue
barbu – *adj* bearded
barque – *nf* small boat
barrage – *nm* dam, weir
barrette – *nf* (hair)slide
barrière – *nf* fence, gate
bas, basse – *adj* low
 à marée basse – at low tide
bas – *nm* foot (hill) bottom (page)
 en bas – downstairs
bas – *nm* stocking
basculer – *v reg* to topple, fall over
base – *nf* base, foot, root
 base de données – database
 à base de – based on
 de base – basic
basket – *nm* basketball
baskets – *nmpl* trainers
basse-cour – *nf* farmyard
bassin – *nm* bowl
basson – *nm* bassoon

bataille – *nf* battle
bateau – *nm* boat
 bateau à moteur – motor boat
 bateau à rames – rowing boat
bâtiment – *nm* building
bâtir – *v reg* to build
batterie – *nf* battery
 batterie de cuisine – kitchen
 equipment
batterie – *nf* drum kit
batteur – *nm* drummer
battre – *v reg* to beat
 battre des mains – to clap
 battre les cartes – to shuffle cards
 se battre* – *v refl* to fight
bavard – *adj* talkative
bavarder – *v reg* to chat
BD – *nf* cartoon
beau – *adj m* handsome, fine
beaucoup – *adv* a lot
 beaucoup de – a lot of, many
 beaucoup plus – much more
 pas beaucoup de – not many
beau-fils – *nm* stepson
beau-frère – *nm* brother-in-law
beau-père – *nm* father-in-law,
 stepfather
beauté – *nf* beauty
beaux-arts – *nmpl* fine arts
beaux-parents – *nmpl* parents-in-law
bébé – *nm* baby (both sexes)
bec – *nm* beak
 flûte à bec – *nf* recorder
beignet – *nm* doughnut, fritter
bel (beau) – *adj m sing before vowel*
 handsome, fine
belge – *adj* Belgian
Belge – *nmf* Belgian person
Belgique – *nf* Belgium
bélier – *nm* ram
 Bélier – *nm* Aries
 être (du) Bélier – *v irreg* § to be
 (an) Aries

belle – *adj f* beautiful, lovely
belle-fille – *nf* daughter-in-law, stepdaughter
belle-mère – *nf* mother-in-law, stepmother
belle-sœur – *nf* sister-in-law
bénéficier – *v reg* to gain, benefit
BEPC – (brevet d'études du premier cycle) *nm* exam for 15 year olds
berger – *nm* shepherd
  berger allemand – Alsatian dog
berlingot – *nm* boiled sweet, carton
besoin – *nm* need
  avoir besoin de – *v irreg* § to need
bétail – *nm* cattle
bête – *adj* stupid, silly, foolish
bête – *nf* animal, insect
bêtise – *nf* silly mistake, stupid remark
  faire une bêtise – *v irreg* § to do something silly
béton – *nm* concrete
beurre – *nm* butter
bibliothécaire – *nmf* librarian
bibliothèque – *nf* book case, library
bicolore – *adj* two-tone
bicyclette – *nf* bicycle
bidet – *nm* bidet
bidon – *nm* can, tin
  bidonville – *nm* shantytown
bien – *adv* good, well
  bien! – good!
  bien cuit – *adj* well cooked
  bien entendu – of course
  bien payé – well paid
  bien que – although
  bien sûr – of course
bien – *nm* good
  le bien public – the public good
bien-être – *nm* well-being
biens – *nmpl* possessions
bientôt (à) – *adv* see you soon!
bienvenu – *adj* welcome

  soyez le bienvenu! – welcome!
  vous êtes la bienvenue! – welcome!
bière – *nf* beer
bifteck – *nm* beefsteak
bijou – *nm* jewel
bijouterie – *nf* jeweller's shop
bilan – *nm* result, consequences, outcome, assessment
bilingue – *adj* bilingual
bille – *nf* marble (toy), ball bearing
billet – *nm* ticket, banknote
  billet aller-retour – return ticket
  billet de banque – banknote
  billet de 50 euros – a 50 euro note
  billet simple – single ticket
biologie – *nf* biology
biscotte – *nf* pre-toasted bread
biscuit – *nm* biscuit
bise – *nf* kiss
bison – *nm* bison
  bison futé – holiday route logo
bisou – *nm* kiss
  bisous – love from
bizarre – *adj* odd
blague – *nf* joke
blanc, blanche – *adj* white
blé – *nm* corn
blessé – *adj* injured
blesser – *v reg* to injure
  se blesser* – *v refl* to get injured
blessure – *nf* injury
bleu – *nm* bruise
bleu – *adj* blue
  bleu ciel – *adj inv* sky blue
  bleu clair – *adj inv* light blue
  bleu marine – *adj inv* navy blue
  bleu roi – *adj inv* royal blue
bleu de travail – *nm* overalls
bloc-notes – *nm* notepad
bloc sanitaire – *nm* toilet block
blond – *adj* fair

bloquer – *v reg* to jam, wedge
  bloquer les freins – to jam on the brakes
  être bloqué – *v irreg* § to be stuck
blouse – *nf* overall, smock, blouse
blouson – *nm* blouson jacket
blue-jean – *nm* pair of jeans
bobine – *nf* reel
body – *nm* leotard
bœuf – *nm* beef, bullock
bof! – *excl* so what, oh well!
boire – *v irreg* § to drink
  boire un coup – to have a drink
bois – *nm* wood
  en bois – made of wood, wooden
bois – *see boire* § drink
boisson – *nf* drink
  boisson chaude – hot drink
  boisson froide – cold drink
  boissons pilotes – price list of drinks in café
boit – *see boire* § drink(s)
boîte – *nf* box
boîte aux lettres – *nf* letter box
boivent – *see boire* § drink
bol – *nm* bowl
bombe – *nf* bomb, aerosol, riding hat
  alerte à la bombe – *nf* bomb scare
bon – *nm* coupon, form, voucher
  bon de commande – order form
bon (bonne) – *adj* good
  bon anniversaire! – happy birthday!
  bon appétit! – enjoy your meal!
  bon courage! – good luck!
  bon marché – *adj inv* cheap
  bon séjour! – enjoy your stay!
  bon voyage! – have a good trip!
  bon week-end! – have a good weekend!
bonbon – *nm* sweet

bonde – *nf* plug (bath)
bondir – *v reg* to leap, jump
bonheur – *nm* happiness
bonhomme – *nm coll* chap, bloke
  bonhomme de neige – snowman
bonjour – good morning, hello
bonne (bon) – *adj* good
  bonne année! – Happy New Year!
  bonne chance! – good luck!
  bonne fête! – happy name day!
  bonne journée! – have a nice day!
  bonne nuit! – goodnight!
  bonne soirée! – have a nice evening!
  de bonne heure – early
  de bonne humeur – in a good mood
bon sens – *nm* common sense
bonsoir – good evening
bonté – *nf* goodness, kindness
bord – *nm* edge, side, bank
  bord du trottoir – kerb
  au bord de la mer – at the seaside
  au bord de la rivière – on the river bank
bosse – *nf* bump
  avoir la bosse de – *v irreg* § to have a flair for
bosser – *v reg sl* to swot, slave away
botte – *nf* boot, bunch of flowers, vegetables
  botte de radis – bunch of radishes
bouche – *nf* mouth
bouchée – *nf* mouthful
boucher – *v reg* to block, put cork in
boucher, bouchère – *nmf* butcher
boucherie – *nf* butcher's shop
bouchon – *nm* cork, traffic jam
  ça bouchonne – there's heavy traffic
boucle – *nf* buckle, loop
boucle d'oreille – *nf* ear ring
bouclé – *adj* curly

---

prep - preposition   *v reg* - verb regular   *v refl* - verb reflexive   § - see verb tables
pp - past participle   *v irreg* - verb irregular   † - see verb information   * - takes être

boucler – *v reg* to fasten, buckle
bouder – *v reg* to sulk
boue – *nf* mud, silt
bouée – *nf* rubber ring
  bouée de sauvetage – lifebelt
boueux, boueuse – *adj* muddy
bouger – *v reg* † to move
bougie – *nf* candle
bouillir – *v irreg* § to boil, be boiling
  faire bouillir de l'eau – *v irreg* § to boil water
bouilloire – *nf* kettle
boulanger, boulangère – *nmf* baker
boulangerie – *nf* baker's shop
boule – *nf* bowl, ball
  jouer aux boules – *v reg* to play bowls
  mettre quelqu'un en boule – *v irreg* § *coll* to annoy s.o.
boulevard – *nm* boulevard, wide road
bouleversé – *adj* overcome with emotion, devastated, upset
boulot – *nm coll* work
boum – *nf* party
bouquet – *nm* bunch of flowers
bouquin – *nm sl* book
bouquiniste – *nm* secondhand bookseller
bourdon – *nm* bumble bee
bourdonner – *v reg* to hum, buzz
bourg – *nm* village, small country town
bourrer – *v reg* to fill, stuff
bourse – *nf* purse
  Bourse – Stock Exchange
bousculer – *v reg* to jostle
boussole – *nf* compass
bout – *nm* end
  au bout de la rue – at the end of the street
  au bout d'un mois – after a month
  être à bout de souffle – *v irreg* § to be out of breath

bouteille – *nf* bottle
  bouteille de gaz – gas cylinder
  bouteille de vin – bottle of wine
boutique – *nf* small shop
  boutique hors taxes – duty free shop
bouton – *nm* button, switch, zit
boxe – *nf* boxing
bracelet – *nm* armband, bracelet
branche – *nf* branch, bough
branché – *adj* fashionable, "in"
branchement – *nm* connection, hook-up (campsite)
brancher – *v reg* to plug in
bras – *nm* arm
brasserie – *nf* café, bar, pub
brave – *adj* fine, decent, brave
bravo! – well done!
bref, brève – *adj* short, brief
Bretagne – *nf* Brittany
  Grande Bretagne – Great Britain
bretelle – *nf* link road, strap
  bretelles – *nfpl* braces
breton, bretonne – *adj* Breton
brève – *adj f* short, brief
brevet – *nm* certificate
bricolage – *nm* odd jobs, DIY
bricoler – *v reg* to do odd jobs, potter
bride – *nf* bridle
brièvement – *adv* briefly
brillant – *adj* shining, brilliant
briller – *v reg* to shine
brin – *nm* blade (grass), twig
brique – *nf* brick, bar (soap), carton (juice)
  en brique – brick built
briquet – *nm* cigarette lighter
briser – *v reg* to break, smash
britannique – *adj* British
Britannique – *nmf* British person
broche – *nf* brooch, spit, pin
brochette – *nf* kebab

brochure – *nf* booklet, brochure
broder – *v reg* to embroider
bronzé – *adj* tanned
bronzer – *v reg* to tan
  se bronzer* – *v refl* to sunbathe, tan
brosse – *nf* brush, paintbrush
  brosse à dents – toothbrush
brosser – *v reg* to brush
  se brosser* – *v refl* to brush one's clothes
  se brosser* les cheveux – to brush one's hair
  se brosser* les dents – to clean one's teeth
brouette – *nf* wheelbarrow
brouillard – *nm* fog
  il y a du brouillard – it is foggy
brouillé – *adj* jumbled
brouillon – *adj* muddled, untidy
  cahier de brouillon – *nm* rough book
bruine – *nf* drizzle
bruit – *nm* noise
brûler – *v reg* to burn
  brûler un feu rouge – to jump a red light
  brûler un stop – to ignore a stop sign
se brûler* – *v refl* to burn o.s.
  se brûler* les doigts – to burn one's fingers
brûlure – *nf* burn
brume – *nf* mist
brumeux, brumeuse – *adj* misty
brun, brune – *adj* brown
brusque – *adj* sudden
brusquement – *adv* suddenly
brut – *adj* dry (champagne), rough
brutal – *adj* violent

brutalement – *adv* violently
Bruxelles – Brussels
  chou de Bruxelles – *nm* Brussels sprout
bruyant – *adj* noisy
bu – *pp boire* § drunk
bûche – *nf* log
  Bûche de Noël – Yule log
buffet – *nm* buffet, sideboard
buisson – *nm* bush
  faire l'école buissonnière – *v irreg* § to play truant
bulle – *nf* bubble, speech balloon
bulletin – *nm* report
  bulletin d'information – news bulletin
  bulletin météo(rologique) – weather forecast
  bulletin scolaire – school report
bureau – *nm* desk, office, study
  bureau d'accueil – reception desk
  bureau de change – currency exchange office
  bureau de poste – post office
  bureau de renseignements – information office
  bureau de tabac – tobacconist's
  bureau de tourisme – tourist office
  bureau des objets trouvés – lost property office
bus – *nm* bus
but – *nm* goal, aim, purpose
  marquer un but – *v reg* to score a goal
buté – *adj* stubborn
buvait – *see boire* § used to drink
buvez – *see boire* § drink
buvette – *nf* refreshment bar
buvons – *see boire* § drink

C

ça – *pron* that
  ça alors! – you don't say!
  ça dépend – that depends
  ça fait dix euros en tout – that comes to ten euros
  ça fait trois semaines qu'il est parti – it's three weeks since he left
  ça m'est égal – I don't mind
  ça ne fait rien – it doesn't matter
  ça ne sert à rien – that's no use
  ça s'écrit comment? – how do you spell that?
  ça suffit – that's enough
  ça va? – how are things?
  ça va – OK, that's OK
  ça va mieux – that's better
  ça y est – that's it
cabine téléphonique – *nf* phone box
cabinet – *nm* cabinet, surgery, study
  cabinet de consultation – surgery
  cabinet de débarras – junk room
  cabinet de toilette – washing facilities
  cabinet de travail – study (room)
  cabinets – *nmpl* toilets
câble – *nm* cable
  avoir le câble – *v irreg* § to have cable TV
cacahuète – *nf* peanut
cacao – *nm* cocoa
cacher – *v reg* to hide
  se cacher* – *v refl* to hide o. s.
cache-cache – *nm* hide and seek
cachet – *nm* tablet
cachette – *nf* hiding place
cadeau – *nm* present
  cadeau d'anniversaire – birthday present

cadeau de Noël – Christmas present
cadet, cadette – *adj* younger, youngest
cadre – *nm* frame, context, executive
café – *nm* black coffee, café
  café crème – white coffee
  café express – espresso coffee
  café filtre – filter coffee
café-tabac – *nm* tobacconist's
cafetière – *nf* coffee pot
cahier – *nm* exercise book
  cahier de brouillon – rough book
caisse – *nf* cash desk
caissier, caissière – *nmf* cashier
calcul – *nm* sum, arithmetic
  être fort en calcul – *v irreg* § to be good at arithmetic
calculatrice – *nf* calculator
calculer – *v reg* to calculate
calculette – *nf* calculator
caleçon – *nm* underpants, leggings
  caleçon de bain – bathing trunks
calme – *adj* calm, quiet
calmer – *v reg* to calm s.o. down
  se calmer* – *v refl* to calm o.s. down
calendrier – *nm* calendar
camarade – *nmf* friend
cambrioler – *v reg* to break in
cambrioleur – *nm* burglar
camembert – *nm* camembert cheese, pie chart
caméra – *nf* cine camera
caméscope – *nm* camcorder
camion – *nm* lorry
camionnette – *nf* van
camionneur – *nm* lorry driver
campagne – *nf* countryside
  à la campagne – in the country

---

nm - noun masculine   *nmpl* - noun masculine plural   *adj* - adjective   *conj* - conjunction
nf - noun feminine   *nfpl* - noun feminine plural   *adv* - adverb   *pron* - pronoun

camper – *v reg* to camp
campeur – *nm* camper
camping – *nm* campsite, camping
    faire du camping – *v irreg* §
    to go camping
camping car – *nm* camper, motor
    home
Canada – *nm* Canada
Canadien(ne) – *nmf* Canadian person
canadien, canadienne – *adj*
    canadian
canadienne – *nf* open canoe, ridge
    tent
Canal + – *nm* French subscription TV
    channel
canapé – *nm* sofa, canapé
canard – *nm* duck
canari – *nm* canary
cancer – *nm* cancer
    Cancer – *nm* Cancer
    être (du) Cancer – *v irreg* § to be
    (a) Cancer
candidat(e) – *nmf* candidate
caniche – *nm* poodle
canif – *nm* pocket knife
canne – *nf* walking stick, cane
    canne à pêche – fishing rod
canoë – *nm* canoe
    faire du canoë – *v irreg* § to canoe
cantine – *nf* canteen
caoutchouc – *nm* rubber
capable – *adj* capable
capitaine – *nm* captain
capital – *adj* capital
capitale – *nf* capital city
capot – *nm* bonnet (car)
Capricorne – *nm* Capricorn
    être (du) Capricorne – *v irreg* §
    to be (a) Capricorn
car – *conj* for, because
car – *nm* coach (= bus)
caractère – *nm* character

avoir bon caractère – *v irreg* § to
    be good tempered
avoir mauvais caractère –
    v irreg § to be bad tempered
carafe – *nf* glass jug, decanter
caraïbe – *adj* Caribbean
    les Caraïbes – the Caribbean
carambolage – *nm* multiple crash
caravane – *nf* caravan
carburant – *nm* fuel
carnet – *nm* notebook
    carnet de tickets – book of tickets
    (bus, metro)
    carnet de camping – camping
    carnet
    carnet de chèques – cheque book
    carnet de timbres – book of
    stamps
carotte – *nf* carrot
carré – *adj* square
    mètre carré – *nm* square metre
carré – *nm* square
carreau – *nm* tile, windowpane,
    diamond (cards)
    à carreaux – checked
carrefour – *nm* crossroads
carrément – *adv* frankly, bluntly
carrière – *nf* career, quarry
carte – *nf* card, map, menu
    carte à mémoire – smart card
    carte bancaire – banker's card
    carte bleue® – major French
    credit card
    carte d'abonnement – season
    ticket
    carte d'adhérent – member's card
    carte de crédit – credit card
    carte d'identité – identity card
    carte postale – postcard
    carte routière – map
    carte verte – green card
carton – *nm* cardboard box
cas – *nm* case, situation

au cas où – in case
en cas d'urgence – in an emergency
en tout cas – anyway
le cas échéant – if need be
case – *nf* square, box (on paper)
casier – *nm* pigeon hole, locker
casque – *nm* helmet
cassé – *adj* broken
casser – *v reg* to break
se casser* la jambe – *v refl* to break one's leg
casse-croûte – *nm* snack
casse-pieds – *nmf inv coll* a nuisance, a pain
casserole – *nf* saucepan
cassette – *nf* cassette
cassis – *nm* blackcurrant
cassoulet – *nm* stew
catastrophe – *nf* disaster
cathédrale – *nf* cathedral
catholique – *adj* Catholic
cauchemar – *nm* nightmare
cause – *nf* cause, reason
à cause de – because of
causer – *v reg* to chat, cause
causer un accident – to cause an accident
caution – *nf* deposit
cave – *nf* cellar
caverne – *nf* cave
CD – *nm* CD, compact disc
CDI – (centre de documentation et d'information) *nm* library
ce, cet, cette, ces – *dem adj* this, these
c'est – it is, he is, she is
c'est à dire – that is to say
c'est combien? – how much is it?
c'est tout – that's all
c'était – it was
ceci – *dem pron* this
céder – *v reg* † to give in, give way

cédérom – *nm* CD ROM
CEDEX – company post box
cédille – *nf* cedilla (ç)
CEE – *abbr* EEC
ceinture – *nf* belt
ceinture de sauvetage – life belt
ceinture de sécurité – seat belt
cela – *dem pron* that one
célèbre – *adj* famous
céleri – *nm* celery
célibataire – *adj* single
célibataire – *nmf* single person
celui, celle, ceux, celles – *dem pron* the one, the ones
celui de – the one belonging to
celui qui – the one who
cendrier – *nm* ashtray
cent – *adj* hundred, *nm* cent
faire les cent pas – *v irreg* § to pace up and down
centaine – *nf* about a hundred
plusieurs centaines de gens – several hundred people
une centaine d'élèves – about 100 pupils
centième – *adj* hundredth
centime – *nm* centime, cent
centimètre – *nm* centimetre
centre – *nm* centre, heart
centre commercial – shopping centre
centre hospitalier – hospital complex
centre sportif – sports centre
centre-ville – town centre
en plein centre de la ville – right in the town centre
cependant – *conj* however
ce qui, ce que – what
cercle – *nm* ring, circle, club
céréale – *nf* cereal
cerf-volant – *nm* kite
cerise – *nf* cherry

---

certain – *adj* certain, sure
certainement – *adv* of course
certifier – *v reg* to assure, guarantee
cerveau – *nm* brain, mind, intelligence
cervelle – *nf* brain, brains
CES – (collège d'enseignement secondaire) *nm* secondary school (11-15)
cesser – *v reg* to stop, cease
CET – (collège d'enseignement technique) *nm* technical college
ceux – *dem pron see celui* the ones
chacun, chacune – *indef pron* each one, every one
chagrin – *nm* sorrow
chahuter – *v reg* to play up, mess around (in class)
chaîne – *nf* chain, channel (TV)
chaîne compacte – music centre
chaîne Hi-Fi – Hi-Fi system
chaîne-stéréo – stereo
chaise – *nf* chair
chaise longue – couch, sun bed
chaleur – *nf* heat
chaleureux, chaleureuse – *adj* warm, friendly
chambre – *nf* bedroom
chambre à deux lits – room with twin beds
chambre à un lit – single room
chambre avec un grand lit – room with a double bed
chambre de familiale – family room
chambre d'hôte – B & B
chambre pour deux personnes – double room
chameau – *nm* camel
champ – *nm* field
champagne – *nm* champagne
Champagne – *nf* Champagne (region)
champignon – *nm* mushroom

champion(ne) – *nmf* champion
championnat – *nm* championship
chance – *nf* luck
avec un peu de chance – with a bit of luck
avoir de la chance – *v irreg §* to be lucky
change – *nm* exchange
changement – *nm* change, alteration
changement d'horaire – timetable change
changer – *v reg †* to change
changer de chaîne – to change channels, channel hop
changer de l'argent – to change money
chanson – *nf* song
chanter – *v reg* to sing
chanteur – *nm* singer
chanteuse – *nf* singer
chapeau – *nm* hat
chapitre – *nm* chapter
chaque – *adj* each
chaque fois – each time
charbon – *nm* coal
charcuterie – *nf* pork butcher's, cooked meats, delicatessen
charcutier, charcutière – *nmf* pork butcher
chargé – *adj* loaded, laden
charger – *v reg †* to load, put s.o. in charge of
chariot – *nm* (supermarket) trolley
charmant – *adj* charming
chasse – *nf* hunt, hunting
aller* à la chasse – *v irreg §* to go hunting
chasser – *v reg* to hunt, chase
chat – *nm* cat
châtain – *adj inv* chestnut, brown
château – *nm* castle, stately home
chaton – *nm* kitten
chatouiller – *v reg* to tickle

chatte – *nf* cat
chaud – *adj* hot, warm
  il fait chaud – it is warm (weather)
  j'ai chaud – I'm warm
chauffage – *nm* heating
  chauffage central – central heating
chauffe-eau – *nm* water heater
chauffeur – *nm* driver
chaussée – *nf* roadway
  chaussée déformée – bumpy road
chausser – *v reg* to put shoes on s.o.
  se chausser* – *v refl* to put one's shoes on
chaussette – *nf* sock
chaussure – *nf* shoe
chaussures de football – *nfpl* football boots
  chaussures de marche – hiking boots
  chaussures de ski – ski boots
  chaussures de sport – trainers
chauve – *adj* bald
chef – *nm* cook, boss
chemin – *nm* path, road, way
  chemin de fer – railway
cheminée – *nf* fire-place, hearth, chimney
chemise – *nf* shirt
  chemise de nuit – nightdress, nightshirt
chemisier – *nm* blouse
chêne – *nm* oak tree
chèque – *nm* cheque
  chèque de voyage – travellers' cheque
cher, chère – *adj* dear, expensive
  pas très cher – not very expensive
  pas trop cher – not too expensive
chercher – *v reg* to look for
  aller chercher* quelqu'un – *v irreg* § to go and fetch someone
cheval – *nm* horse

monter* à cheval – *v reg* to ride
chevaux – *nmpl* horses
cheveux – *nmpl* hair
cheville – *nf* ankle
chèvre – *nf* goat
chez – *prep* at the home of
  chez moi – at my house, home
chic – *adj inv* smart
chien – *nm* dog
chiffre – *nm* figure, number
chimie – *nf* chemistry
Chine – *nf* China
Chinois(e) – *nmf* Chinese person
chinois – *adj* Chinese
chiot – *nm* puppy
chips – *nmpl* crisps
chirurgien – *nm* surgeon
choc – *nm* crash, shock, impact
chocolat – *nm* chocolate
  chocolat chaud – hot chocolate
choisir – *v reg* to choose
choix – *nm* choice, selection
  avoir l'embarras du choix – *v irreg* § to be spoiled for choice
chômage – *nm* unemployment
  être au chômage – *v irreg* § to be on dole
chômeur – *nm* unemployed man
chômeuse – *nf* unemployed woman
choquer – *v reg* to shock
chorale – *nf* choir
chose – *nf* thing
chou – *nm* (*pl* choux) cabbage
  chou de Bruxelles – sprout
chouette – *adj.coll* great
chou-fleur – *nm* (*pl* choux-fleurs) cauliflower
chrétien, chrétienne – *adj* Christian
chuchoter – *v reg* to whisper
chute – *nf* fall
  chute d'eau – waterfall
ci – *adv* here

---

cidre – *nm* cider
ciel – *nm* sky
cinéma – *nm* cinema
cinq – *adj* five
cinquantaine – *nf* about fifty
cinquante – *adj inv* fifty
cinquantième – *adj* fiftieth
cinquième – *adj* fifth
être en cinquième – *v irreg* § to be in Year 8
cintre – *nm* coat hanger
circonflexe – *adj* circumflex
accent circonflexe – circumflex accent (ê)
circuit – *nm* tour
circulation – *nf* traffic
circuler – *v reg* to move about
cirque – *nm* circus
ciseaux – *nmpl* scissors
citer – *v reg* to mention
citron – *nm* lemon
citron pressé – freshly squeezed lemon juice
clair – *adj* light (colour), clear
clairement – *adv* clearly
claquer – *v reg* to slam (door)
clarinette – *nf* clarinet
clarté – *nf* light, clarity
classe – *nf* class
salle de classe – *nf* classroom
classer – *v reg* to file, classify
classeur – *nm* folder, ring binder
classique – *adj* classical
clavicule – *nf* shoulder blade
clavier – *nm* keyboard
clé – *nf* key, spanner
clé de voiture – car key
client(e) – *nmf* customer
clignotant – *nm* indicator (car)
clignoter – *v reg* to flicker, blink, **clignoter des yeux** – to blink
climat – *nm* climate

climatisation – *nf* air conditioning
climatisé – *adj* air conditioned
clinique – *nf* clinic
clochard – *nm* down and out, tramp
cloche – *nf* bell
clou – *nm* nail (for wood)
clown – *nm* clown
faire le clown – *v irreg* § to play the fool
club – *nm* club
club des jeunes – youth club
cobaye – *nm* guinea-pig
Coca-Cola® – *nm* Coca-Cola®
cocher – *v reg* to tick
cochon – *nm* pig
cochon d'Inde – *nm* guinea-pig
cochonnerie – *nf* dirty trick
code – *nm* code
code de la route – highway code
code postal – post code
rouler en code – *v reg* to drive with dipped headlights
cœur – *nm* heart
coffre – *nm* boot of car
cogner – *v reg* to bump
se cogner* – *v refl* to bump o.s.
se coiffer* – *v refl* to do one's hair
coiffeur, coiffeuse – *nmf* hairdresser
coiffure – *nf* hairstyle
coin – *nm* corner, area
au coin de la rue – on the street corner
au coin du feu – by the fire
vous êtes du coin? – do you live locally?
coincer – *v reg* † to jam, be stuck
col – *nm* collar, pass (mountain)
colère – *nf* anger
être en colère – *v irreg* § to be angry
se mettre* en colère – *v refl* § to get angry

---

prep - preposition
pp - past participle
v reg - verb regular
v irreg - verb irregular
v refl - verb reflexive
† - see verb information
§ - see verb tables
* - takes être

colis – *nm* parcel
collant – *nm* pair of tights, leotard
colle – *nf* glue
collection – *nf* collection
collectionner – *v reg* to collect (stamps, etc)
collège – *nm* secondary school, college
collègue – *nmf* colleague
coller – *v reg* to glue, stick
collier – *nm* necklace
colline – *nf* hill
collision – *nf* collision
  entrer* en collision avec – *v reg* to collide with
colonie de vacances – *nf* summer camp
colorer – *v reg* to colour
combien (de) – *adv* how much, how many
  tous les combiens? – how often?
  combien de temps? – how long?
comédie – *nf* comedy (stage)
comédien – *nm* comedian, actor (stage)
comédienne – *nf* comedienne, actress (stage)
comestible – *adj* edible
comique – *adj* funny
commande – *nf* order
commander – *v reg* to order
comme – *conj* as, how
  comme ci, comme ça – so-so
  comme si – as if
commencer – *v reg* † to begin
comment – *adv* how
  comment allez-vous? – how are you?
  comment est ...? – what is ... like?
  comment vas-tu? – how are you?
commerçant(e) – *nmf* shopkeeper, market trader
commerce – *nm* business, trade

commerces – *nmpl* shops
commissariat de police – *nm* police station
commission – *nf* commission, errand, message
  faire des commissions – *v irreg* § to do the shopping
commode – *adj* easy, handy, convenient
commode – *nf* chest of drawers
commun – *adj* common, joint
  transports en commun – *nmpl* public transport
communauté – *nf* community
  Communauté Européenne – European Community
compagnie – *nf* company
compagnon – *nm* companion
comparaison – *nf* comparison
comparer – *v reg* to compare
compartiment – *nm* compartment
compétition – *nf* competition
complet – *adj* full (car park), no vacancies (hotel, B&B)
  pain complet – *nm* wholemeal bread
complet – *nm* suit
complètement – *adv* completely
compléter – *v reg* † to complete
complice – *nmf* accomplice
compliqué – *adj* complicated
composer – *v reg* to form, set up
  composer le numéro – to dial
composter un billet – *v reg* to date-punch a ticket
composteur de billets – *nm* date stamp machine
comprendre – *v irreg* § to understand
comprimé – *nm* tablet, pill
compris – *pp comprendre* § understood
compris – *adj* included, contained

---

nm - noun masculine   *nmpl* - noun masculine plural   *adj* - adjective   *conj* - conjunction
nf - noun feminine   *nfpl* - noun feminine plural   *adv* - adverb   *pron* - pronoun

c'est compris – it's agreed

service compris – service included

comptable – *nmf* accountant

compte – *nm* account, number

en fin de compte – in the final analysis

compter – *v reg* to count

compteur – *nm* meter

compteur de vitesse – speedometer

comptine – *nf* nursery rhyme

comptoir – *nm* counter

concerner – *v reg* to concern

concert – *nm* concert

concierge – *nmf* caretaker

concombre – *nm* cucumber

concours – *nm* competition, exam

concurrent(e) – *nmf* competitor, candidate

conducteur – *nm* driver

conductrice – *nf* driver

conduire – *v irreg* § to drive

conférence – *nf* lecture

confiance – *nf* confidence

confirmer – *v reg* to confirm

confiserie – *nf* sweet shop

confiture – *nf* jam

confort – *nm* comfort

confortable – *adj* comfortable

confus – *adj* confused, embarrassed

congé – *nm* time off, leave

congé de mi-trimestre – half term holiday

congélateur – *nm* freezer

connaissance – *nf* knowledge, consciousness

connaître – *v irreg* § to know

connu – *pp connaître* § known

bien connu – well known

consacrer – *v reg* to devote

conseil – *nm* piece of advice

conseiller – *v reg* to advise

consigne – *nf* left luggage office

consonne – *nf* consonant

constat – *nm* statement

constater – *v reg* to declare

construire – *v irreg* § to build

consulat – *nm* consulate

consulter – *v reg* to consult

contacter – *v reg* to contact

conte – *nm* story

conte de fées – fairy tale

contenir – *v irreg* § to hold, take

content – *adj* pleased, happy

contenu – *nm* contents

contigu, contiguë – *adj* adjoining, next to

continent – *nm* continent

continuer – *v reg* to continue

contraire – *nm* opposite

au contraire – on the contrary

contre – *prep* against

contrôler – *v reg* to examine, check, monitor

contrôleur – *nm* inspector (tickets)

convaincu – *adj* convinced

convenable – *adj* suitable, convenient

convenu – *adj* agreed

coordonnées – *nfpl* personal details

copain – *nm* friend (male)

copier – *v reg* to copy

copine – *nf* friend (female)

coq – *nm* cockerel

coq au vin – chicken in red wine

coquelicot – *nm* poppy

coquillage – *nm* shell, shellfish

corbeille – *nf* basket

corde – *nf* rope, string, cord

cordonnerie – *nf* shoe repair shop

cornichon – *nm* gherkin

Cornouailles – *nfpl* Cornwall

corps – *nm* body

correct – *adj* correct

---

correspondance – *nf* connection (train), correspondence

correspondant – *nm* penfriend (male)

correspondante – *nf* penfriend (female)

correspondre – *v reg* to write to

corrigé – *nm* corrections

corriger – *v reg* † to correct

Corse – *nf* Corsica

corse – *adj* Corsican

corsé – *adj* full bodied, full flavoured

costaud – *adj* sturdy, stocky

costume – *nm* man's suit, (national) costume

côte – *nf* slope, hillside, coast, rib

Côte d'Azur – the French Riviera

côte de porc – pork chop

côté – *nm* side, aspect

à côté de – beside

de chaque côté – on each side, both sides

de l'autre côté – on the other side

côtelette – *nf* chop, cutlet

coton – *nm* cotton

coton hydrophile – cotton wool

cou – *nm* neck

couche – *nf* layer, coat (paint), nappy

coucher – *v reg* to put to bed

se coucher* – *v refl* to go to bed

coucher de soleil – *nm* sunset

couchette – *nf* couchette, sleeper

coude – *nm* elbow

coudre – *v irreg* § to sew

couette – *nf* duvet, quilt

couler – *v reg* to flow

couleur – *nf* colour

couloir – *nm* corridor

coup – *nm* blow, knock, stroke

coup de feu – shot

coup de fil – phone call

coup de foudre – love at first sight

coup de main – a helping hand

coup d'œil – glance

coup de pied – kick

coup de poing – punch

coup de pouce – nudge

coup de soleil – sun burn

coup de téléphone – phone call

coup de tonnerre – clap of thunder

coup de vent – gust of wind

coupable – *adj* guilty

couper – *v reg* to cut

se couper* le doigt – *v refl* to cut one's finger

cour – *nf* playground, yard, court

courage – *nm* courage, drive

courageux, courageuse – *adj* brave

couramment – *adv* fluently

courant – *adj* everyday, ordinary

courant – *nm* current (water, electric)

être au courant de – *v irreg* § to know about sthg

coureur, coureuse – *nmf* runner

courir – *v irreg* § to run

couronne – *nf* crown

courrier – *nm* post, mail

cours – *nm* lesson (school)

cours du change – rate of exchange

cours particulier – private tuition

cours préparatoire – reception class

cours privé – private school

course – *nf* race, running, errand

faire des courses – *v irreg* § to go shopping

court – *adj* short

court – *nm* tennis court

couru – *pp courir* § ran

cousin(e) – *nmf* cousin

coussin – *nm* cushion

cousu – *pp coudre* § sewn

couteau – *nm* knife

---

coûter – *v reg* to cost
coûteux, coûteuse – *adj* expensive
couture – *nf* needlework
couvert – *adj* cloudy
couvert – *nm* table place, cover charge
   mettre le couvert – *v irreg* § to lay the table
couverture – *nf* blanket
couvrir – *v irreg* § to cover
crabe – *nm* crab
craie – *nf* chalk
craindre – *v irreg* § to fear
cravate – *nf* tie
crawl – *nm* front crawl
crayon – *nm* pencil
   crayon de couleur – coloured pencil
   crayon optique – light pen
crèche – *nf* day nursery, crib
crème – *nf* cream
   crème anglaise – custard
   crème Chantilly – whipped cream with sugar
   crème solaire – sun cream
crémerie – *nf* dairy
crêpe – *nf* pancake
crêperie – *nf* restaurant serving pancakes
creuser – *v reg* to dig
creux, creuse – *adj* hollow
crevaison – *nf* puncture
crevé – *adj* punctured, *sl* knackered
crever – *v reg* † to burst
crevette – *nf* shrimp
cricket – *nm* cricket (sport)
crier – *v reg* to shout
crise – *nf* fit, attack, crisis
   crise cardiaque – heart attack
critique – *nf* criticism, complaint
critiquer – *v reg* to criticise
croire – *v irreg* § to believe

croiser – *v reg* to cross, meet
croisière – *nf* cruise
croissant – *nm* crescent
   Croissant Rouge – Red Crescent
croix – *nf* cross
   Croix Rouge – Red Cross
croque-madame – *nm* toasted cheese sandwich with chicken
croque-monsieur – *nm* toasted cheese and ham sandwich
croquer – *v reg* to munch, bite into
croûte – *nf* crust, pastry
   casse-croûte – *nm* snack
cru – *pp croire* believed
cru – *adj* raw, uncooked
crudités – *nfpl* chopped raw vegetables
cruel, cruelle – *adj* cruel
cueillir – *v irreg* § to pick
cuillère – *nf* spoon
   cuillère à café – teaspoon
cuillerée – *nf* spoonful
   cuillerée à café – teaspoonful
   cuillerée à soupe – tablespoonful
cuir – *nm* leather
cuire, faire cuire – *v irreg* § to cook
cuisine – *nf* cookery, kitchen
cuisinier, cuisinière – *nmf* cook
cuisinière à gaz – *nf* gas cooker
cuisinière électrique – *nf* electric cooker
cuisse – *nf* thigh
   cuisses de grenouilles – *nfpl* frogs' legs
cuit – *adj* cooked
   bien cuit – well-cooked
cuivre – *nm* copper
cultiver – *v reg* to cultivate, grow
curé – *nm* (Roman Catholic) priest
curieux, curieuse – *adj* curious, strange
curseur – *nm* cursor
cyclisme – *nm* cycling

---

faire du cyclisme – *v irreg* § to cycle

cycliste – *nmf* cyclist

D

d' – *abbr see de*
d'abord – *adv* first, first of all
d'accord! – OK, agreed!
dactylo – *nf* typist
dalle – *nf* paving stone
dame – *nf* lady
  Dames – Ladies' toilets
  jeu de dames – *nm* draughts
Danemark – *nm* Denmark
  au Danemark – in Denmark
danger – *nm* danger
  en cas de danger – in case of emergency
  être en danger – *v irreg* § to be in danger
dangereux – *adj* dangerous
danois – *adj* Danish
Danois(e) – *nmf* Dane
dans – *prep* in
  dans ce cas – in this case
  dans le Devon – in Devon
danser – *v reg* to dance
danseur – *nm* dancer (male)
danseuse – *nf* dancer (female)
date – *nf* date
  date de naissance – date of birth
d'avance – early
  arriver* avec 5 minutes d'avance – *v reg* to arrive 5 minutes early
davantage – *adv* more
de – *prep* from, of
  de bonne heure – early
  de grand confort – very comfortable

de grand luxe – luxurious
de grand standing – posh, prestigious
de la part de – on behalf of
de l'autre côté – on the other side, on the other hand
de luxe – luxurious
de nuit – by night, of the night
de quelle couleur? – what colour?
de retour – back
de rien – don't mention it, you're welcome
de temps en temps – from time to time
débarquer – *v reg* to disembark
débarras – *nm* junk room
débarrasser – *v reg* to clear
  se débarrasser* de – *v refl* to get rid of
débat – *nm* debate
déborder – *v reg* to overflow
déboucher – *v reg* to uncork, emerge, flow into sea (river)
debout – *adv* standing up
débrouillard – *adj coll* smart, resourceful, crafty
se débrouiller* – *v refl* to manage, get by
début – *nm* beginning
débutant(e) – *nmf* novice, beginner
décalage horaire – *nm* time difference
décaler – *v reg* to stagger
décapsuleur – *nm* bottle opener
décédé – *adj* dead

---

décembre – *nm* December
déception – *nf* disappointment
décevant – *adj* disappointing
déchets – *nmpl* rubbish
déchiffrer – *v reg* to decipher
déchiré – *adj* torn
déchirer – *v reg* to tear
décider (de) – *v reg* to decide to
se décider à* – *v refl* to make up one's mind
décision – *nf* decision
déclarer – *v reg* to declare
décoller – *v reg* to take off (aircraft), peel off (stickers)
décontracté – *adj* relaxed
décorer – *v reg* to decorate
découper – *v reg* to cut
découragé – *adj* discouraged
découvert – *pp découvrir* discovered
découvert – *adj* open, uncovered
à découvert – overdrawn
découverte – *nf* discovery
découvrir – *v irreg* § to discover
décrire – *v irreg* § to describe
décrocher – *v reg* to take down, unhook
décrocher le combiné – to lift the handset
déçu – *pp décevoir* disappointed
dedans – *adv* inside
défaut – *nm* defect, fault
défavorable – *adj* unfavourable
défendre – *v reg* to forbid, defend
défendu – *adj* forbidden
défense d'entrer – no entry
défense de fumer – no smoking
défense de stationner – no parking
défi – *nm* challenge
défilé – *nm* procession, parade
défilé du 14 juillet – Bastille Day procession
défiler – *v reg* to parade, file past

faire défiler un programme – *v irreg* § to scroll a program
défini – *adj* definite, precise
déformer – *v reg* to bend, deform
chaussée déformée – *nf* uneven road
défrayer – *v reg* to pay expenses
dégâts – *nmpl* damage
dégoûtant – *adj* disgusting
dégoûté – *adj* disgusted, fed up
degré – *nm* degree (temperature)
dégueulasse – *adj sl* disgusting, lousy, foul
dégustation – *nf* tasting (wine etc)
déguster – *v reg* to taste
dehors – *adv* outside
en dehors de – apart from, outside
déjà – *adv* already
déjeuner – *v reg* to have lunch
déjeuner – *nm* lunch
petit déjeuner – breakfast
délabré – *adj* dilapidated, tumbledown
délai – *nm* delay, time limit
délavé – *adj* faded
délicat – *adj* delicate
délicieux, délicieuse – *adj* delicious
déluge – *nm* flood
demain – *adv* tomorrow
à demain – see you tomorrow
à partir de demain – from tomorrow onwards
demain matin – tomorrow morning
demain soir – tomorrow evening
demande – *nf* request, claim, demand
demander – *v reg* to ask (for)
demander à quelqu'un de faire quelque chose – to ask s.o. to do sthg
demander des renseignements – to ask for information
démarche – *nf* way of walking

prep - preposition   *v reg* - verb regular   *v refl* - verb reflexive   § - see verb tables
pp - past participle   *v irreg* - verb irregular   † - see verb information   * - takes être

démarrer – *v reg* to start (vehicle)
déménager – *v reg* to move house
demeure – *nf* residence
demeurer – *v reg* to live
demi – *adj* half
  demi-frère – *nm* half-brother
  demi-heure – *nf* half an hour
  demi-pension – *nf* half board
  demi-sœur – *nf* half-sister
  demi-tarif – *nm* half-price
dent – *nf* tooth
dentelle – *nf* lace
dentifrice – *nm* toothpaste
dentiste – *nmf* dentist
dépannage – *nm* repair
  voiture de dépannage – *nf* breakdown lorry
dépanner – *v reg* to repair, help s.o.
départ – *nm* departure
département – *nm* administrative department (=county)
dépasser – *v reg* to overtake, exceed (speed limit)
dépêcher – *v reg* to despatch, send
  se dépêcher* – *v refl* to hurry
  dépêche-toi! – *imp* hurry up!
  dépêchez-vous! – *imp* hurry up!
dépendre – *v reg* to depend, be dependant upon
  ça dépend de ... – it depends upon
dépenser – *v reg* to spend
déplacer – *v reg* † to move
  se déplacer* – *v refl* † to travel, move
dépliant – *nm* leaflet, brochure
déplier – *v reg* to unfold
déposer – *v reg* to put sthg down
déprimé – *adj* depressed
depuis – *prep* since
  depuis quand apprends-tu le français? – how long have you been learning French?
déranger – *v reg* † to disturb, bother

dériveur – *nm* sailing dinghy
dernier, dernière – *adj* last, latest, bottom
  au dernier étage – on the top floor
dernier, dernière – *nmf* the last, latest one
dérobé – *adj* hidden, stolen
dérober – *v reg* to steal
dérouler – *v reg* to unwind
  se dérouler* – *v refl* to take place
derrière – *prep* behind
des (= de + les) – *art* some, of the
des (pl of un/une) – *art* some
dès – *prep* from
  dès le début – from the beginning
  dès que – as soon as
désagréable – *adj* disagreable
désapprouver – *v reg* to disapprove (of)
désastre – *nm* disaster
désastreux, désastreuse – *adj* disastrous
désavantage – *nm* disadvantage
descendre* – *v reg* to come down, go down
  descendre* à pied – to walk down
  descendre* dans un hôtel – to stay at a hotel
  descendre* de voiture – to get out of the car
  descendre* du car – to get off the coach
  descendre l'escalier – to go down stairs *(with avoir)*
  descendre les valises – to bring down cases *(with avoir)*
descente – *nf* descent
description – *nf* description
désert – *nm* desert
désespéré – *adj* in despair, desperate
désespoir – *nm* despair

---

nm - noun masculine	*nmpl* - noun masculine plural	*adj* - adjective	*conj* - conjunction
nf - noun feminine	*nfpl* - noun feminine plural	*adv* - adverb	*pron* - pronoun

déshabiller – *v reg* to undress
  se déshabiller* – *v refl* to get
  undressed
désigner – *v reg* to indicate
  désigner du doigt – to point out
désintéressé – *adj* unselfish
désir – *nm* wish, desire
désirer – *v reg* to want
désobéir – *v reg* to disobey
désolé(e) – *adj* distressed
  je suis désolé(e) – I'm very sorry
désordre – *nm* disorder, muddle
  en désordre – untidy
désorienté – *adj* bewildered,
  confused
désormais – *adv* in future
dessert – *nm* dessert, pudding
dessin – *nm* drawing, design, pattern
  dessin animé – cartoon
  dessin industriel – engineering
  drawing
dessinateur, dessinatrice – *nmf*
  designer, draughtsman
dessiner – *v reg* to draw
dessous – *nm* underside
dessous – *adv* underneath
  au-dessous (de) – underneath,
  below
  en dessous – under, below
  par-dessous – underneath
dessus – *nm* top
  avoir le dessus – *v irreg* § to have
  the upper hand
dessus – *adv* above
  au-dessus (de) – above, over,
  on top
  par-dessus – over (the top of)
destination – *nf* destination
destiné (à) – *adj* intended (for)
détacher – *v reg* to untie, loosen
  se détacher* de – *v refl* to turn
  away from
détail – *nm* detail, description

prix de détail – *nm* retail price
vendre au détail – *v reg* to retail,
  sell individually
détecteur – *nm* detector
  détecteur de fumée – smoke
  detector
détendre – *v reg* to slacken
  se détendre* – *v refl* to relax
détendu – *adj* relaxed
détente – *nf* relaxation
déterminer – *v reg* to determine,
  decide
détester – *v reg* to hate
détour – *nm* bend, curve, detour
détresse – *nf* distress
détruire – *v irreg* § to destroy
dette – *nf* debt
deux – *adj* two
  deux fois – twice
  deux-points – *nm* colon (:)
  deux-temps – *nm* two-stroke
  (engine)
  tous les deux – both
  toutes les deux – both
deuxième – *adj* second
  deuxième classe – second class
devant – *prep* in front of
devant – *nm* front
développement – *nm* development
développer – *v reg* to develop, grow
devenir* – *v irreg* § to become
  qu'est-il devenu? – what has
  become of him?
déverser – *v reg* to pour out
déviation – *nf* diversion, alternative
  route
deviner – *v reg* to guess
devise – *nf* motto, slogan, currency
devoir – *nm* duty
  devoir de math – maths
  homework
devoir[1] – *v irreg* § to owe

je vous dois combien? – how much do I owe you?

devoir[(2)] – *v irreg* § to have to, must

elle doit partir – she has to go

devoirs – *nmpl* homework, prep

devra – *see devoir* § will have to

devrait – should, ought to

d'habitude – usually, as a rule

diable – *nm* devil

diabolo menthe – *nm* mint and lemonade

dialogue – *nm* conversation

diapositive – *nf* slide, transparency

dictionnaire – *nm* dictionary

Dieu – *nm* God

différence – *nf* difference

différent – *adj* different

difficile – *adj* difficult

difficilement – *adv* with difficulty

difficulté – *nf* difficulty

digérer – *v reg* † to digest

digne – *adj* worthy, dignified

dimanche – *nm* Sunday

dimanche de Pâques – Easter Sunday

diminuer – *v reg* to reduce

diminution – *nf* reduction

dinde – *nf* turkey

dîner – *v reg* to have dinner

dîner – *nm* dinner, evening meal

dingue – *adj sl* crazy

diplôme – *nm* diploma, certificate

dire – *v irreg* § to say, tell

cela va sans dire – that goes without saying

cela vous dit de sortir? – do you fancy going out?

c'est à dire – that is to say

pour ainsi dire – so to speak

que veut dire ... ? – what does ... mean?

se dire* – *v refl* § to say to oneself, to claim to be

comment se dit ... en français? – how do you say ... in French?

direct – *adj* direct, straight

train direct – *nm* through train, express

émission en direct – *nf* live broadcast

directement – *adv* directly

directeur – *nm* male primary headteacher, director

direction – *nf* direction

directrice – *nf* female primary head teacher, director

diriger – *v reg* † to direct

se diriger vers* – *v refl* † to approach, go towards

dis – *see dire* § say

discothèque – *nf* disco

discours – *nm* talk, speech

discuter – *v reg* to discuss

disparaître – *v irreg* § to disappear

disparu – *pp disparaître* § disappeared

disponible – *adj* available

disposé – *adj* arranged

disputer – *v reg* to fight, play (match)

se disputer* – *v refl* to quarrel

disque – *nm* disc, disk, record (music)

disque compact – CD

disque de stationnement – parking disc

disque dur – hard disk

disque optique compact – CD-ROM

disquette – *nf* floppy disk, diskette

dissimuler – *v reg* to conceal, hide

dissiper – *v reg* to clear (fog)

dissoudre – *v irreg* § to dissolve

distance – *nf* distance

à deux ans de distance – within 2 years

---

nm - noun masculine	*nmpl* - noun masculine plural	*adj* - adjective	*conj* - conjunction
nf - noun feminine	*nfpl* - noun feminine plural	*adv* - adverb	*pron* - pronoun

à une distance de 500 mètres – 500 metres away

distraction – *nf* entertainment, absent mindedness

distrait – *adj* absent-minded

distribuer – *v reg* to give out

distribuer le courrier – to deliver the post

distributeur – *nm* agent, machine

distributeur automatique – slot machine

distributeur de billets – ticket machine, cash dispenser

dit – *see dire* § says, said

divers – *adj* various, varied

divertissement – *nm* recreation, amusement

diviser – *v reg* to divide

divorcé – *adj* divorced

divorcer – *v reg* † to get a divorce

dix – *adj* ten

dix sur dix – ten out of ten

dixième – *adj* tenth

dixième – *nmf* a tenth

être le/la dixième de la classe – *v irreg* § to be tenth in the class

dix-huit – *adj* eighteen

dix-neuf – *adj* nineteen

dix-sept – *adj* seventeen

au dix-septième siècle – in the 17th century

dizaine – *nf* (about) ten

docteur – *nm* doctor

documentaire – *nm* documentary

documentaliste – *nmf* librarian, researcher

documentation – *nf* documentation

doigt – *nm* finger

doigt de pied – toe

dois – *see devoir* § must, have to, owe

doit – *see devoir* § must, have to, owe

doivent – *see devoir* § must, have to, owe

DOM – (département d'outre-mer) *nm inv* French département overseas

domaine – *nm* property, domain

domestique – *adj* domestic

animal domestique – *nm* pet

domicile – *nm* home, address (on form)

dommage – *nm* damage, injury

c'est dommage – it is a pity

quel dommage! – what a pity!

don – *nm* gift, talent

avoir un don pour – *v irreg* § to have a gift for

donc – *conj* so, therefore

donjon – *nm* dungeon

donnée – *nf* data

donner – *v reg* to give

donner à manger au chat – to feed the cat

donner à quelqu'un – to give to someone

donner sur – to open on to

dont – *rel pron* whose, of which

dormir – *v irreg* § to sleep

dortoir – *nm* dormitory

dos – *nm* back

dose – *nf* dose, amount

dossier – *nm* file, dossier

dossier scolaire – school record

d'où? – from where?

d'où viens-tu? – where do you come from?

douane – *nf* customs

douanier – *nm* customs officer

double – *adj* double

doublé – *adj* lined (clothing)

doubler – *v reg* to overtake

douce – *adj see doux* mild, gentle, sweet

doucement – *adv* gently

douceur – *nf* gentleness, softness

douche – *nf* shower

doué – *adj* gifted

---

douleur – *nf* pain
doute – *nm* doubt, uncertainty
  douter (de) – *v reg* to doubt,
  question
  se douter de* – *v refl* to suspect
douteux, douteuse – *adj* uncertain,
doubtful
Douvres – Dover
doux, douce – *adj* mild, sweet, gentle
douzaine – *nf* dozen
douze – *adj* twelve
douzième – *adj* twelfth
dramatique – *adj* dramatic
  étudier l'art dramatique – *v reg*
  to do drama
drame – *nm* drama
drap – *nm* sheet
drapeau – *nm* flag
dresser – *v reg* raise, draw up
  dresser la tente – to pitch the tent
  dresser un animal – to train an
  animal
  se dresser* – *v refl* to stand up
  straight
drogue – *nf* drug
se droguer* – *v refl* to take drugs
droguerie – *nf* hardware shop
droit, droite – *adj* right, straight

allez tout droit – go straight on
droite – *nf* right
  à droite – on the right
  prenez la première à droite –
  take the first on the right
  rouler à droite – *v reg* to drive on
  the right
droit – *nm* right, law
  faire son droit – *v irreg* § to study
  law
  les droits de l'homme – *nmpl*
  human rights
drôle – *adj* funny
drôlement – *adv* amusingly
  il fait drôlement froid – it's
  awfully cold
du (= de + le) – *art* some
dû – *pp devoir* § obliged to
dur – *adj* hard
  travailler dur – *v reg* to work hard
durée – *nf* length, duration
durement – *adv* harshly, severely
durer – *v reg* to last
dut – *see devoir* § was obliged to,
had to
DVD – *nm* DVD
dynamique – *adj* dynamic

E

eau – *nf* water
  eau chaude – hot water
  eau de vie – brandy
  eau froide – cold water
  eau minérale – mineral water
  eau non potable – non-drinking water
  eau potable – drinking water
ébahi – *adj* dumbfounded
éblouissant – *adj* dazzling
écart – *nm* gap
  à l'écart – out of the way
échange – *nm* exchange
échanger – *v reg* † to change, exchange, swop
échapper à – *v reg* to escape
  s'échapper* de – *v refl* to escape from
écharpe – *nf* scarf
échauffement – *nm* warm up
échauffer – *v reg* to warm up (sport)
échecs – *nmpl* chess
  jouer aux échecs – *v reg* to play chess
échelle – *nf* ladder, scale
échouer – *v reg* to fail
  s'échouer* – *v refl* to run aground
éclair – *nm* flash of lightning
éclaircie – *nf* bright period
éclater – *v reg* to burst
  éclater de rire – to burst out laughing
école – *nf* school
  école maternelle – nursery school
  école primaire – primary school
  école privée – private school
écolier – *nm* schoolboy
écolière – *nf* schoolgirl
écologie – *nf* ecology
écologiste – *nmf* ecologist

économe – *adj* careful with money
économie – *nf* economics, economy
économies – *nfpl* savings
  faire des économies – *v irreg* § to save up
économiser – *v reg* to economise, conserve
écossais – *adj* Scottish
Écossais(e) – *nmf* Scotsman, Scotswoman
Écosse – *nf* Scotland
écouter – *v reg* to listen (to)
écouteurs – *nmpl* headphones
écran – *nm* screen
écraser – *v reg* to run over, crush
  s'écraser* – *v refl* to crash (car)
écrémé – *adj* skimmed (milk)
s'écrier* – *v refl* to exclaim
écrire – *v irreg* § to write
  ça s'écrit comment? – how do you spell that?
écriture – *nf* handwriting
écrivain – *nm* writer
s'écrouler* – *v refl* to fall down, crumble
écume – *nf* foam, froth
écureuil – *nm* squirrel
écurie – *nf* stable
édifice – *nm* building
Edimbourg – Edinburgh
éditer – *v reg* to edit
éducatif, éducative – *adj* educational
éducation – *nf* education
  éducation physique – PE
  éducation religieuse – RE
effacer – *v reg* † to erase, delete
effectif – *nm* size, strength
effectif, effective – *adj* actual, effective, real

---

effectivement – *adv* actually, really
effectuer – *v reg* to carry out, make
effet – *nm* effect, impression
  en effet – indeed
efficace – *adj* effective
effort – *nm* effort
  faire un effort – *v irreg* § to make
  an effort
effrayé – *adj* frightened
effrayer – *v reg* † to frighten
effroyable – *adj* horrifying
égal – *adj* equal
  ça m'est égal – I don't mind
également – *adv* equally, evenly
égalité – *nf* equality
égard – *nm* consideration
égarer – *v reg* to mislead, mislay
  s'égarer* – *v refl* to get lost
égaux – *adj mpl* equal
église – *nf* church
égoïste – *adj* selfish
élan – *nm* vigour, spirit
élargir – *v reg* widen
électricien – *nm* electrician
électricité – *nf* electricity
électrique – *adj* electric(al)
électronique – *nf* electronics
électrophone – *nm* record player
élégant – *adj* elegant
éléphant – *nm* elephant
élève – *nmf* pupil
élevé – *adj* high, elevated
  bien élevé – well brought up
élever – *v reg* † to bring up, rear
  s'élever* – *v refl* † to rise up
éleveur – *nm* stockbreeder
elle – *pron f* she, it
elle-même – *pron f* herself, itself
elles – *pron fpl* they
elles-mêmes – *pron f* themselves
éloigné – *adj* far away, remote

éloigner – *v reg* to move, take away
(object)
  s'éloigner* – *v refl* to go, move away
e-mail – *nm* email
emballage – *nm* package, packing
  papier d'emballage – *nm* wrapping
  paper
emballer – *v reg* to pack
embarquer – *v reg* to embark
embarras – *nm* trouble, embarrassment
  avoir l'embarras du choix –
  v irreg § to be spoiled for choice
embêtant – *adj* annoying, awkward
embêter – *v reg* to bother, annoy
embouteillage – *nm* traffic jam
embrasser – *v reg* to kiss
embrayage – *nm* clutch
émission – *nf* programme (TV or radio)
emmener – *v reg* † to take
s'emparer de* – *v refl* to take hold
of
empêcher – *v reg* to stop, prevent
emplacement – *nm* site, pitch
emploi – *nm* job
emploi du temps – *nm* timetable
employé(e) – *nmf* employee
employer – *v reg* † to use, employ
employeur, employeuse – *nmf*
employer
emporter – *v reg* to take away
  plats à emporter – *nmpl* take-
  away meals
emprunter (à) – *v reg* to borrow (from)
EMT – (éducation manuelle et technique)
nf CDT
ému – *adj* moved, touched, excited
en – *prep & pron* in, of it, of them,
some
  en anglais – in English
  en arrière – backwards
  en autobus – by bus
  en automne – in autumn
  en avant – forwards

---

nm - noun masculine	*nmpl* - noun masculine plural	*adj* - adjective	*conj* - conjunction
nf - noun feminine	*nfpl* - noun feminine plural	*adv* - adverb	*pron* - pronoun

en avoir besoin – *v irreg* § to need
en avoir marre – *v irreg* § *coll* to
 be fed up with
en banlieue – in the suburbs
en bas – downstairs, below
en béton – made of concrete
en bois – made of wood
en bon état – in good condition
en brique – built of brick
en car – by coach
en colère – angry
en coton – made of cotton
en cuir – made of leather
en désordre – in a mess
en-dessous de – under, below
en direction de – going to
en face de – opposite
en forme – on form, fit
en France – in France
en général – usually
en haut – upstairs, above
en laine – made of wool
en mauvais état – in poor
 condition
en même temps que – at the
 same time as
en métal – made of metal
en moyenne – on average
en panne – out of order
en plastique – made of plastic
en plein air – in the open air
en plein soleil – in full sunshine
en provenance de – coming
 from
en retard – late
en sus – in addition
en tête – in the lead
en train de – in the process of
en ville – in town
en voiture – by car
enchanté – *adj* delighted
 enchanté(e) de vous connaître
 – pleased to meet you
encombré – *adj* cluttered, obstructed

encore – *adv* again, more, still
 encore une fois – one more time
endormi – *adj* asleep
s'endormir* – *v refl* § to fall asleep
endroit – *nm* place
endurance – *nf* stamina, endurance
énergie – *nf* energy
énervé – *adj* irritated, nervous
énerver – *v reg* to annoy, irritate
 ça m'énerve – that gets on my nerves
 s'énerver* – *v refl* to get worked
 up
enfance – *nf* childhood
enfant – *nmf* child
enfer – *nm* hell
enfermer – *v reg* to shut in
 s'enfermer* – *v refl* to shut
 oneself away
enfiler – *v reg* to slip into, put on
enfin – *adv* at last, finally
enflé – *adj* swollen
enfoncer – *v reg* † to drive in, put in
 (a nail, etc)
 s'enfoncer* dans – *v refl* †
 to plunge, sink into
engager – *v reg* † to involve, enter
 (competition)
 s'engager* à – *v refl* † to promise to
engrais – *nm* fertiliser, manure
enjamber – *v reg* to step over
enlever – *v reg* † to remove
ennemi – *nm* enemy
ennui – *nm* boredom, worry, problem
 avoir des ennuis avec – *v irreg*
 § to have problems with
ennuyer – *v reg* † to bore, worry
 s'ennuyer* – *v refl* † to be bored
ennuyeux, ennuyeuse – *adj* boring
énorme – *adj* enormous
énormément – *adv* tremendously
enquête – *nf* enquiry, survey
enragé – *adj* keen, fanatical, angry
enregistrer – *v reg* to record

---

prep - preposition *v reg* - verb regular *v refl* - verb reflexive § - see verb tables
pp - past participle *v irreg* - verb irregular † - see verb information * - takes être

enrhumé – *adj* with a cold
enseigne – *nf* shop sign
enseignant(e) – *nmf* teacher
enseignement – *nm* teaching
enseigner – *v reg* to teach
ensemble – *adv* together
ensemble – *nm* set, group
enseveli – *adj* swallowed up, buried
ensoleillé – *adj* sunny
ensuite – *adv* afterwards, next, then
entendre – *v reg* to hear
    s'entendre* – *v refl* to agree, get on with
    entendu – *adj* agreed
    bien entendu – of course
entente – *nf* agreement, harmony
enterrer – *v reg* to bury
entêté – *adj* stubborn
enthousiasme – *nm* enthusiasm
entier, entière – *adj* complete, whole
entièrement – *adv* entirely
entorse – *nf* sprain
entouré de – *adj* surrounded by
entraîner – *v reg* to pull, lead, drag
    s'entraîner* – *v refl* to train
entraîneur – *nm* trainer (coach)
entre – *prep* between
    entre amis – among friends
    entre nous – between you and me
entrecôte – *nf* entrecôte steak, rib steak
entrée – *nf* entrance
    entrée gratuite – no charge for entrance
    entrée interdite – no entry
    entrée libre – browsers welcome
    entrée payante – there is an entrance charge
    billet d'entrée – *nm* entrance ticket
entreprise – *nf* firm, business
entrer* – *v reg* to go in

il entre dans la maison – he goes into the house
entretenir – *v irreg* § to maintain, support
    s'entretenir* avec – *v refl* § to speak to
entretien – *nm* maintenance, interview, discussion
envahir – *v reg* to invade
enveloppe – *nf* envelope
envelopper – *v reg* to wrap up, surround
envers – *prep* towards
envers – *nm* wrong side, back
    à l'envers – inside out
envie – *nf* desire, wish, envy
    avoir envie de – *v irreg* § to want to
environ – *adv* about
environs – *nmpl* surroundings, neighbourhood
environnement – *nm* environment
envol – *nm* take-off (plane)
s'envoler* – *v refl* to fly away, take off
envoyer – *v reg* † to send
épais, épaisse – *adj* thick
épaisseur – *nf* thickness
épargner – *v reg* to save, spare
épatant – *adj* splendid
épaule – *nf* shoulder
    épaule d'agneau – shoulder of lamb
épée – *nf* sword
épeler – *v reg* † to spell
éperdu – *adj* distraught, frantic
épice – *nf* spice
épicerie – *nf* grocer's shop
épicier, épicière – *nmf* grocer
épinards – *nmpl* spinach
épingle – *nf* pin
éplucher – *v reg* to peel
éponge – *nf* sponge
époque – *nf* time, era

épouse – *nf* wife
épouser – *v reg* to marry
épouvantable – *adj* terrible, appalling
épouvante – *nf* terror, fear
  film d'épouvante – *nm* horror film
  roman d'épouvante – *nm* horror story
époux – *nm* husband
époux – *nmpl* married couple
épreuve – *nf* test,
  épreuve écrite – written test
  épreuve orale – oral test
éprouver – *v reg* to feel, experience
EPS – (éducation physique et sportive) *nf* PE
épuisant – *adj* exhausting
épuisé – *adj* exhausted, tired out
équipe – *nf* team
équipement – *nm* equipment
équitation – *nf* horse riding
  faire de l'équitation – *v irreg* § to go horse riding
équivalent – *adj* equivalent
errer – *v reg* to wander
erreur – *nf* mistake
es – *see être* § are
escalade – *nf* climbing
escalier – *nm* staircase
  escalier de secours – fire escape
  escalier roulant – escalator
escargot – *nm* snail
espace – *nm* space
Espagne – *nf* Spain
espagnol – *adj* Spanish
espagnol – *nm* Spanish (language)
Espagnol(e) – *nmf* Spaniard
espèce – *nf* species, type
  versement en espèces – *nm* payment in cash
espérance – *nf* hope

espérance de vie – life expectancy
espérer – *v reg* † to hope
espion, espionne – *nmf* spy
espionnage – *nm* spying
  film d'espionnage – *nm* spy film
  roman d'espionnage – *nm* spy story
espoir – *nm* hope
  dans l'espoir de vous voir bientôt – hoping to see you soon
esprit – *nm* mind, spirit, wit
  esprit d'équipe – team spirit
essai – *nm* attempt, test, try
essayer – *v reg* † to try (on)
essence – *nf* petrol
  essence sans plomb – unleaded petrol
essentiel, essentielle – *adj* essential
essoreuse – *nf* spin dryer
essoufflé – *adj* out of breath
essuie-glace – *nm* windscreen wiper
essuie-mains – *nm* hand towel
essuyer – *v reg* † to wipe, clean
est – *see être* § is
est – *nm* east
  à l'est – in the east
  à l'est de – to the east of
estime – *nf* respect, regard
estimer – *v reg* to value, estimate
estival – *adj* summer
estivant(e) – *nmf* summer visitor, holiday-maker
estomac – *nm* stomach
  avoir mal à l'estomac – *v irreg* § to have a stomach ache
et – *conj* and
étable – *nf* stable
établir – *v reg* to set up
établissement – *nm* establishment
  établissement scolaire – school
étage – *nm* floor, storey

à l'étage supérieur – on the next floor up
au dernier étage – on the top floor
au premier étage – on the first floor
étagère – *nf* shelf
était – *see être* § was
étalage – *nm* display, shop window
étaler – *v reg* to spread out, roll out
étang – *nm* pond
étape – *nf* stage (of a race)
état – *nm* state, condition
Etats-Unis – *nmpl* USA
    aux Etats-Unis – in the USA
été – *pp être* been
été – *nm* summer
    en été – in summer
éteindre – *v irreg* § to extinguish, put out, turn off (light)
    éteindre les phares – to turn off the headlights
étendu – *adj* extensive, spread out
étendue – *nf* expanse, area
éternuer – *v reg* to sneeze
êtes – *see être* § are
étincelle – *nf* spark
étiquette – *nf* label
étoffe – *nf* material
étoile – *nf* star
étonnant – *adj* surprising
étonné – *adj* amazed
étonner – *v reg* to astonish
    être étonné – *v irreg* § to be amazed
étouffer – *v reg* to stifle
étrange – *adj* strange, peculiar
étranger – *nm* foreigner, stranger
    à l'étranger – abroad
étrangère – *nf* foreigner, stranger
être – *v irreg* § to be
    être à l'affiche – to be advertised
    être admis à l'hôpital – to be admitted to hospital

être au courant – to know about sth
être bien dans sa peau – to be at ease with oneself
être collé – to have a detention
être de retour – to be back
être enrhumé – to have a cold
être en vacances – to be on holiday
être recalé – to fail an exam
être reçu à un examen – to pass an exam
être en ... – to be in Year ...
    être en sixième – to be in Year 7
    être en cinquième – to be in Year 8
    être en quatrième – to be in Year 9
    être en troisième – to be in Year 10
    être en seconde – to be in Year 11
    être en première – to be in Year 12
    être en terminale – to be in Year 13
étroit – *adj* narrow, tight
étude – *nf* study (education)
    faire ses études – *v irreg* § to study
études – *nfpl* studies
    études ménagères – home economics
étudiant(e) – *nmf* student
étudier – *v reg* to study
étui – *nm* case
euro – *nm* euro
Europe – *nf* Europe
européen, européenne – *adj* European
Européen(ne) – *nmf* European person
eu – *pp avoir* § had
eux – *pron* they, them
s'évader* – *v refl* to escape
s'évanouir* – *v refl* to faint, vanish
événement – *nm* event

---

nm - noun masculine	*nmpl* - noun masculine plural	*adj* - adjective	*conj* - conjunction
nf - noun feminine	*nfpl* - noun feminine plural	*adv* - adverb	*pron* - pronoun

éventuellement – *adv* possibly
évidemment – *adv* of course,
obviously
évident – *adj* obvious
évier – *nm* sink
éviter – *v reg* to avoid
évoluer – *v reg* to develop, evolve
évolution – *nf* evolution
exact – *adj* exact, accurate
exactement – *adv* exactly, precisely
examen – *nm* examination
examinateur, examinatrice – *nmf* examiner
examiner – *v reg* to examine
excellent – *adj* excellent
excepté – *adj* apart from
exception – *nf* exception
à l'exception de – with the exception of
exceptionnellement – *adv* exceptionally, as a favour
excès – *nm* surplus, excess
s'exclamer* – *v refl* to exclaim
excursion – *nf* excursion, trip
excuse – *nf* excuse
faire des excuses – *v irreg* § to apologise
excuser – *v reg* to forgive, excuse
s'excuser* de – *v refl* to apologise for
excusez-moi – excuse me
exemple – *nm* example
par exemple – for example

s'exercer* – *v refl* † to practise (music)
exercice – *nm* exercise
exiger – *v reg* † to demand
exister – *v reg* to exist
il existe – there is, there are
expérience – *nf* experience, experiment
experimenté – *adj* experienced
expert – *nm* expert, consultant
expert-comptable – chartered accountant
explication – *nf* explanation
expliquer – *v reg* to explain
explorateur – *nm* explorer
exposer – *v reg* to exhibit
exposition – *nf* exhibition
exprès – *adv* on purpose
venir* exprès – *v irreg* § to come specially
express – *nm* fast train
café express – *nm* espresso coffee
exprimer – *v reg* to express
extérieur – *adj* exterior, outer
extérieur – *nm* outside
à l'extérieur – outside
externe – *nmf* day pupil
extrait – *nm* extract
extrait de naissance – birth certificate
extraordinaire –*adj* extraordinary
extrêmement – *adv* extremely

F

fable – *nf* story
fabrique – *nf* factory
fabriquer – *v reg* to manufacture
face à – *prep* facing
en face de – *prep* opposite
fâché – *adj* angry
fâcher – *v reg* to make angry
  se fâcher* – *v refl* to get angry
fâcheux, fâcheuse – *adj* annoying
facile – *adj* easy
facilement – *adv* easily
facilité – *nf* ability, easiness
  avoir la facilité de – *v irreg* § to
  have the opportunity to
faciliter – *v reg* to make easier
façon – *nf* manner, way, fashion
façonner – *v reg* to make, fashion
facteur – *nm* postman
factrice – *nf* postwoman
facture – *nf* bill
facultatif, facultative – *adj* optional
faculté – *nf* faculty
  faculté des lettres – faculty of
  arts
  faculté des sciences – faculty of
  sciences
faible – *adj* weak
faiblesse – *nf* weakness
faillir – *v reg* almost, nearly to do
  something
  il a failli tomber – he nearly fell
faim – *nf* hunger
  j'ai faim – I am hungry
faire – *v irreg* § to do, make
  faire attention – to be careful, pay
  attention
  faire beau – to be warm, fine
  (weather)
  faire chaud – to be warm, hot

faire de l'auto-stop – to hitch-
hike
faire de l'équitation – to go
horseriding
faire de la natation – to swim
faire de la peinture – to paint
faire de la planche à voile – to
go windsurfing
faire de la voile – to go sailing
faire des achats – to go shopping
faire des commissions – to go
shopping
faire des courses – to do the
shopping
faire des économies – to save up
faire des photos – to take photos
faire des progrès – to make
progress
faire des promenades – to go
walking
faire des sports nautiques – to
do water sports
faire du babysitting – to do
babysitting
faire du bricolage – to do odd
jobs, DIY
faire du camping – to go camping
faire du crawl – to do front crawl
faire du cyclisme – to cycle
faire du jardinage – to do the
gardening
faire du judo – to do judo
faire du lèche-vitrines – to go
window shopping
faire du ménage – to do the
housework
faire du patin à roulettes – to
roller skate
faire du repassage – to do the
ironing

---

nm - noun masculine	*nmpl* - noun masculine plural	*adj* - adjective	*conj* - conjunction
nf - noun feminine	*nfpl* - noun feminine plural	*adv* - adverb	*pron* - pronoun

faire du ski – to ski
faire du ski nautique – to water-ski
faire du stop – to hitch-hike
faire froid – to be cold
faire faillite – to go bankrupt
faire l'appel – to call the register
faire la connaissance de – to get to know
faire la cuisine – to cook
faire la grasse matinée – to have a lie in
faire la lessive – to do the washing
faire la navette – to commute
faire la vaisselle – to do the washing up
faire le lit – to make the bed
faire le plein – to fill up with petrol, diesel
faire les valises – to pack
faire les vendanges – to pick grapes
faire nettoyer – to have something cleaned
faire partie de – to belong to
faire réparer – to have something repaired
faire ses devoirs – to do one's homework
faire une demande – to make an application
faire une erreur – to make a mistake
faire une expérience – to do an experiment
faire une partie de tennis – to play a game of tennis
faire une promenade – to go for a walk
faire une promenade à vélo – to go for a bike ride
faire une promenade en bateau – to go boating

faire une randonnée – to hike, go for a (long) walk
faire visiter quelqu'un – to show someone round
se faire* mal – *v refl* § to hurt oneself
fait – *see faire* § does, makes
falaise – *nf* cliff
il a fallu – *see falloir* § it was necessary
il fallait – *see falloir* § it was necessary
falloir – *v irreg* § to have to
familial – *adj* of the family
famille – *nf* family
fantastique – *adj* fantastic, great
fantôme – *nm* ghost
farci – *adj* stuffed
    des tomates farcies – *nfpl* stuffed tomatoes
farine – *nf* flour
fatigant – *adj* tiring
fatigué – *adj* tired
il faudra – *see falloir* § it will be necessary
il faudrait – it would be necessary, you ought
fausse – *adj f* wrong, false
il faut – *see falloir* § it is necessary, you must
faute – *nf* fault
fauteuil – *nm* armchair
faux, fausse – *adj* wrong, false
favori, favorite – *adj* favourite
fax – *nm* fax (message)
félicitations! – *excl* Congratulations!
féliciter – *v reg* to congratulate
femelle – *nf* female
féminin, féminine – *adj* feminine
femme – *nf* woman, wife
    femme au foyer – housewife
    femme d'affaires – businesswoman

---

femme de chambre – chambermaid
femme de ménage – cleaning lady
fendre – *v reg* to split
fenêtre – *nf* window
fente – *nf* crack, slot
fer – *nm* iron
  fer à repasser – iron
fera – *see faire* § will do, make
ferait – would do, make
jour férié – *nm* public holiday
ferme – *nf* farm
fermé – *adj* closed
fermer – *v reg* to close, shut
  fermer à clef – to lock
  fermer le robinet – to turn off the tap
fermeture – *nf* closing (action), (time)
  fermeture annuelle – annual closure
  à la fermeture – at closing time
fermier, fermière – *nmf* farmer
féroce – *adj* fierce
ferry – *nm* ferry
festivités – *nfpl* festivities
fête – *nf* feast, holiday, name day
  fête des Mères – Mothers' day
  fête foraine – fun fair
  Fête nationale – national holiday (14th July)
  fête des Rois – Twelfth Night
fêter – *v reg* to celebrate
feu – *nm* fire
  feu arrière – rear light
  feu d'artifice – firework (display)
  feu de camp – camp-fire
  feu de joie – bonfire
  feu rouge – red traffic light
  avez-vous du feu? – have you got a light?
feuille – *nf* leaf, page, sheet of paper
feuilleter – *v reg* to glance through

feuilleton – *nm* serial "soap"
feutre – *nm* felt tip pen
feux – *nmpl* traffic lights
février – *nm* February
fiançailles – *nfpl* engagement
fiancé – *adj* engaged
fiancé(e) – *nmf* fiancé(e)
ficelle – *nf* string
fiche – *nf* official form
fichier – *nm* file (computer)
fidèle – *adj* faithful
fier, fière – *adj* proud
se fier* à – *v refl* to trust
fièvre – *nf* fever, high temperature
  avoir de la fièvre – *v irreg* § to have a temperature
figure – *nf* face
fil – *nm* thread, yarn
file – *nf* line
  en file indienne – in single file
filer – *v reg* to go away, spin
  filer à l'anglaise – to take French leave
filet – *nm* fillet steak
filet – *nm* net
fille – *nf* girl, daughter
fillette – *nf* little girl
film – *nm* film
  film à succès – blockbuster
  film d'amour – love film
  film d'aventure – adventure film
  film comique – comic film
  film doublé – dubbed film
  film d'épouvante – horror film
  film d'horreur – horror film
  film de science-fiction – science fiction film
  film en version originale – film with original soundtrack
  film policier – detective film
fils – *nm* son
fin – *nf* end

à la fin – finally
à la fin du mois – at the end of the month
en fin de compte – in the end
en fin de journée – at the end of the day
fin – *adj* fine, slender
final – *adj* final
finale – *nf* finals (sports)
finir – *v reg* to finish
finlandais – *adj* Finnish
Finlandais(e) – *nmf* Finnish person
Finlande – *nf* Finland
fit – *see faire* § did, made
fixe – *adj* steady, fixed
à heure fixe – at set times
menu à prix fixe – *nm* set menu
fixer – *v reg* to fix, set
à l'heure fixée – at the agreed time
flacon – *nm* small bottle
flamber – *v reg* to burn, blaze, singe
flamme – *nf* flame
flanc – *nm* side
flâner – *v reg* to stroll
flaque d'eau – *nf* puddle
flash – *nm* flash (gun)
flèche – *nf* arrow
fléchir – *v reg* to bend
fleur – *nf* flower
fleuve – *nm* river
flic – *nm coll* cop, policeman
flots – *nmpl* waves (sea)
flotte – *nf sl* water
flotter – *v reg* to float
flou – *adj* vague, blurred
flûte – *nf* flute
flûte à bec – recorder
foi – *nf* faith
être de bonne foi – *v irreg* § to be sincere
foie – *nm* liver
foire – *nf* fair

fois – *nf* time, occasion
chaque fois – each time
quatre fois quatre font seize – $4 \times 4 = 16$
trois fois par an – three times a year
fol, folle – *see fou* mad
foncé – *adj* dark (colour)
fonctionnaire – *nmf* civil servant
fonctionner – *v reg* to work, function
fond – *nm* back, bottom
au fond de – at the bottom, back of
au fond – basically, in fact
dans le fond – basically, in fact
fondre – *v reg* to thaw, melt
fondu – *adj* melted
font – *see faire* § make, do
foot – *nm* football
football – *nm* football
jouer au football – *v reg* to play football
joueur de football – *nm* football player
terrain de football – *nm* football pitch
footballeur – *nm* football player
forêt – *nf* forest
formater – *v reg* to format
formation – *nf* training
formation professionelle – vocational training
forme – *nf* form, shape
être en forme – *v irreg* § to be fit
former – *v reg* to form, create
se former* – *v refl* to form, develop
formidable – *adj* great, terrific
formulaire – *nm* form
formule – *nf* formula, phrase
fort – *adj* strong
être fort(e) en – *v irreg* § to be good at
fossé – *nm* ditch

---

prep - preposition   *v reg* - verb regular   *v refl* - verb reflexive   § - see verb tables
pp - past participle   *v irreg* - verb irregular   † - see verb information   * - takes être

fou, fol, folle – *adj* mad
foudre – *nf* lightning
fouiller – *v reg* to search
foulard – *nm* scarf
foule – *nf* crowd
se fouler* la cheville – *v refl* to sprain one's ankle
four – *nm* oven
   four à micro-ondes – microwave
fourchette – *nf* fork
fournir – *v reg* to provide, supply
fourrure – *nf* fur
foyer – *nm* home, hostel, hall
   foyer des élèves – pupils' common room
   foyer des jeunes – youth club
FR2 (France 2) – 2nd channel on French TV
FR3 (France 3) – 3rd channel on French TV
fragile – *adj* weak, fragile, delicate
frais, fraîche – *adj* cool, fresh
frais – *nmpl* expenses
fraise – *nf* strawberry
framboise – *nf* raspberry
franc(suisse) – *nm* (Swiss) franc
franc, franche – *adj* frank
français – *adj* French
français – *nm* French (language)
Français(e) – *nmf* French person
France – *nf* France
France 2 – 2nd channel on French TV
France 3 – 3rd channel on French TV
franche – *adj f* frank
franchement – *adv* frankly
francophone – *adj* French-speaking
frange – *nf* fringe
frappant – *adj* striking
frapper – *v reg* to knock
   frapper à la porte – to knock on the door

frapper du pied – to stamp one's foot
frein – *nm* brake
freiner – *v reg* to brake
fréquenté – *adj* busy
fréquenter – *v reg* to attend, go out with, be with, associate with
frère – *nm* brother
frigidaire – *nm* fridge
frigo – *nm coll* fridge
frisé – *adj* curly
frissonner – *v reg* to shudder, shiver
frites – *nfpl* chips
   steak-frites – *nm* steak and chips
froid – *adj* cold
   avoir froid – *v irreg* § to be cold
   il fait froid – it is cold
   j'ai froid – I'm cold
fromage – *nm* cheese
   fromage de chèvre – goat's cheese
   fromage frais – soft white cheese
froncer les sourcils – *v reg* † to frown
front – *nm* forehead
frontière – *nf* border (country)
fruit – *nm* fruit
fruits de mer – *nmpl* seafood, shellfish
fuir – *v irreg* § to flee
fuite – *nf* flight, escape, leak
fumée – *nf* smoke
fumer – *v reg* to smoke
fumeur – *nm* smoker
   fumeur, non-fumeur – smoking, non smoking (area)
furet – *nm* ferret
furieux, furieuse – *adj* furious
fusil – *nm* rifle, gun
fut – *see* être § was
futur – *adj* future

G

gâcher – *v reg* to waste, spoil
gagner – *v reg* to win
gai, gaie – *adj* happy, cheerful
gaîment – *adv* cheerfully
galant – *adj* gallant, courteous
galerie – *nf* gallery, roof-rack
Pays de Galles – *nm* Wales
gallois – *adj* Welsh
gallois – *nm* Welsh (language)
Gallois(e) – *nmf* Welsh person
gamin(e) – *nmf* kid, child
gamin – *adj* mischievous, childish
gant – *nm* glove
　gant de toilette – flannel
garage – *nm* garage
garagiste – *nm* garage owner
garantir – *v reg* to guarantee
garçon – *nm* boy
　garçon de café – waiter
garder – *v reg* to keep, look after
　garder un bon souvenir de – to
　have a happy memory of
gardien – *nm* warden, guardian,
　caretaker
　gardien de but – goalkeeper
gare – *nf* station
　gare marchandises – goods
　station
　gare maritime – ferry terminal
　gare routière – coach station
　gare SNCF – railway station
garer – *v reg* to park
garnir – *v reg* to fit out with, fill
gas-oil – *nm* diesel
gaspiller – *v reg* to waste, squander
gâteau – *nm* cake
　gâteau d'anniversaire – birthday
　cake
gâter – *v reg* to spoil
gauche –*adj* left, awkward

gauche – *nf* left
　à gauche de – on the left of
　à la gauche – on the left
gaufre – *nf* waffle
gaz – *nm* gas
gazeux, gazeuse – *adj* fizzy,
　carbonated
gazole – *nm* diesel
gazon – *nm* lawn
gelé – *adj* frozen
gelée – *nf* frost, jelly
geler – *v reg* † to freeze
　il gèle – it is freezing
Gémeaux – *nmpl* Gemini
　être (des) Gémeaux – *v irreg* §
　to be (a) Gemini
gémir – *v reg* to groan
gênant – *adj* embarrassing
gendarme – *nm* policeman (village,
　small town)
gendarmerie – *nf* police station
gendre – *nm* son-in-law
gêné – *adj* embarrassed, short of
　money
gêner – *v reg* to bother, put out
général – *adj* general
　en général – in general
généralement – *adv* usually
généreux, généreuse – *adj* generous
Genève – Geneva
génial – *adj* fantastic, great
genou – *nm* knee
genre – *nm* type, kind
gens – *nmpl* people
gentil, gentille – *adj* kind
gentillesse – *nf* kindness
gentiment – *adv* kindly, nicely
géographie – *nf* geography
géologie – *nf* geology
gérant(e) – *nmf* manager

---

prep - preposition　　　　*v reg* - verb regular　　　　*v refl* - verb reflexive　　　　§ - see verb tables
pp - past participle　　　　*v irreg* - verb irregular　　　† - see verb information　　　* - takes être

gerbille – *nf* gerbil
geste – *nm* gesture
gifle – *nf* slap on the face
gigot – *nm* leg of lamb
gilet – *nm* waistcoat
gingembre – *nm* ginger (spice)
gîte – *nm* gite, holiday cottage
givre – *nm* frost
glace – *nf* ice, ice-cream
   glace à la vanille – vanilla ice cream
   glace au chocolat – chocolate ice cream
glace – *nf* mirror, window (car)
glacé – *adj* frozen, iced
glacer – *v reg* † to freeze
glacial – *adj* icy
glaciaux – *adj mpl* icy
glaçon – *nm* ice cube
glissant – *adj* slippery
glisser – *v reg* to slip, slide
gloire – *nf* glory, praise
goéland – *nm* sea gull
golf – *nm* golf
   jouer au golf – *v reg* to play golf
golfe – *nm* gulf, bay
   Golfe de Gascogne – Bay of Biscay
gomme – *nf* rubber
gonflé – *adj* swollen
gonflement – *nm* swelling
gonfler – *v reg* to inflate, pump up
   être gonflé – *v irreg* § *coll* to have a nerve
gorge – *nf* throat
gorgée – *nf* mouthful
gosse – *nmf sl* kid, child
gourmand – *adj* greedy
gourmet – *nm* gourmet
goût – *nm* taste
goûter – *nm* afternoon tea, snack
goûter – *v reg* to taste

goutte – *nf* drop (liquid)
gouvernement – *nm* government
grâce – *nf* grace
   grâce à – thanks to
grain – *nm* grain
   grain de poussière – speck of dust
graine – *nf* seed
grammaire – *nf* grammar
gramme – *nm* gram
grand – *adj* big, great, tall
   grand ensemble – *nm* block of flats
   grand magasin – *nm* department store
   grande surface – *nf* hypermarket
   grandes vacances – *nfpl* summer holidays
Grande-Bretagne – *nf* GB
grandeur – *nf* size, dimension
grandir – *v reg* to grow, increase
grand-mère – *nf* grandmother
grand-père – *nm* grandfather
grands-parents – *nmpl* grandparents
grange – *nf* barn
grappe de raisin – *nf* bunch of grapes
gras, grasse – *adj* fat
   faire la grasse matinée – *v irreg* § to have a lie-in
gratis – *adv* free
gratte-ciel – *nm* skyscraper
gratter – *v reg* to scratch
gratuit – *adj* free
grave – *adj* serious
   accent grave – *nm* grave accent (è)
   ce n'est pas grave – it's not serious
grec, grecque – *adj* Greek
Grec, Grecque – *nmf* Greek person
Grèce – *nf* Greece
grêle – *nf* hail
   il grêle – it is hailing

---

grelotter – *v reg* to shiver
grenier – *nm* loft
grenouille – *nf* frog
grève – *nf* strike
  être en grève – *v irreg* § to be on strike
  faire la grève – *v irreg* § to strike
gréviste – *nmf* striker
griffe – *nf* claw
griffer – *v reg* to scratch
grillade – *nf* (meat) grill
grille – *nf* railings
grimper – *v reg* to climb
grincer – *v reg* † to creak, grate
grippe – *nf* flu
  j'ai la grippe – I've got flu
gris – *adj* grey
  il fait gris – it is a dull day
grogner – *v reg* to grumble, moan
grommeler – *v reg* † to mutter
gronder – *v reg* to scold

gros, grosse – *adj* big, fat
  grosses bises ... – love from ...
groupe – *nm* group
se grouper* – *v refl* to group together
guêpe – *nf* wasp
guère – *adv* hardly
guérir – *v reg* to heal, cure
guerre – *nf* war
  guerre civile – civil war
guichet –*nm* ticket office
guide – *nm* guide
guillemets – *nmpl* speech marks
  entre guillemets – in inverted commas
guitare – *nf* guitar
  jouer de la guitare – *v reg* to play the guitar
gymnase – *nm* gymnasium
gymnastique – *nf* gymnastics
  faire de la gymnastique – *v irreg* § to do gymnastics

H

habile – *adj* clever, skilled
habilement – *adv* skilfully
habiller – *v reg* to dress
  s'habiller* – *v refl* to get dressed
habit – *nm* outfit
habitant – *nm* inhabitant, occupier
habiter – *v reg* to live
  Où habites-tu? – Where do you live?
  J'habite Londres – I live in London
habitude – *nf* habit, custom
  comme d'habitude – as usual
  d'habitude – usually
habituel, habituelle – *adj* usual, customary
s'habituer* à – *v refl* to get used to
‡hacher – *v reg* to chop, mince

bifteck haché – *nm* minced beef
hachis parmentier – *nm* shepherd's pie
‡haie – *nf* hedge
‡haine – *nf* hatred
‡hâlé – *adj* sun-tanned
haleine – *nf* breath
  hors d'haleine – out of breath
‡haleter – *v reg* † to puff, pant
‡halte – *nf* pause, stop
‡hamburger – *nm* hamburger
‡hamster – *nm* hamster
‡hanche – *nf* hip (body)
‡handball – *nm* handball
‡handicapé – *adj* handicapped
‡harceler – *v reg* † to harass, pester

---

prep - preposition   *v reg* - verb regular   *v refl* - verb reflexive   § - see verb tables
pp - past participle   *v irreg* - verb irregular   † - see verb information   * - takes être

‡**hardi** – *adj* bold
‡**hareng** – *nm* herring
‡**haricot** – *nm* bean
  ‡**haricot vert** – French bean, green bean
‡**hasard** – *nm* chance, hazard
  par hasard – by chance, accidentally
‡**hâte** – *nf* haste
  ‡**à la hâte** – in a hurry
‡**hâter** – *v reg* to hasten
  ‡**se hâter*** – *v refl* to hurry
‡**haut** – *adj* high, loud
  à haute voix – loudly
  à marée haute – high tide
  de haute taille – tall
  haut les mains! – hands up!
  parler haut – *v reg* to speak loudly
‡**haut** – *nm* top
  dans le haut – at the top
  du haut de – from the top of
  en haut de – at the top of
‡**hauteur** – *nf* height
‡**haut-parleur** – *nm* loudspeaker
‡**le Havre** – le Havre
  il arrive au Havre – he arrives at le Havre
hebdomadaire – *adj* weekly
hébergement – *nm* accommodation, lodging
héberger – *v reg* to accommodate
hein? – *excl* eh?, what?
hélas! – *excl* alas!
hélicoptère – *nm* helicopter
héliport – *nm* heliport
herbe – *nf* grass
  mauvaises herbes – *nfpl* weeds
‡**hérisson** – *nm* hedgehog
héroïne – *nf* heroine
héroïne – *nf* heroin
héroïque – *adj* heroic
‡**héros** – *nm* hero

hésiter – *v reg* to hesitate
heure – *nf* hour, class
  à l'heure – on time
  à tout à l'heure – see you later!
  c'est l'heure – it is time
  heure d'affluence – rush hour
  heure d'anglais – English lesson
  heure d'été – summer time
  heure(s) de pointe – rush hour
  heure du déjeuner – lunch hour
  ma montre est à l'heure – my watch is right
  24 heures sur 24 – round the clock
  tout à l'heure – a short while ago
heureusement – *adv* fortunately
heureux, heureuse – *adj* happy
‡**heurter** – *v reg* to knock, bump into
  ‡**se heurter* à** – *v refl* to bump into
‡**hibou** – *nm* owl
hier – *adv* yesterday
‡**hi-fi** – *adj inv* hi-fi
‡**hi-fi** – *nf inv* hi-fi
hindou – *adj* Hindu
Hindou(e) – *nmf* Hindu person
hirondelle – *nf* swallow
histoire – *nf* history, story
  histoire ancienne – ancient history
  histoire moderne – modern history
  c'est une drôle d'histoire – it's a strange story
  je ne veux pas d'histoires – I don't want any bother
histoire-géo – *nf* humanities
historique – *adj* historic
hiver – *nm* winter
  sports d'hiver – *nmpl* winter sports
HLM – (habitation à loyer modéré) *nf* council flat, housing association flat
‡**hocher (la tête)** – *v reg* to shake, nod (head)

---

nm - noun masculine   *nmpl* - noun masculine plural   *adj* - adjective   *conj* - conjunction
nf - noun feminine   *nfpl* - noun feminine plural   *adv* - adverb   *pron* - pronoun

‡**hockey** – *nm* hockey
‡**hollandais** – *adj* Dutch
‡**Hollandais(e)** – *nmf* Dutch person
‡**Hollande** – *nf* Holland
homme – *nm* man, mankind
  homme d'affaires – businessman
  homme de science – scientist
  homme politique – politician
  Hommes – Men's toilets
honnête – *adj* honest
honneur – *nm* honour
honorable – *adj* decent, creditable, worthy
‡**honte** – *nf* shame
  avoir honte (de) – *v irreg* § to be ashamed (of)
‡**honteux, honteuse** – *adj* shameful
hôpital – *nm* hospital
hôpitaux – *nmpl* hospital
‡**hoquet** – *nm* hiccup
  avoir le hoquet – *v irreg* § to have hiccups
horaire – *nm* timetable
horizon – *nm* horizon
  à l'horizon – on the horizon
horloge – *nf* (large public) clock
horreur – *nf* horror
  avoir horreur de – *v irreg* § to hate, detest
  quelle horreur – how dreadful, awful
‡**hors** – *prep* except for, apart from
  hors de – outside
  hors d'haleine – out of breath
  hors d'œuvre – *nm* starter
  hors saison – out of season
  hors-taxe – duty-free

hospitalité – *nf* hospitality
hôtel – *nm* hotel
  hôtel de ville – town hall
hôtesse de l'air – *nf* air hostess
houligan – *nm* hooligan
‡**housse** – *nf* duvet cover
‡**houx** – *nm* holly
hovercraft – *nm* hovercraft
huile – *nf* oil
  huile d'olive – olive oil
  peinture à l'huile – *nf* oil painting
‡**huit** – *adj* eight
  dimanche en huit – a week on Sunday
‡**huitième** – *adj* eighth
huître – *nf* oyster
humain – *adj* human
  des êtres humains – *nmpl* human beings
humeur – *nf* mood, temper
  être de bonne humeur – *v irreg* § to be in a good mood
  être de mauvaise humeur – *v irreg* § to be in a bad mood
humide – *adj* damp, wet
humour – *nm* humour
  avoir beaucoup d'humour – *v irreg* § to have a good sense of humour
‡**hurler** – *v reg* to howl
‡**hutte** – *nf* hut
hydroptère – *nm* hydrofoil
hymne national – *nm* national anthem
hypermarché – *nm* hypermarket

I

ici – *adv* here
  d'ici demain – by tomorrow
  il est d'ici – he is local
  loin d'ici – far away
  près d'ici – nearby, near here
idéal – *adj* ideal
idéal – *nm* the ideal thing, ideal
idée – *nf* idea
  bonne idée! – good idea!
identifier – *v reg* to identify
identité – *nf* identity
  carte d'identité – *nf* identity card
  pièce d'identité – *nf* means of
  identification, ID
idiot – *adj* stupid, idiotic
ignoble – *adj* disgraceful, vile
ignoré – *adj* unknown
ignorer – *v reg* not to know, be
  unaware of
  il ignore le problème – he does
  not know the problem
il – *pers pron* he, it
île – *nf* island
  les îles Anglo-Normandes – *nfpl*
  the Channel Islands
  les îles Britanniques – *nfpl* the
  British Isles
il faut – *see falloir* § it is necessary
illimité – *adj* unlimited
illisible – *adj* illegible
illumination – *nf* floodlight, lighting
illuminer – *v reg* to light up
illustration – *nf* illustration
illustre – *adj* famous
illustré – *nm* magazine
îlot – *nm* island, block of houses
ils – *pers pron* they
il s'agit de – it's a question of
il y a – there is, there are
  il n'y a pas (de) – there is/are not

il y a combien de temps? – how
  long ago?
il y a six mois – six months ago
il y aura – *see avoir* § there will be
il y aurait – there would be
il y avait – *see avoir* § there was,
  there were
image – *nf* picture
imaginaire – *adj* imaginary
imagination – *nf* imagination
imaginer – *v reg* to imagine
imbattable – *adj* unbeatable
imbécile – *adj* idiotic
imbécile – *nmf* idiot
immatriculation – *nf* registration (car)
  numéro d'immatriculation –
  nm registration number
immatriculer – *v reg* to register (car)
immédiat – *adj* immediate
immédiatement – *adv* immediately
immense – *adj* huge, immense
immeuble – *nm* building, block of flats
immigré(e) – *nmf* immigrant
immobile – *adj* still, motionless
immobilier – *nm* property, real estate
  agence immobilière – *nf* estate
  agent's office
immobilité – *nf* stillness
immuable – *adj* unchanging
impair – *adj* odd (not even)
imparfait – *adj* imperfect
imparfait – *nm* imperfect tense
impasse – *nf* cul de sac, dead end
impatience – *nf* impatience, intolerance
impatient – *adj* impatient
impatienter – *v reg* to irritate, annoy s.o.
  s'impatienter* – *v refl* to get
  impatient
impeccable – *adj* perfect
imper – *nm* raincoat

---

nm - noun masculine   *nmpl* - noun masculine plural   *adj* - adjective   *conj* - conjunction
nf - noun feminine   *nfpl* - noun feminine plural   *adv* - adverb   *pron* - pronoun

imperméable – *nm* raincoat
impoli – *adj* impolite, rude
important – *adj* important
importer – *v reg* to be important, to matter
    n'importe comment – anyhow
    n'importe où – anywhere
    n'importe quand – anytime
    n'importe quel(le) – any
    n'importe qui – anyone
    n'importe quoi – anything
    qu'importe? – what does it matter?
imposer – *v reg* to lay down conditions, set a date
impossibilité – *nf* impossibility
impossible – *adj* impossible
impôt – *nm* tax
imprécis – *adj* unclear
impressionnant – *adj* impressive
impressionner – *v reg* to impress
imprévu – *adj* unexpected
imprimante – *nf* printer
    imprimante à jet d'encre – ink jet printer
    imprimante à laser – laser printer
imprimé – *adj* printed
imprimer – *v reg* to print
impropre – *adj* incorrect
imprudent – *adj* careless, foolish
impuissant – *adj* powerless, helpless
inaccoutumé – *adj* unaccustomed
inadmissible – *adj* out of the question, inadmissible
inattendu – *adj* unexpected
inaugurer – *v reg* to open, inaugurate
incapable – *adj* incapable, useless
incendie – *nm* fire (unplanned!)
    incendie de forêt – forest fire
inciter – *v reg* to encourage, incite
incliné – *adj* sloping
incliner – *v reg* to slope, tilt, lean

inclus – *adj* enclosed, including
inconnu – *adj* unknown
inconnu(e) – *nmf* stranger
inconvénient – *nm* drawback, disadvantage
incroyable – *adj* incredible
Inde – *nf* India
indécis – *adj* undecided
indépendant – *adj* independent
indéterminé – *adj* vague
indicateur – *nm* departure board, guide
    poteau indicateur – *nm* signpost
indicatif, indicative – *adj* indicative
indicatif de région – *nm* dialling code
indication – *nf* clue, information, instruction
indien, indienne – *adj* Indian
Indien(ne) – *nmf* Indian person
indigestion – *nf* indigestion
indigne – *adj* unworthy
indiquer – *v reg* to indicate, show
indispensable – *adj* essential, vital
individu – *nm* individual
individuel, individuelle – *adj* individual
industrialisé – *adj* industrialised
industrie – *nf* industry
industriel, industrielle – *adj* industrial
inégal – *adj* unequal, uneven (ground)
    note: *mpl inégaux* unequal
infect – *adj* disgusting
inférieur – *adj* lower
infiniment – *adv* infinitely
infinitif – *nm* infinitive
infirmerie – *nf* infirmary, sick bay
infirmier, infirmière – *nmf* nurse, matron
informaticien(ne) – *nmf* computer scientist, operator
information – *nf* piece of information
informations – *nfpl* news

---

informatique – *nf* computer science, IT

informatiser – *v reg* to computerise

informer – *v reg* to inform

s'informer* de – *v refl* to enquire about

infraction – *nf* offence

ingénieur – *nm* engineer

ingrat – *adj* ungrateful

injure – *nf* insult

injuste – *adj* unjust

inondation – *nf* flood

inoubliable – *adj* unforgettable

inquiet, inquiète – *adj* anxious

inquiéter – *v reg* † to worry, upset s.o.

s'inquiéter* – *v refl* † to be worried

inscription – *nf* registration, entry

inscrire – *v irreg* § to write down, enrol s.o.

s'inscrire* – *v refl* § to enrol, put one's name down

insecte – *nm* insect

insensé – *adj* mad, foolish

insolation – *nf* sun-stroke

insoluble – *adj* insoluble

insonorisation – *nf* soundproofing

inspecteur – *nm* inspector

inspirer – *v reg* to inspire

installations – *nfpl* fittings, equipment

installer – *v reg* to install

s'installer* – *v refl* to settle (down), move in

instant – *nm* moment, instant

instituteur – *nm* primary school teacher (male)

institutrice – *nf* primary school teacher (female)

instruction – *nf* education

instruction civique – civics, social studies, PSE

instruction religieuse – RE, RS

instruire – *v irreg* § to educate, teach

instrument – *nm* instrument

insuffisant – *adj* insufficient, inadequate, not enough

insulter – *v reg* to insult

insupportable – *adj* unbearable, dreadful

intégral – *adj* complete

intelligence – *nf* intelligence, understanding

intelligent – *adj* intelligent

intendant – *nm* bursar, finance officer

intention – *nf* intention

interdire – *v irreg* § to forbid

interdit – *adj* not allowed, forbidden

intéressant – *adj* interesting, good value (of prices)

un prix intéressant – *nm* a bargain

intéresser – *v reg* to interest s.o.

s'intéresser* à – *v refl* to be interested in

intérêt – *nm* interest

avoir tout intérêt à – *v irreg* § to be well advised to do sth

intérieur – *nm* inside

interminable – *adj* endless

internat – *nm* boarding school

international – *adj* international

Internet – *nm* Internet

interpréter – *v reg* † to interpret

interroger – *v reg* † to question

interrompre – *v irreg* § to interrupt

interviewer – *v reg* to interview

intime – *adj* private, close, intimate

s'intituler* – *v refl* to be entitled, called, have the title

introduire – *v irreg* § to introduce

inutile – *adj* useless

inventer – *v reg* to invent

inverse – *nm* opposite

à l'inverse – conversely

invitation – *nf* invitation

---

nm - noun masculine *nmpl* - noun masculine plural *adj* - adjective *conj* - conjunction
nf - noun feminine *nfpl* - noun feminine plural *adv* - adverb *pron* - pronoun

inviter – *v reg* to invite
ira – *see aller** § will go
irait – would go
irlandais – *adj* Irish
Irlandais(e) – *nmf* Irish person
Irlande – *nf* Ireland
   Irlande du Nord – Northern Ireland
irrité – *adj* angry, irritated
islamique – *adj* Islamic
islandais – *adj* Icelandic
Islande – *nf* Iceland

isolation – *nf* insulation
isolé – *adj* isolated, insulated
issue – *nf* way out
   voie sans issue – *nf* dead end
Italie – *nf* Italy
italien, italienne – *adj* Italian
italien – *nm* Italian (language)
Italien(ne) – *nmf* Italian person
itinéraire – *nm* route, itinerary
ivre – *adj* drunk

J

j' – *pers pron* I
j'ai – *see avoir* § I have
   j'ai chaud – I am hot
   j'ai faim – I am hungry
   j'ai froid – I am cold
   j'ai honte – I am ashamed
   j'ai peur (de) – I'm afraid (of)
   j'ai raison – I am right
   j'ai soif – I am thirsty
   j'ai tort – I am wrong
   j'en ai marre – *coll* I'm fed up
   j'en ai ras le bol – *coll* I'm fed up
jaloux, jalouse – *adj* jealous
jamaïquain – *adj* Jamaican
Jamaïque – *nf* Jamaica
jamais – *adv* never
   à jamais – for ever
jambe – *nf* leg
jambon – *nm* ham
janvier – *nm* January
Japon – *nm* Japan
japonnais – *adj* Japanese
Japonnais(e) – *nmf* Japanese person
jardin – *nm* garden
   jardin des plantes – botanical garden

   jardin potager – vegetable garden
   jardin public – park
   jardin zoologique – zoo
jardinage – *nm* gardening
jardinier, jardinière – *nmf* gardener
jaune – *adj* yellow
jazz – *nm* jazz
je, j' – *pers pron* I
jean – *nm* pair of jeans
je m'excuse – I'm sorry
j'en ai marre – *coll* I'm fed up
je ne sais pas – I don't know
je veux bien – I like
je voudrais – I would like
jet – *nm* jet (plane), throw (ball)
   jet d'eau – fountain
jetée – *nf* pier, jetty
jeter – *v reg* † to throw
jeton – *nm* token
jeu – *nm* game
   jeu concours – quiz
   jeu d'arcade – arcade game
   jeu de billard – snooker
   jeu d'échecs – chess set
   jeu de mots – pun

jeu de societé – board game
jeu électronique – computer game
jeu vidéo – video game
jeudi – *nm* Thursday
jeune – *adj* young
jeune – *nmf* teenager
  jeune femme – *nf* young woman
  jeune fille – *nf* girl
  jeune génération – *nf* younger
  generation
  jeune homme – *nm* young man
  jeune personne – *nf* young person
  jeunes mariés – *nmpl* newly weds
jeunesse – *nf* youth, young people
jogging – *nm* jogging, track suit
  faire du jogging – *v irreg* § to go
  jogging
joie – *nf* joy
joindre – *v irreg* § to join
joli – *adj* pretty
jongleur, jongleuse – *nmf* juggler
jonquille – *nf* daffodil
joue – *nf* cheek (face)
jouer – *v reg* to play
  jouer au billard – to play snooker
  jouer au football – to play
  football
  jouer aux échecs, aux cartes –
  to play chess, cards
  jouer du piano, de la guitare –
  to play the piano, guitar
jouet – *nm* toy
joueur, joueuse – *nmf* player
jour – *nm* day
  jour de congé – day off
  jour de l'An – New Year's Day
  jour des Rois – Twelfth Night,
  Epiphany

jour férié – public holiday
jour J – D-day
jour ouvrable – working day
quinze jours – a fortnight
journal – *nm* newspaper
journalier, journalière – *adj* daily
journaliste – *nmf* journalist
  journaliste sportif – sports
  correspondant
journaux – *nmpl* newspapers
journée – *nf* day
  toute la journée – all day long
Joyeux Noël! – *excl* Happy Christmas!
judo – *nm* judo
  faire du judo – *v irreg* § to do
  judo
juge – *nm* judge
juger – *v reg* † to judge
juif, juive – *adj* Jewish
juillet – *nm* July
juin – *nm* June
jumeaux – *nmpl* twins (boys, mixed)
jumelage – *nm* town twinning
jumelles – *nfpl* twins (girls),
  binoculars
jupe – *nf* skirt
jus – *nm* juice
  jus de fruit – fruit juice
jusque – *prep* until
  jusqu'à – as far as
  jusqu'à dimanche – until Sunday
  jusqu'à la maison – as far as the
  house
  du matin jusqu'au soir – from
  morning to evening
juste – *adj* exact, fair, tight, in tune
justement – *adv* exactly

---

nm - noun masculine   *nmpl* - noun masculine plural   *adj* - adjective   *conj* - conjunction
nf - noun feminine   *nfpl* - noun feminine plural   *adv* - adverb   *pron* - pronoun

K

karaté – *nm* karate
kart – *nm* kart
karting – *nm* go-carting
  faire du karting – *v irreg* §
  to go-cart
kilogramme –*nm* kilogram
kilomètre – *nm* kilometre

à dix kilomètres de –
  10 kilometres from
kiosque – *nm* kiosk, stall
kiwi – *nm* kiwi fruit
klaxonner – *v reg* to blow the (car)
horn

L

l' – *art, pers pron* the, it, her, him
la – *art, pers pron* the, it, her
là – *adv* there
  là-bas – over there
  là-dedans – inside
  là-haut – upstairs
  passez par là – go that way
laboratoire – *nm* laboratory
laborieux, laborieuse – *adj* hard,
laborious
lac – *nm* lake
lâche – *adj* cowardly, weak, feeble
lâche – *nmf* coward
lâcher – *v reg* to release
laid – *adj* ugly
laideur – *nf* ugliness
laine – *nf* wool
  en laine – woollen
laisse – *nf* lead (dog)
  tenir un chien en laisse – *v irreg* §
  to keep a dog on the lead
laisser – *v reg* to let, leave
  laisser tomber – to drop
lait – *nm* milk
laitue – *nf* lettuce
lame – *nf* blade
lampe – *nf* lamp
  lampe de poche – torch

lampe électrique – torch
lancer – *v reg* † to throw
langue – *nf* tongue, language
  langue écrite – the written word
  langue étrangère – foreign language
  langue maternelle – mother
  tongue
  langue parlée – the spoken
  language
  langues modernes – *nfpl* modern
  languages
lanterne – *nf* lantern
lapin – *nm* rabbit
laquelle – *pron* which
large – *adj* broad
largement – *adv* widely
largeur – *nf* width
  en largeur – across
larme – *nf* tear
las, lasse – *adj* tired, weary
lassitude – *nf* weariness
latin – *nm* Latin
lavabo – *nm* wash basin
lavage automatique – *nm* car wash
lave-auto – *nm* car wash
lave-linge – *nm* washing machine
laver – *v reg* to wash

---

prep - preposition   *v reg* - verb regular   *v refl* - verb reflexive   § - see verb tables
pp - past participle   *v irreg* - verb irregular   † - see verb information   * - takes être

machine à laver – *nf* washing machine

se laver* – *v refl* to wash o.s.

  se laver* la tête – to wash one's hair

  se laver* les dents – to clean one's teeth

laverie – *nf* laundrette

lave-vaisselle – *nm* dishwasher

le – *art, pers pron* the, it, him

lécher – *v reg* † to lick

  faire du lèche-vitrines – *v irreg* § to window shop

leçon – *nf* lesson

lecteur – *nm* reader

  lecteur de disquettes – disk drive

  lecteur de DVD – DVD player

  lecteur laser – CD player

lectrice – *nf* reader

lecture – *nf* reading

légende – *nf* caption

léger, légère – *adj* light

légèrement – *adv* lightly

légume – *nm* vegetable

le Havre – le Havre

  il arrive au Havre – he arrives at le Havre

le long de – *prep* along

lendemain – *nm* next day

  le lendemain matin – the next morning

lent – *adj* slow

lentement – *adv* slowly

lentilles – *nfpl* contact lenses

lequel, lesquels, laquelle, lesquelles – *pron* which

les – *art, pron* the, them

lessive – *nf* washing (clothes), washing powder

  faire la lessive – *v irreg* § to do the washing

leste – *adj* agile, nimble

lettre – *nf* letter

lettre majuscule – capital letter

lettre miniscule – small letter

lettre recommandée – recorded letter

leur – *pron* to them

leur, leurs – *poss adj* their

levée du courrier – *nf* postal collection

lever – *v reg* † to lift up

  se lever* – *v refl* † to get up

lever du soleil – *nm* sunrise

lèvre – *nf* lip

lézarde – *nf* crack

liberté – *nf* freedom

librairie – *nf* bookshop

libre – *adj* free

libre-service – *nm* self-service shop, restaurant

licence – *nf* degree, permit

lien – *nm* link, connection

lier – *v reg* to bind, tie up

lieu – *nm* place

  lieu de naissance – place of birth

  avoir lieu – *v irreg* § to take place

  en premier lieu – in the first place, firstly

ligne – *nf* line, route

  à la ligne – new paragraph

  ligne blanche – white line (road)

  ligne d'autobus – bus service

  prenez la ligne numéro 3 – catch the number 3 bus

lime – *nf* file

limite – *nf* limit

  à la limite – ultimately

limiter – *v reg* to limit, restrict

limonade – *nf* lemonade

linge – *nm* linen

lion – *nm* lion

  Lion – Leo

  être (du) Lion – *v* § to be (a) Leo

liquide – *adj* liquid

  argent liquide – *nm* cash

---

lire – *v irreg* § to read
lis – *see lire* § read
lisse – *adj* smooth
liste – *nf* list
lit – *nm* bed
  lit de camp – camp bed
  lit de deux personnes – double bed
  lit d'une personne – single bed
  aller au lit – *v irreg* § to go to bed
literie – *nf* bedding
litre – *nm* litre
littérature – *nf* literature
littoral – *nm* coast
livraison – *nf* delivery
livre – *nf* pound weight (500 gr)
livre – *nm* book
  livre de poche – paperback
  livre scolaire – school book
livrer – *v reg* to deliver
livre sterling – *nf* pound sterling
livret – *nm* booklet
  livret de famille – family record book
local – *adj* local
locataire – *nmf* tenant, lodger
location – *nf* renting, hiring
  location de vélos – cycle hire
  location de voitures – car hire
locaux – *nmpl* offices
logement – *nm* accommodation
loger – *v reg* † to live, lodge
logiciel – *nm* software, computer program
  logiciel de jeu – game software
  acheter un logiciel – *v reg* † to buy software
logis – *nm* home
loi – *nf* law
loin – *adv* far away
  c'est loin? – is it far?
  loin de – far from
  plus loin – further

loisir – *nm* free time, leisure
Londres – London
long, longue – *adj* long
  le long de – along
longer – *v reg* † to go along, border
longtemps – *adv* a long time
longueur – *nf* length
lors de – *adv* at the time of
lorsque – *conj* when
lot – *nm* prize
  le gros lot – *nm* the jackpot
loterie – *nf* lottery, raffle
lotissement – *nm* housing estate
loto – *nm* bingo, French National lottery
louche – *adj* shady, untrustworthy
louer[1] – *v reg* to hire, rent
  à louer – for hire, to let
louer[2] – *v reg* to praise
loup – *nm* wolf
  à pas de loup – stealthily
louper – *v reg coll* to miss train, fail exam
lourd – *adj* heavy
  il fait lourd – it is sultry
lourdement – *adv* heavily
lourdeur – *nf* heaviness
loutre – *nf* otter
loyer – *nm* rent (*see* HLM)
lu – *pp lire* § read
lueur – *nf* gleam
lui – *pron* to him, her, for him, her
luisant – *adj* gleaming
lumière – *nf* light
lundi – *nm* Monday
lune – *nf* moon
lunettes – *nfpl* spectacles
  lunettes de soleil – sunglasses
  lunettes protectives – goggles
lut – *see lire* § read
lutte – *nf* struggle
lutter – *v reg* to struggle

---

prep - preposition	*v reg* - verb regular	*v refl* - verb reflexive	§ - see verb tables
pp - past participle	*v irreg* - verb irregular	† - see verb information	* - takes être

luxe – *nm* wealth, luxury
  de grand luxe – de luxe model
  voiture de luxe – *nf* luxury car
Luxembourg – *nm* Luxembourg
luxembourgeois – *adj* from
  Luxembourg
Luxembourgeois(e) – *nmf*
  inhabitant of Luxembourg

lycée – *nm* sixth form college
  lycée technique – technical
  college
lycéen(ne) – *nmf* student at lycée
lys – *nm* lily

M

m' – *pers pron* me
ma (mon, mes) – *poss adj* my
mâcher – *v reg* to chew
machin – *nm* whatsit, gadget,
  thingummyjig
machinal – *adj* mechanical, automatic
machinalement – *adv* automatically
machine – *nf* machine
  machine à coudre – sewing
  machine
  machine à laver – washing
  machine
  machine à sous – slot machine
mâchoire – *nf* jaw
maçon – *nm* builder
maçonnerie – *nf* brickwork
Madame – *nf* Mrs, Ms, Madam
Mademoiselle – *nf* Miss
magasin – *nm* shop
  **magasin d'alimentation
  générale** – general store
  courir les magasins – *v irreg* §
  to go round the shops
magazine – *nm* magazine
  magazine d'actualités – current
  affairs magazine
  magazine de luxe – glossy
  magazine
  magazine hebdomadaire –
  weekly magazine

  magazine mensuel – monthly
  magazine
maghrébin(e), – *adj* from North
  Africa
magicien – *nm* magician
magie – *nf* magic
magnétique – *adj* magnetic
magnétophone – *nm* tape recorder
magnétoscope – *nm* video recorder,
  VCR
  enregistrer au magnétoscope –
  v reg to video
magnifique – *adj* wonderful
mai – *nm* May
maigre – *adj* thin
maigrir – *v reg* to slim, get thin
maillot – *nm* vest, leotard
  maillot de bain – swimsuit
  maillot jaune – leader's jersey
  (Tour de France)
main – *nf* hand
  main courante – handrail
  main-d'œuvre – *nf* manpower,
  labour
  fait à la main – *adj* handmade
  donner un coup de main à –
  v reg to give s.o. a hand
  serrer la main à – *v reg* to shake
  hands with
maintenant – *adv* now

---

nm - noun masculine   *nmpl* - noun masculine plural   *adj* - adjective   *conj* - conjunction
nf - noun feminine   *nfpl* - noun feminine plural   *adv* - adverb   *pron* - pronoun

maintenir – *v irreg* § to maintain, support

maire – *nm* mayor

mairie – *nf* town hall

mais – *conj* but

maïs – *nm* maize, sweetcorn

maison – *nf* house

  maison des jeunes – youth club

  maison individuelle – detached house

  maison jumelle – semi-detached house

  maison mitoyenne – semi-detached house

  rentrer* à la maison – *v reg* to go home

  rester* à la maison – *v reg* to stay at home

maître – *nm* master

  maître nageur – swimming instructor

  maître-sauveteur – lifeguard

maîtresse – *nf* mistress

  maîtresse de maison – hostess

maîtriser – *v reg* to control

  se maîtriser* – *v refl* to control oneself

majesté – *nf* majesty

majestueux, majestueuse – *adj* majestic

majeur – *adj* major, over 18

majuscule – *adj* capital

  en majuscules – in capital letters

mal – *adv* badly

mal – *nm* evil, wrong, pain

  mal au cœur – sickness

  mal au ventre – stomach ache

  mal aux dents – toothache

  mal de mer – sea sickness

  mal payé – *adj* badly paid

  avoir du mal à – *v irreg* § to have difficulty

malade – *adj* ill

malade – *nmf* patient, sick person

maladie – *nf* illness

maladroit – *adj* clumsy, awkward

malaise – *nm* discomfort, sickness

malchance – *nf* bad luck

malchanceux, malchanceuse – *adj* unlucky

mâle – *adj nm* male

malentendu – *nm* misunderstanding

malfaiteur – *nm* criminal

malgré – *prep* in spite of

malheureux, malheureuse – *adj* unhappy, unfortunate

malhonnête – *adj* dishonest

malin, maligne – *adj* malicious, shrewd

malle – *nf* trunk (large case)

maltais – *adj* Maltese

Malte – *nf* Malta

maltraiter – *v reg* to ill-treat

maman – *nf* mummy

mamie – *nf* granny

manche – *nf* sleeve

  La Manche – English Channel

manche – *nm* handle

mandat d'arrêt – *nm* warrant for arrest

mandat postal – *nm* postal order

manège – *nm* roundabout, riding school

manette – *nf* joystick (computer)

manger – *v reg* † to eat

mangue – *nf* mango

manière – *nf* way, manner

manifestation – *nf* demonstration

manifester – *v reg* to demonstrate

mannequin – *nm* model, dummy

manque – *nm* lack of

  quel manque de chance! – what bad luck!

manqué – *adj* failed, spoiled, wasted

manquer – *v reg* to lack, miss, fail

---

je lui manque – he misses me
il me manque – I miss him
mansarde – *nf* attic
manteau – *nm* coat
manuel, manuelle – *adj* manual
manuel (scolaire) – *nm* text book
maquereau – *nm* mackerel
maquette – *nf* scale model
maquillage – *nm* make-up
se maquiller* – *v refl* to put on
make-up
maraîchage – *nm* market gardening
maraîcher – *nm* market gardener
marais – *nm* marsh
marbre – *nm* marble
marchand – *nm* shopkeeper
marchand de chaussures – shoe
seller
marchand de fromages – cheese
seller
marchand de fruits – fruitseller
marchand de journaux –
newsagent
marchand de légumes –
greengrocer
marchandise – *nf* merchandise
marche – *nf* walking, step
attention à la marche – mind the
step
marche arrière – reverse
marché – *nm* market
marché aux puces – flea market
Marché Commun – Common
Market
marché couvert – covered market
marché en plein air – open air
market
marché noir – black market
marcher – *v reg* to work, function,
walk
mardi – *nm* Tuesday
Mardi gras – Shrove Tuesday
mare – *nf* pond

marée – *nf* tide
marée basse – low tide
marée haute – high tide
marée noire – oil slick
mari – *nm* husband
mariage – *nm* marriage
mariage civil – registry office
wedding
mariage religieux – church wedding
marié – *adj* married
marié – *nm* bridegroom
mariée – *nf* bride
marier – *v reg* to marry
se marier* avec – *v refl* to get
married
marin – *nm* sailor
marine – *nf* navy
bleu marine – *adj inv* navy blue
marmite – *nf* cooking pot
Maroc – *nm* Morocco
marocain – *adj* Moroccan
marque – *nf* make, brand name
tenir la marque – *v irreg* § to
keep the score
marquer – *v reg* to mark
marquer un but – to score a goal
marquer un point – to score a
point
marrant – *adj coll* funny
en avoir marre – *v irreg* § *coll* to be
fed up
j'en ai marre – *coll* I'm fed up
(with it)
marron – *adj inv* chestnut, brown
mars – *nm* March
marteau – *nm* hammer
marteler – *v reg* † to hammer
masculin – *adj* masculine
masse – *nf* mass
masse de nuages – bank of clouds
match – *nm* match
match à domicile – home game

---

match à l'extérieur – away game
match aller – first leg
match nul – draw
match retour – second leg
matelas – *nm* mattress
matelas pneumatique – air bed
matelot – *nm* sailor
matériaux – *nmpl* materials, components
matériel – *nm* equipment
matériel de camping – camping equipment
maternel, maternelle – *adj* motherly
école maternelle – *nf* nursery school
mathématiques – *nfpl* mathematics
maths – maths
matière – *nf* subject (school), material
matin – *nm* morning
matinal – *adj* morning
matinée – *nf* morning, afternoon performance
faire la grasse matinée – *v irreg* § to have a lie in
mauvais – *adj* bad
le mauvais numéro – wrong number
un mauvais moment – bad time
un mauvais quart d'heure – bad time
mauvaise herbe – *nf* weed
me – *pron* me, to me, for me, myself
mec – *nm sl* bloke, guy, chap
mon mec – *coll* my boyfriend
mécanicien – *nm* mechanic
mécanicienne – *nf* mechanic
méchant – *adj* naughty, spiteful
chien méchant – beware of the dog
mécontent – *adj* annoyed, discontented
médaille – *nf* medal
médaille olympique – Olympic medal
médecin – *nm* doctor

médecine – *nf* medicine (science)
médecine douce – alternative medicine
médicament – *nm* medicine (treatment)
Méditerranée – *nf* Mediterranean
méfiance – *nf* suspicion, distrust
méfiant – *adj* suspicious
se méfier* de – *v refl* to mistrust
meilleur – *adj* better
meilleurs vœux – best wishes
mélange – *nm* mixture, mix
mélanger – *v reg* † to mix, blend
mêlée – *nf* scuffle, scrum (rugby)
mêler – *v reg* to mix, shuffle (cards)
melon – *nm* melon
chapeau melon – *nm* bowler hat
membre – *nm* member, limb
même – *adj* same, very, actual
moi-même – *pron* myself
toi-même – *pron* yourself
lui-même – *pron* himself
elle-même – *pron* herself
soi-même – *pron* oneself
nous-mêmes – *pron* ourselves
vous-même(s) – *pron* yourselves
eux-mêmes – *mpl pron* themselves
elles-mêmes – *fpl pron* themselves
même – *adv* even
mémoire – *nf* memory
menace – *nf* threat
menacer – *v reg* † to threaten
ménage – *nm* housekeeping, housework
faire du ménage – *v irreg* § to do housework
femme de ménage – *nf* cleaning lady
ménager, ménagère – *adj* domestic, of the home
mener – *v reg* † to lead
mensonge – *nm* lie, untruth
mensuel, mensuelle – *adj* monthly
mensurations – *nfpl* measurements

---

prep - preposition   *v reg* - verb regular   *v refl* - verb reflexive   § - see verb tables
pp - past participle   *v irreg* - verb irregular   † - see verb information   * - takes être

menteur, menteuse – *nmf* liar
menteur, menteuse – *adj* false, untruthful
menthe – *nf* mint (herb)
mentir – *v irreg* § to tell lies
menton – *nm* chin
menu – *nm* menu
menu – *adj* thin
mer – *nf* sea
  à la mer – at the seaside
  mer du Nord – North Sea
  mer Méditerranée – Mediterranean Sea
  mer Morte – Dead Sea
merci – *excl* thank you
  merci beaucoup – thank you very much
mercredi – *nm* Wednesday
merde – *coll* damn
mère – *nf* mother
  mère aubergiste – warden (youth hostel)
  mère de famille – housewife, mother
merguez – *nf* spicy sausage
mérite – *nm* merit, worth
mériter – *v reg* to deserve, merit
merle – *nm* blackbird
merveilleux, merveilleuse – *adj* marvellous
mes (mon, ma) – *adj poss* my
Mesdames – *nfpl* Ladies
Mesdemoiselles – *nfpl* young ladies
message text – *nm* text message, SMS
messe – *nf* Mass
Messieurs – *nmpl* Gentlemen
mesure – *nf* measurement
  sur mesure – made to measure
mesurer – *v reg* to measure, calculate
métal – *nm* metal
  métaux précieux – *nmpl* precious metals

métallique – *adj* metallic, of metal
méteo – *nf* weather forecast
  météo marine – shipping report
méthode – *nf* method
métier – *nm* occupation, profession, trade
  il est boulanger de son métier – he is a baker by trade
mètre – *nm* metre
  mètre carré – square metre
métro – *nm* underground
  station de métro – *nf* tube station
mettre – *v irreg* § to put, put on
  mettre dans le bon ordre – to put in the right order
  mettre de côté – to put aside
  mettre en marche – to start up
  mettre le couvert – to set the table
  mettre le réveil – to set the alarm
  mettre une croix – to mark with a cross
  mettre une lettre à la poste – to post a letter
se mettre* à – *v refl* § to start to
  se mettre* d'accord – to agree
  se mettre* en colère – to get angry
  se mettre* en route – to set out
  se mettre* en short – to put on a pair of shorts
meuble – *nm* (piece of) furniture
  meubles – *nmpl* furniture
meublé – *adj* furnished
meubler – *v reg* to furnish
meurtre – *nm* murder
meurtrier, meurtrière – *nmf* murderer
mi- – *pref* half
  à mi-chemin – half way
  à mi-voix – in an undertone
  mi-clos – *adj* half-closed
  travailler à mi-temps – *v reg* to work part time

---

nm - noun masculine   *nmpl* - noun masculine plural   *adj* - adjective   *conj* - conjunction
nf - noun feminine   *nfpl* - noun feminine plural   *adv* - adverb   *pron* - pronoun

micro – *nm* microphone
micro-onde – *nf* microwave
four à micro-ondes – *nm*
microwave oven
micro-ordinateur – *nm* micro-
computer
midi – *nm* midday, lunch time
demain midi – tomorrow lunch
time
Midi – *nm* South of France
midi cinq – five past twelve
midi et demi – half past twelve
midi et quart – quarter past twelve
midi moins le quart – quarter to
twelve
repas de midi – *nm* lunch, midday
meal
miel – *nm* honey
miette – *nf* crumb
mieux – *adv* better
au mieux – at, for the best
de mieux en mieux – better and
better
tant mieux – all the better, so
much the better
mignon, mignonne – *adj* nice, pretty,
sweet
mil – *adj inv* thousand (on legal
documents)
milieu – *nm* middle, environment
au milieu de – in the middle of
milieu naturel – natural environment
militaire – *nm* soldier
mille – *adj inv* thousand
cinq mille – five thousand
milliard – *nm* thousand million
cinq milliards d'euros – five
thousand million euros
millier – *nm* thousand
par milliers – in thousands
million – *nm* million
cinq millions de dollars – five
million dollars

minable – *adj* useless, pathetic
mince – *adj* thin
mince! – *excl* bother! drat!
mine – *nf* expression
avoir bonne mine – *v irreg* §
to look well
avoir mauvaise mine – *v irreg* §
to look ill
mineur – *adj* minor, under 18
mineur – *nm* miner, minor
mini-jupe – *nf* mini-skirt
minoritaire – *adj* minority
groupe minoritaire – *nm* minority
group
minuit – *nm* midnight
minuit et demi – half past
midnight
minuscule – *adj* tiny
minuscule – *nf* small letter
minute – *nf* minute
à la minute – there and then, on
the spot
miroir – *nm* mirror
mis – *see mettre* § put
misérable – *adj* wretched, miserable
misère – *nm* poverty
mit – *see mettre* § put
mi-temps – *nf* half time (sport)
mixte – *adj* mixed
MJC – (maison des jeunes et de la
culture) *nf* youth community centre
MLF – (mouvement de la libération
des femmes) *nm* Women's Lib
Mlle – (Mademoiselle) Miss
Mme – (Madame) Mrs, Ms
mobilier – *nm* furniture
mobylette – *nf* moped
moche – *adj sl* rotten, ugly, lousy
mode – *nf* fashion
suivre la mode – *v irreg* § to be
fashionable
mode – *nm* method

mode de gouvernement – form of government
mode d'emploi – instructions for use
modèle – *nm* model, design
modelisme – *nm* model-making
modéré – *adj* moderate
modeste – *adj* humble, not very well off, modest
modifier – *v reg* to change, modify
mœurs – *nfpl* customs, habits
moi – *pron* me, to me
  à moi – mine
  donnez-moi un kilo de poires – give me a kilo of pears
  moi-même – myself
  plus grand que moi – bigger than me
moineau – *nm* sparrow
moins – *adv* less
  à moins que – unless
  moins cher – less expensive
  moins de – less than
  moins grand que – smaller than
  moins le quart – quarter to
moins – *prep* less, minus
  dix moins six font quatre – 10 - 6 = 4
  il fait moins dix degrés – it is minus 10°C
mois – *nm* month
  au mois d'avril – in April
  au mois de mai – in May
  dans un mois – in a month's time
  par mois – per month
moitié – *nf* half
  la moitié du temps – half the time
  moitié anglais, moitié gallois – half English, half Welsh
mol, molle – (see mou) *adj* soft
môme – *nmf sl* brat, kid
moment – *nm* moment
mon (ma, mes) – *adj poss* my

monde – *nm* world
Tiers Monde – *nm* Third World
il y a du monde – there are a lot of people
tout le monde – everybody
mondial – *adj* world
  la deuxième guerre mondiale – the second world war
mon Dieu! – *excl* my goodness!
moniteur – *nm* instructor
monitrice – *nf* instructor
monnaie – *nf* change, currency
  avez-vous de la monnaie? – have you any change?
Monsieur – Mr, Sir
  monsieur l'agent – "officer"
monsieur – *nm* gentleman, man
montagne – *nf* mountain
  à la montagne – in, to the mountains
montant – *nm* total
montant – *adj* rising
monter* – *v reg* to climb, get into
  monter* à cheval – to ride
  monter* dans le train – to get on the train
montgolfière – *nf* hot air balloon
montre – *nf* (wrist)watch
montrer – *v reg* to show
  se montrer* – *v refl* to turn out to be
monument – *nm* monument
moquer – *v reg* to mock
  se moquer* de – *v refl* to make fun of
  je m'en moque – I couldn't care less
moquette – *nf* fitted carpet
morceau – *nm* piece
  morceau de pain – piece of bread
mordre – *v reg* to bite
morne – *adj* gloomy, dismal
morsure – *nf* bite

---

nm - noun masculine	*nmpl* - noun masculine plural	*adj* - adjective	*conj* - conjunction
nf - noun feminine	*nfpl* - noun feminine plural	*adv* - adverb	*pron* - pronoun

mort – *pp mourir* § dead
  mort de fatigue – dead tired
mort – *nf* death
morue – *nf* cod
mosquée – *nf* mosque
mot – *nm* word, message
  mot de passe – password
  le mot juste – the right word
  mots croisés – *nmpl* crossword
  puzzle
motard – *nm* biker, motorcyclist
moteur – *nm* engine
motif – *nm* reason, motive, pattern
motivation – *nf* motive, motivation
motiver – *v reg* to justify, account for,
  motivate
moto – *nf* motorbike
motocycliste – *nmf* motorcyclist
mou, mol, molle – *adj* soft, loose, weak
mouche – *nf* fly
  prendre la mouche – *v irreg* § to
  take offence
se moucher* – *v refl* to blow one's nose
mouchoir – *nm* handkerchief
  mouchoir en papier – *nm* tissue
mouette – *nf* seagull
mouillé – *adj* wet
  se faire* mouiller – *v refl* § to get
  wet
moule – *nf* mussel
moulin – *nm* mill
  moulin à vent – windmill
mourir – *v irreg* § to die
mousse – *nf* foam
mousseux, mousseuse – *adj* frothy,
  sparkling (wine)
moustache – *nf* moustache
  moustaches – *nfpl* whiskers (cat,
  etc)
moustique – *nm* mosquito
moutarde – *nf* mustard
mouton – *nm* sheep, mutton

moutons – *nmpl* white horses (on
  sea)
mouvement – *nm* movement, action
  mouvements de gymnastique –
  nmpl exercises
moyen – *nm* means
  moyen de transport – means of
  transport
moyen, moyenne – *adj* average
  avoir la moyenne – *v irreg* §
  to get average marks
  en moyenne – on average
muguet – *nm* lily of the valley
multicolore – *adj* multi-coloured
municipal – *adj* municipal, council-run
munir de – *v reg* to equip, provide with
  se munir* de – *v refl* to provide
  o.s. with
mur – *nm* wall
mûr – *adj* ripe, mature (person)
mûre – *nf* blackberry, bramble
muscle – *nm* muscle
musculaire – *adj* muscular
musée – *nm* museum
musicien(ne) – *nmf* musician
musique – *nf* music
  musique classique – classical music
  musique de fond – background
  music
  musique folklorique – folk music
  musique pop – pop music
  écouter de la musique – *v reg* to
  listen to music
musulman – *adj* Muslim
musulman(e) – *nmf* Muslim (person)
myope – *adj* short-sighted
myrtille – *nf* bilberry
mystère – *nm* mystery
mystérieux, mystérieuse – *adj*
  mysterious
mythe – *nm* myth

N

n' – see ne

nage – *nf* swimming, stroke
  nage papillon – butterfly stroke
  nage sur le dos – backstroke
  être en nage – *v irreg* § to be
  dripping with sweat
  s'eloigner* à la nage – *v refl*
  to swim away

nager – *v reg* † to swim
  nager la brasse – to do
  breaststroke

naissance – *nf* birth

naître – *v irreg* § to be born

nana – *nf sl* chick, bird (girl)

nappe – *nf* table-cloth
  nappe de mazout – oil slick

natation – *nf* swimming

nation – *nf* nation
  Nations Unies – *nfpl* United
  Nations

national – *adj* national
  grève nationale – *nf* national strike
  route nationale – *nf* trunk road

nationalité – *nf* nationality

nationaux – *nmpl* nationals (people)

natte – *nf* plait

nature – *nf* nature, kind, sort

naturel – *nm* nature, disposition
  avoir bon naturel – *v irreg* §
  to have a happy nature

naturel, naturelle – *adj* natural

naturellement – *adv* naturally,
  of course

naufrage – *nm* shipwreck

nautique – *adj* nautical
  sports nautiques – *nfpl* water
  sports

nautisme – *nm* water sports

navette – *nf* shuttle

faire la navette – *v irreg* §
  to commute

naviguer sur Internet – *v reg*
  to surf the Internet

navire – *nm* ship

ne, n' – *neg adv*
  ne ... aucun – not any, not one
  ne ... guère – hardly
  ne ... jamais – never
  ne ... ni ... ni – neither...nor
  ne ... nulle part – nowhere
  ne ... pas – not
  ne ... personne – nobody
  ne ... plus – no more, no longer
  ne ... que – only
  ne ... rien – nothing

né, née – *pp naître* § born

néanmoins – *adv* nevertheless

néant – *nm* nothingness, void

nécessaire – *adj* necessary

nécessité – *nf* necessity, need

néerlandais – *adj* Dutch

Néerlandais(e) – *nmf* Dutchman
  Dutchwoman

néfaste – *adj* harmful, unlucky

négatif, négative – *adj* negative

négatif – *nm* negative

négligé – *adj* neglected, careless

négliger – *v reg* † to neglect, pay no
  attention to, be careless

négoce – *nm* commerce, business

négociant(e) – *nmf* merchant

négocier – *v reg* to negotiate

neige – *nf* snow
  bonhomme de neige – *nm* snowman
  boule de neige – *nf* snowball

neiger – *v reg* † to snow

neigeux, neigeuse – *adj* snowy

nerf – *nm* nerve

---

vivre sur les nerfs – *v irreg* §
to live on one's nerves
nerveux, nerveuse – *adj* nervous,
tense
n'est-ce pas – *adv* isn't it?, don't you?
etc
net, nette – *adj* clean, tidy, distinct
nettement – *adv* clearly, sharply
  il va nettement mieux – he is
distinctly better
nettoyage – *nm* cleaning
  nettoyage à sec – dry cleaning
nettoyer – *v reg* † to clean
neuf – *adj inv* nine
neuf, neuve – *adj* new, brand new
neutre – *adj* neutral, colourless
neuvième – *adj* ninth
neveu – *nm* nephew
nez – *nm* nose
ni ... ni – *conj* neither ... nor
nid – *nm* nest
nièce – *nf* niece
nier – *v reg* to deny
n'importe comment – anyhow
n'importe où – anywhere
n'importe quand – anytime
n'importe quel(le) – any
n'importe qui – anybody
n'importe quoi – anything
niveau – *nm* level
  au niveau – up to standard
  niveau de vie – standard of living
  passage à niveau – *nm* level
crossing
noce – *nf* wedding
Noël – *nm* Christmas
  à Noël – at Christmas
  bûche de Noël – *nf* Yule log
  cadeau de Noël – *nm* Christmas
present
  chant de Noël – *nm* carol
  sapin de Noël – *nm* Christmas tree
  veille de Noël – *nf* Christmas Eve

nœud – *nm* knot
noir – *adj* black
  l'Afrique noire – black Africa
  il fait noir – it is dark
noisette – *nf* hazelnut
noix – *nf* nut, walnut
  noix de coco – coconut
nom – *nm* name, noun
  au nom de – in the name of
  nom commun – common noun
  nom (de baptême) – Christian name
  nom de famille – surname
  nom propre – proper noun
nombre – *nm* number
nombreux, nombreuse – *adj*
numerous, many
nommer – *v reg* to call, name, nominate
non – *neg, adv* no, non-, not
  je crois que non – I don't think so
  non-compris – not included
  non-fumeur – non-smoking
  non loin d'ici – not far from here,
nearby
  non plus – neither, not either
  non seulement – not only
nord – *nm* north
  nord-est – north east
  nord-ouest – north west
normal – *adj* normal, usual
normalement – *adv* normally
Normandie – *nf* Normandy
Norvège – *nf* Norway
norvégien, norvégienne – *adj*
Norwegian
nos (notre) – *adj poss* our
note – *nf* mark, grade, note (music)
  avoir de bonnes notes – *v irreg* §
to get good marks
  avoir de mauvaises notes – *v irreg*
§ to get bad marks
  demander la note – *v reg* to ask
for the bill (in a hotel)
noter – *v reg* to write down

notre (nos) – *adj poss* our
nôtre(s), le, la, les – *pron* ours
noueux, noueuse – *adj* knotty
nouilles – *nfpl* noodles, pasta
nounours – *nm* teddy bear
nourrir – *v reg* to feed
nourriture – *nf* food
nous – *pron* we, to us, us
nouveau, nouvel, nouvelle – *adj* new
  de nouveau – again, once more
  nouveau-né – new-born
  Nouvel An – *nm* New Year
  Nouvel An juif – *nm* Jewish New
  Year
  Nouvelle Année – *nf* New Year
  Nouvelle Zélande – *nf* New
  Zealand
nouveauté – *nf* novelty
nouvelle – *nf* a piece of news, short
  story
  bonne nouvelle – good news
  mauvaise nouvelle – bad news
nouvelles – *nfpl* news
  avoir de ses nouvelles – *v irreg* §
  to have news of him/her
novembre – *nm* November
  le onze novembre – November 11th
se noyer* – *v refl* † to drown
nu, nue – *adj* bare, naked
  nu-pieds – *nmpl* sandals
  nu-tête – bare-headed
  pieds nus – barefoot

nuage – *nm* cloud
nuageux, nuageuse – *adj* cloudy
nucléaire – *nm* nuclear power
nuit – *nf* night
  au milieu de la nuit – in the
  middle of the night
  il fait nuit – it is dark
nul – *pron* no one, none
nul, nulle – *adj* no, useless
  être nul en géographie – *v irreg*
  § to be no good at Geography
  il est nul – he is useless
  match nul – *nm* a goalless draw
  nulle part – nowhere
numérique – *adj* digital, numerical
numéro – *nm* number
  numéro de compte – account
  number
  numéro de télécopie – fax
  number
  numéro de téléphone – phone
  number
  numéro d'immatriculation –
  registration number (car)
  j'habite au numéro 3 – I live at
  number 3
numéroter – *v reg* to number
nuque – *nf* nape of the neck
nutritif, nutritive – *adj* nourishing
nylon® – *nm* nylon®
  en nylon® – made of nylon®

---

nm - noun masculine   *nmpl* - noun masculine plural   *adj* - adjective   *conj* - conjunction
nf - noun feminine   *nfpl* - noun feminine plural   *adv* - adverb   *pron* - pronoun

O

obédience – *nf* allegiance
obéir à – *v reg* to obey
obéissance – *nf* obedience
obéissant – *adj* obedient
objectif – *nm* camera lens, objective
   objectif à grand angle – wide angle lens
objectif, objective – *adj* objective
objet – *nm* object
   objets trouvés – *nmpl* lost property
   bureau des objets trouvés – *nm* lost property office
obligation – *nf* duty, obligation
obligatoire – *adj* obligatory, inevitable
obliger – *v reg* † to force, make compulsory
   être obligé de – *v irreg* § to be obliged to
oblitération – *nf* cancelling
   cachet d'oblitération – *nm* postmark
oblitérer – *v reg* † to cancel
obscur – *adj* dark, vague, obscure
obscurcir – *v reg* to obscure, cloud
   s'obscurcir* – *v refl* to grow dark
obscurité – *nf* darkness
obsèques – *nfpl* funeral
observateur, observatrice – *adj* observant
observateur, observatrice – *nmf* observer
observation – *nf* observation
observer – *v reg* to observe
   faire observer que – *v irreg* § to point out that
obstacle – *nm* obstacle, hurdle
   course d'obstacles – *nf* obstacle race

obstiné – *adj* obstinate
s'obstiner à* – *v refl* to insist, persist in
obtenir – *v irreg* § to obtain
occasion – *nf* opportunity, chance, occasion
   avoir l'occasion de – *v irreg* § to have the chance to
   d'occasion – second hand
occasionel, occasionelle – *adj* casual, occasional
occasionner – *v reg* to cause, bring about
occident – *nm* west
   l'Occident – the West
occidental – *adj* western
   occidentaux – *adj mpl* western
occupant – *nm* occupant
occupation – *nf* occupation
   grève avec occupation des locaux – *nf* sit down strike
occupé – *adj* occupied, busy
   être occupé – *v irreg* § to be busy
occuper – *v reg* to fill, take up
   s'occuper* de – *v refl* to deal with, look after
occurrence – *nf* instance, case of
OCDE – (Organisation de coopération et de développement économiques) *nf* OECD (Organisation for Economic Cooperation and Development)
océan – *nm* ocean
   Océan Atlantique – Atlantic Ocean
   Océan Pacifique – Pacific Ocean
océanaute – *nmf* deep-sea diver
octobre – *nm* October
odeur – *nf* smell
   mauvaise odeur – bad smell
   odeur de brûlé – smell of burning
   sans odeur – odourless

---

odieux, odieuse – *adj* hateful
odorat – *nm* sense of smell
  avoir l'odorat fin – *v irreg* § to have a keen sense of smell
œil – *nm* eye (*plural* yeux)
œuf – *nm* egg
  œuf à la coque – boiled egg
  œufs brouillés – *nmpl* scrambled egg
  œuf sur le plat – fried egg
œuvre – *nf* work, task, deed, work of art
offensant – *adj* insulting
offense – *nf* insult
  faire offense à – *v irreg* § to insult
offensé – *adj* hurt, insulted
offenser – *v reg* to offend, hurt
offensif, offensive – *adj* offensive
office – *nm* office
  office de publicité – advertising office
  office de tourisme – tourist office
office – *nm* church service, Mass
offre – *nf* offer, bid
offrir – *v irreg* § to give, offer
oie – *nf* goose
oignon – *nm* onion
oiseau – *nm* bird
oisif, oisive – *adj* idle
  vie oisive – *nf* life of leisure, idleness
olive – *nf* olive
olivier – *nm* olive tree
olympique – *adj* Olympic
ombragé – *adj* shaded, shady
ombre – *nf* shadow, shade
  à l'ombre – in the shade
  ombre à paupière – eye shadow
ombrelle – *nf* sunshade, parasol
omelette – *nf* omelette
  omelette aux champignons – mushroom omelette

omelette aux fines herbes – omelette with herbs
omnibus – *nm* stopping train
OMS – (Organisation mondiale de la Santé) *nf* WHO (World Health Organisation)
on – *pron* we, you, they, someone, people in general
oncle – *nm* uncle
onde – *nf* wave (frequency), airwave
ongle – *nm* nail (finger)
ont – *see avoir* § have
ONU – (Organisation des Nations Unies) *nf* UN, United Nations
onze – *adj inv* eleven
  le onze novembre – November 11th
onzième – *adj nmf* eleventh
opéra – *nm* opera
opérateur – *nm* operator
opération – *nf* operation, process
opératrice – *nf* operator
opiniâtre – *adj* stubborn, obstinate
opinion – *nf* opinion
  opinion publique – public opinion
opportun – *adj* timely
  en temps opportun – at the right time
opportunément – *adv* just at the right time
opposé – *adj* opposing, opposite
  en sens opposé – in the opposite direction
opposé – *nm* opposite, reverse
s'opposer* à – *v refl* to rebel against, oppose
opposition – *nf* opposition
  les partis de l'opposition – *nmpl* opposition parties
oppressant – *adj* oppressive
oppresser – *v reg* to weigh heavily on
opprimer – *v reg* to oppress
opter (pour) – *v reg* to choose, opt for

---

opticien, opticienne – *nmf* optician
optimiste – *adj* optimistic
optimiste – *nmf* optimist
or – *nm* gold
　or massif – solid gold
　en or – (made of) gold
orage – *nm* thunderstorm
　il y aura des orages – there will
　be thunderstorms
orageux, orageuse – *adj* stormy
orange – *nf* orange (fruit)
　orange pressée – freshly squeezed
　orange juice
orange – *nm* orange (colour)
orange – *adj* orange
orbital – *adj* orbital
orchestre – *nm* orchestra, band, stalls
　orchestre de chambre – chamber
　orchestra
　orchestre de cordes – string
　orchestra
　orchestre de jazz – jazz band
　à l'orchestre – in the stalls
ordinaire – *adj* ordinary, usual
ordinairement – *adv* usually
ordinal – *nm* ordinal number
ordinateur – *nm* computer
ordonnance – *nf* prescription,
organisation
ordonné – *adj* tidy, methodical
ordonner – *v reg* to arrange, order
ordre – *nm* order, command
　mettre en ordre – *v irreg* § to tidy
　par ordre alphabétique –
　in alphabetical order
　par ordre d'importance –
　in order of importance
ordures – *nfpl* rubbish
　ordures ménagères – household
　rubbish
oreille – *nf* ear
　avoir l'oreille fine – *v irreg* §
　to have a keen ear

　écouter de toutes ses oreilles –
　v reg to be all ears
oreiller – *nm* pillow
oreillons – *nmpl* mumps
orfèvre – *nm* silver, goldsmith
organigramme – *nm* flowchart
organique – *adj* organic
organisation – *nf* organisation, set up
organisé – *adj* organised
organiser – *v reg* to arrange, organise
organisme – *nm* body, organism
orgue – *nm* organ
orgueil – *nm* arrogance, pride
orgueilleux, orgueilleuse – *adj*
arrogant, proud
orient – *nm* east
　l'Extrême Orient – the Far East
　le Moyen Orient – the Middle East
oriental – *adj* eastern
orientation – *nf* training, advice
　orientation professionnelle –
　careers advice
orienter – *v reg* to position, direct,
advise
　s'orienter* – *v refl* to find one's
　bearings
originaire de – *adj* native to, born in
origine – *nf* origins
　à l'origine – in the beginning
ornement – *nm* ornament
orner – *v reg* to decorate
ornithologie – *nf* ornithology
orphelin, orpheline – *nmf* orphan
orphelinat – *nm* orphanage
orthographe – *nf* spelling
os – *nm* bone
　trempé jusqu'aux os – soaked to
　the skin
oser – *v reg* to dare
ostensible – *adj* conspicuous
ostentation – *nf* display, show
otage – *nm* hostage

OTAN – (Organisation du traité de l'Atlantique Nord) *nf* NATO

ôter – *v reg* to take off

s'ôter* de – *v refl* to get out of

ôte-toi de là! – get out of the way!

ou – *conj* or

où – *adv* where

oubli – *nm* forgetfulness, forgetting

oublier – *v reg* to forget

ouest – *nm* west

à l'ouest – in the west, to the west of

ouest – *adj inv* western, of the west

ouf! – *excl* phew!

oui – *adv* yes

je crois que oui – I think so

ouragan – *nm* hurricane

ours – *nm* bear

ours blanc – polar bear

ours en peluche – teddy bear

ourson – *nm* bear cub

outil – *nm* tool

outillage – *nm* tools

outragé – *adj* very offended

outrageux, outrageuse – *adj* outrageous

outre – *prep* as well as

en outre – besides

les territoires d'outre-mer (TOM) – French overseas territories

outré – *adj* exaggerated, outraged

ouvert – *adj* open *see ouvrir* §

ouvertement – *adv* openly

ouverture – *nf* opening

heures d'ouverture – *nfpl* opening hours

ouvrage – *nm* (piece of) work

se mettre* à l'ouvrage – *v refl* § to start work

ouvre-boîte – *nm* tin opener

ouvre-bouteille – *nm* bottle opener

ouvreuse – *nf* usherette

ouvrier, ouvrière – *nmf* worker

ouvrier, ouvrière – *adj* working class

ouvrir – *v irreg* § to open, switch on

ouvrir le robinet – to turn on the tap

s'ouvrir* – *v refl* § to open, undo

la porte s'ouvre sur le jardin – the door opens on to the garden

ouvrit – see ouvrir § opened

ovale – *adj* oval

oxygène – *nm* oxygen

ozone – *nm* ozone

couche d'ozone – *nf* ozone layer

P

pacifique – *adj* peaceful
pacifiste – *nmf* pacifist
pacte – *nm* pact
pagaie – *nf* paddle
page – *nf* page
paie – *nf* wages, pay
paiement – *nm* payment
paille – *nf* straw
pain – *nm* bread
  pain complet – wholemeal bread
  pain de mie – sandwich bread
  pain grillé – toast
pair – *adj* even (not odd)
paire – *nf* pair (of)
  paire de draps – a pair of sheets
paisible – *adj* peaceful, quiet
paix – *nf* peace
Pakistan – *nm* Pakistan
pakistanais – *adj* Pakistani
Pakistanais(e) – *nmf* Pakistani
  person
palais – *nm* palace
pâle – *adj* pale
palier – *nm* landing
pâlir – *v reg* to turn pale
palmarès – *nm* prize list
palmier – *nm* palm tree
pamplemousse – *nm* grapefruit
pancarte – *nf* placard
panda géant – *nm* giant panda
panier – *nm* basket
panique – *nf* panic
panne – *nf* breakdown
  en panne d'essence – run out of
  petrol
  être en panne – *v irreg* § to have
  broken down
panneau – *nm* board, sign
panorama – *nm* view, panorama

pansement – *nm* dressing, plaster
pantalon – *nm* trousers (pair of)
pantoufle – *nf* slipper
papa – *nm* daddy
pape – *nm* Pope
papeterie – *nf* stationer's shop
papi – *nm* grandad
papier – *nm* paper
  papiers d'identité – *nmpl* papers
papillon – *nm* butterfly
  nœud papillon – *nm* bow tie
Pâque juive – *nf* Passover
Pâques – *nm* Easter
  à Pâques – at Easter
  joyeuses Pâques – *nfpl* Happy
  Easter
paquet – *nm* package
par – *prep* by
  par avion – by air mail
  par deux – in twos
  par exemple – for example
  par ici – this way
  par jour – per day
  par-là – over there
  par la côte – via the coast
  par la fenêtre – out of the window
  par la suite – afterwards
  par le train – by train
  par mois – per month
  par personne – per person
  par semaine – per week
parachute – *nm* parachute
parachutisme – *nm* parachuting
paradis – *nm* heaven, paradise
paragraphe – *nm* paragraph
paraître – *v irreg* § to appear, seem
parapluie – *nm* umbrella
parasol – *nm* sunshade
parc – *nm* park

---

parc d'attractions – amusement park

parce que – *conj* because

par ci, par là – *adv* here and there

parcmètre – *nm* parking meter

parcourir – *v irreg* § to travel

parcours – *nm* distance

parcours de santé – fitness circuit

par-delà – *prep* beyond

par-derrière – *prep* round the back of

par-dessous – *prep* underneath

par-dessus – *prep* above, over

pardessus – *nm* coat

pardon! – *excl* sorry!

pardonner – *v reg* to forgive

pare-brise – *nm* windscreen

pare-chocs – *nm inv* bumper

pareil, pareille – *adj* similar, same

parent – *nm* parent, relative

parenthèses – *nfpl* brackets

paresse – *nf* laziness

paresseux, paresseuse – *adj* lazy

parfait – *adj* perfect

parfaitement – *adj* perfectly

parfois – *adv* sometimes

parfum – *nm* flavour, perfume

parfumé – *adj* flavoured, sweet-smelling

parfumerie – *nf* perfume shop

pari – *nm* bet, wager

parier – *v reg* to bet

parisien, parisienne – *adj* Parisian

Parisien(ne) – *nmf* Parisian person

parking – *nm* car park, parking space

parlement – *nm* parliament

parler – *v reg* to speak, talk

parmi – *prep* among

parole – *nf* word, speech, song lyrics

part – *nf* part, portion, share

à part – aside, except for

c'est de la part de qui? – who is speaking? (phone)

de ma part – on my behalf

prendre part à – *v irreg* § to take part in

partager – *v reg* † to share

partenaire – *nmf* partner

parterre – *nm* flower bed

parti – *nm* political party

participant(e) – *nmf* entrant, person taking part in

participer à – *v reg* to take part in

particularité – *nf* characteristic, feature

particulier, particulière – *adj* special, particular, peculiar

en particulier – in particular, especially

partie – *nf* part

partie de golf – a round of golf

partie de tennis – game of tennis

partir* – *v irreg* § to leave, set off

à partir de demain – from tomorrow

partir* de – to leave from

partir* en vacances – to go on holiday

partout – *adv* everywhere

parvenir* – *v irreg* § to reach, succeed

pas – *nm* step, footstep

à pas de loup – stealthily

au pas – at a walking pace

faire un pas en arrière – *v irreg* § to step backwards

faire un pas en avant – *v irreg* § to step forwards

marcher d'un bon pas – *v reg* to walk briskly

Pas de Calais – *nm* Straits of Dover

pas – *neg adv* not

ne ... pas – not

ce n'est pas – it is not

je ne suis pas – I am not

---

pas beaucoup – not much
pas cher – not expensive
pas de – no
pas de chance – no luck
pas du tout – not at all
pas encore – not yet
pas grand-chose – not very much
pas mal – not bad
pas mal de – quite a few
pas très cher – not very expensive
pas trop cher – not too expensive
passage – *nm* way, passage, passing
  passage à niveau – level crossing
  passage clouté – pedestrian
  crossing
  passage interdit – no entry
  passage pour piétons –
  pedestrian walkway
  passage protégé – right of way
  passage souterrain – subway
  être de passage – *v irreg* § to be
  passing through
passager, passagère – *nmf*
  passenger
passant(e) – *nmf* passer-by
passé – *adj* past
  il est trois heures passées – it is
  past three o'clock
passé – *nm* past, past tense
passeport – *nm* passport
passer* – *v reg* to pass, pass by
  passer* à la caisse – to go to the
  cash desk
  passer* à la douane – to go through
  customs
  passer* à la télévision – to be on
  television
  par où est-il passé? – which way
  did he come?
passer – *v reg (with avoir)* to go
  through, across
  passer la maison – to go past the
  house
  passer l'aspirateur – to vacuum

passer le permis – to take one's
  driving test
passer les vacances – to spend one's
  holiday
passer un examen – to take an exam
passer un film – to show a film
se passer* – *v refl* to happen
  qu'est-ce qui se passe? – what's
  going on?
se passer* de – *v refl* to do without
passerelle – *nf* gangway, bridge
passe-temps – *nm* hobby, pastime
passionnant – *adj* exciting,
  fascinating
passionné(e) – *nmf* fan
  être passionné de – *v irreg* §
  to be keen on
pastèque – *nf* watermelon
pastille – *nf* throat pastille
pâte – *nf* pastry, paste
  pâte brisée – shortcrust pastry
  pâte dentifrice – toothpaste
  pâte feuilletée – flaky pastry
pâté – *nm* pâté
  pâté de campagne – farmhouse pâté
paternel, paternelle – *adj* fatherly
pâtes – *nfpl* pasta, noodles
patience – *nf* patience
patient – *adj* patient
patient(e) – *nmf* patient
patienter – *v reg* to wait
patin – *nm* skate
  patins à glace – *nmpl* ice skates
  patins à roulettes – *nmpl* roller
  skates
patiner – *v reg* to skate
patinoire – *nf* rink
pâtisserie – *nf* cake, pastry, cake shop
pâtissier, pâtissière – *nmf* pastry
  cook
patrie – *nf* homeland
patron – *nm* manager, owner, boss
patron – *nm* pattern

---

patrouille – *nf* patrol

patte – *nf* paw, (animal) foot

pâturage – *nm* pasture, grazing

pause de midi – *nf* dinner hour

pauvre – *adj* poor

pauvreté – *nf* poverty

pavé – *nm* paving stone

pavillon – *nm* detached house

payable – *adj* payable, due

payant – *adj* where one must pay, not free

payer – *v reg* † to pay (for)

pays – *nm* country, region
  Pays Bas – *nmpl* Netherlands
  Pays de Galles – *nm* Wales
  pays développé – developed country
  pays d'origine – country of origin
  pays en voie de développement – developing country
  pays francophones – *nmpl* French speaking countries

paysage – *nm* countryside

paysan, paysanne – *nmf* countryman/woman farmer

PDG – (président directeur général) *nm* chairman (company)

péage – *nm* toll

peau – *nf* skin

pêche – *nf* fishing
  aller* à la pêche – *v irreg* § to go fishing
  canne à pêche – *nf* fishing rod

pêche – *nf* peach
  avoir la pêche – *v irreg* § *coll* to be on form

pêcher – *v reg* to fish

pécher – *v reg* † to sin

pêcheur – *nm* fisherman

peigne – *nm* comb
  se donner* un coup de peigne – *v refl* to comb one's hair

se peigner* – *v refl* to comb one's hair

peignoir – *nm* dressing gown

peindre – *v irreg* § to paint

peine – *nf* sadness, pain, trouble
  à peine – hardly, scarcely
  avoir de la peine à – *v irreg* § to have difficulty in
  ce n'est pas la peine! – don't bother! It's not worth it!

peintre – *nm* painter

peinture – *nf* painting, paint
  peinture fraîche – wet paint

peler – *v reg* † to peel

pèlerin – *nm* pilgrim

pèlerinage – *nm* pilgrimage

pelle – *nf* shovel, spade

pellicule – *nf* film (for camera)

pelote – *nf* pelota, ball (of wool)

peloton – *nm* squad, group of runners (in a race)

pelouse – *nf* lawn

penchant – *nm* liking for
  avoir un penchant pour qqch – *v irreg* § to have a liking for something

penché – *adj* slanting, sloping

pencher – *v reg* to tilt, lean
  se pencher* – *v refl* to lean over

pendant – *prep* during

pendant que – *conj* while

penderie – *nf* wardrobe

pendre – *v reg* to hang

pendule – *nf* clock (domestic)

pénétrer – *v reg* † to go into, enter

pénible – *adj* difficult, unpleasant

pensée – *nf* thought

penser – *v reg* to think
  penser à – to think about
  penser de – to think (have an opinion about)

pensif, pensive – *adj* thoughtful

---

pension – *nf* guest house, boarding school
  demi-pension – half board
  pension complète – full board
pensionnaire – *nmf* boarder
  demi-pensionnaire – *nmf* pupil taking school lunch
pensionnat – *nm* boarding school
pente – *nf* slope
  en pente – sloping
pépin – *nm* pip, seed
pépinière – *nf* nursery (plants, trees)
percer – *v reg* † to bore, pierce
percussion – *nf* percussion
  instrument de percussion – *nm* percussion instrument
percuter – *v reg* to strike, crash into
perdre – *v reg* to lose, waste
  perdre du temps – to waste time
  perdre le souffle – to get out of breath
  perdre son chemin – to lose one's way
  perdre un match – to lose a match
  se perdre* – *v refl* to get lost
perdu – *adj* lost, wasted, missed
père – *nm* father
  père aubergiste – warden (youth hostel)
  Père Noël – Father Christmas
perfectionnement – *nm* improvement
perfectionner – *v reg* to improve
  se perfectionner* en français – *v refl* to improve one's French
périmé – *adj* out of date, time-expired
période – *nf* period, intermission
  période de chaleur – heat wave
périphérique – *nm* ring road
périr – *v reg* to die, perish
permanence – *nf* study (room)
  être de permanence – *v irreg* § to be on call

permettre – *v irreg* § to allow
permis – *adj* permitted
permis – *nm* permit, licence
  permis de conduire – driving licence
permission – *nf* permission
perroquet – *nm* parrot
perruche – *nf* budgerigar
persil – *nm* parsley
personnage – *nm* character, individual
  personnage célèbre – celebrity
personne – *nf* person
  personne âgée – elderly person
  personne du troisième âge – senior citizen
  par personne – per person
personne – *pron* not anybody, nobody
  ne ... personne – nobody
  presque personne – hardly anyone
personnel, personnelle – *adj* personal
personnel – *nm* staff
  faire partie du personnel – *v irreg* § to be on the staff
personnellement – *adv* personally
persuader – *v reg* to convince, persuade
perte – *nf* loss, ruin, waste
  perte d'énergie – energy loss
  à perte de vue – as far as the eye can see
pervenche – *nf* periwinkle, *coll* traffic warden (female)
pesant – *adj* heavy, weighty
peser – *v reg* † to weigh
pessimiste – *adj* pessimistic
peste – *nf* plague
P et T (Postes et Télécommunications) – Post Office
pétanque – *nf* game of bowls, boules
péter – *v reg coll* † to go bang, fart

---

prep - preposition   *v reg* - verb regular   *v refl* - verb reflexive   § - see verb tables
pp - past participle   *v irreg* - verb irregular   † - see verb information   * - takes être

pétillant – *adj* sparkling (drinks)
petit – *adj* little, small, young
  avec un petit effort – *nm* with a little effort
  mon petit frère – *nm* my little brother
  petit ami – *nm* boyfriend
  petit à petit – gradually, little by little
  petit déjeuner – *nm* breakfast
  petite amie – *nf* girlfriend
  petite annonce – *nf* small ad
  petite-fille – *nf* granddaughter
  petit-fils – *nm* grandson
  petit pain – *nm* bread roll
  petits-enfants – *nmpl* grand-children
  petits pois – *nmpl* peas
pétrole – *nm* crude oil
pétrolier – *nm* oil tanker
peu – *adv* little, not much
  à peu près – almost, more or less
  de peu – slightly
  peu importe – it does not matter much
  peu intéressant – not very interesting
  peu nombreux – very few
  un peu de – a little of
peuple – *nm* people, nation
peuplier – *nm* poplar tree
peur – *nf* fear
  avoir peur – *v irreg* § to be afraid
peut-être – *adv* perhaps, maybe
peut-on? – *see pouvoir* § can one?
peut – *see pouvoir* § can
peuvent – *see pouvoir* § can
peux – *see pouvoir* § can
phare – *nm* headlight
  mettre les phares en code – *v irreg* § to dip headlights
  rouler en phares – *v reg* to drive on full headlights

phare – *nm* lighthouse
pharmacie – *nf* chemist's shop
pharmacien, pharmacienne – *nmf* chemist
photo – *nf* photo
  photo satellite – satellite photo
  prendre une photo – *v irreg* § to take a photo
photocopie – *nf* photocopy
photocopier – *v reg* to photocopy
photocopieuse – *nf* photocopier
photographe – *nmf* photographer
photographie – *nf* photography
photographier – *v reg* to photograph
  se faire* photographier – *v refl* § to have one's photo taken
phrase – *nf* phrase, sentence
physique – *nf* physics
physique – *nm* appearance, physique
physique – *adj* physical
piano – *nm* piano
  jouer du piano – *v reg* to play the piano
pichet – *nm* jug
pièce – *nf* coin, play, piece, room
  pièce de deux euros – two euro coin
  pièce de rechange – spare part
  pièce de théâtre – play
  pièce d'identité – *nf* ID
  appartement de six pièces – *nm* a six roomed flat
  trois euros la pièce – three euros each
pied – *nm* foot
  aller* à pied – *v irreg* § to go on foot, walk
  aller* pieds nus – *v irreg* § to go barefoot
piège – *nm* trap
pierre – *nf* stone
  en pierre – built of stone
piéton – *nm* pedestrian

---

piéton, piétonne – *adj* pedestrian
  zone piétonne – *nf* pedestrian precinct
piger – *v reg* † *sl* to understand
pile – *nf* stack, pile, battery
  pile ou face? – heads or tails?
pilote – *nm* pilot
  pilote de ligne – airline pilot
pilule – *nf* pill
pincée – *nf* a pinch of
pincer – *v reg* † to pinch
pingouin – *nm* penguin
ping pong – *nm* ping pong, table tennis
pion – *nm* pawn (chess), supervisor (school)
pionnier – *nm* pioneer
piquant – *adj* savoury, spicy
pique-nique – *nm* picnic
  pique-niquer – *v reg* to picnic
piquer – *v reg* to sting, bite
  se faire* piquer – *v refl* § to have an injection, get stung
piquet – *nm* post, pole
piqûre – *nf* sting, bite, injection
pire – *adj* worse
pis – *adj* worse
  tant pis – too bad
piscine – *nf* swimming pool
pisser – *v reg coll* to urinate
pissoir – *nm coll* urinal
piste – *nf* track, ski-run
pitié – *nf* pity
pittoresque – *adj* picturesque
placard – *nm* cupboard
place – *nf* square, seat
  place du marché – market place
  réserver une place – *v reg* to book a seat
  rester* sur place – *v reg* to stay on the spot
placer – *v reg* † to put, place, set

se placer* – *v refl* † to take one's place
se placer* comme mécanicien – *v refl* † to get a job as a mechanic
plafond – *nm* ceiling
plage – *nf* beach
plaie – *nf* wound
plaindre – *v irreg* § to feel sorry for
  se plaindre* – *v refl* § to complain
plaire à – *v irreg* § to please
plaisanter – *v reg* to joke
plaisanterie – *nf* joke
plaisir – *nm* pleasure
  avec plaisir – with pleasure
plan – *nm* plan, map
  plan de la ville – town plan
planche – *nf* plank, board
  planche à repasser – ironing board
  planche à roulettes – skateboard
  planche à voile – sailboard
plancher – *nm* floor
planète – *nf* planet
plante – *nf* plant
planter – *v reg* to plant
plastique – *adj* plastic
  en plastique – (made of) plastic
plat – *adj* flat
plat – *nm* dish, course (meal)
  plat cuisiné – ready-cooked dish
  plat du jour – dish of the day
  plat principal – main dish
plateau – *nm* tray
plate-bande – *nf* flower bed
platine-laser – *nf* CD player
plâtre – *nm* plaster
plein – *adj* full
  en plein air – in the open air
  en pleine nuit – in the middle of the night
  faire le plein – *v irreg* § to fill up with petrol

---

plein de – full of
plein tarif – full fare
pleurer – *v reg* to weep, cry
pleuvoir – *v irreg* § to rain
  il pleut – it is raining
  il pleut à verse – it is pouring
  il pleut des cordes – it's raining
  cats and dogs
  il pleuvait – it was raining
  il pleuvra – it will rain
  il a plu – it rained
pli – *nm* pleat, fold, crease
plier – *v reg* to fold
plomb – *nm* lead (metal)
  sans plomb – unleaded
plombage – *nm* filling
plombé – *adj* leaden (sky), filled
  (tooth)
plombier – *nm* plumber
plongée – *nf* diving
  plongée sous-marine – scuba
  diving
plonger – *v reg* † to dive
plu – *pp pleuvoir* § rained,
  or *pp plaire* § pleased
pluie – *nf* rain
plume – *nf* feather
plupart – *nf* most of, the majority
pluriel – *nm* plural
  au pluriel – in the plural
plus – *adv* more
  de plus en plus – more and more
  deux heures plus tôt – two hours
  earlier
  il est plus grand que moi – he is
  taller than I am
  il fait plus trois – it is +3°C
  il n'a plus rien dit – he did not
  say another word
  il n'en reste plus – there is no
  more left
  ne ... plus – no more, no longer
  plus de – more than

plus ... que – more ... than
  un peu plus – a little more
plusieurs – *adj* several
plus-que-parfait – *nm* pluperfect tense
plutôt – *adv* rather
  plutôt que – rather than
pluvieux, pluvieuse – *adj* rainy
pneu – *nm* tyre
  pneu à plat – flat tyre
  pneu crevé – punctured tyre
poche – *nf* pocket
  livre de poche – *nm* paperback
poêle – *nf* frying pan
poêle – *nm* stove
  poêle à bois – wood-burning stove
poésie – *nf* poetry
poète – *nm* poet
poids – *nm* weight
  perdre du poids – *v irreg* § to
  lose weight
  prendre du poids – *v irreg* § to put
  on weight
poids lourd – *nm* heavy lorry, HGV
poignée – *nf* handful, door handle
  poignée de main – handshake
poignet – *nm* wrist
poil – *nm* hair
  à poil – naked
poilu – *adj* hairy
poing – *nm* fist
point – *nm* point, place, spot
  point de départ – starting point
  point de repère – reference point,
  landmark
  point de vue – point of view
  point d'exclamation – exclamation
  mark (!)
  point d'interrogation – question
  mark (?)
  point (final) – full stop (.)
  point du jour – day break
  point noir – accident black spot
  point-virgule – semi-colon (;)

---

nm - noun masculine   *nmpl* - noun masculine plural   *adj* - adjective   *conj* - conjunction
nf - noun feminine   *nfpl* - noun feminine plural   *adv* - adverb   *pron* - pronoun

deux points – colon (:)
à point – medium (steak)
à quel point – to what extent
pointu – *adj* sharp, pointed
pointure – *nf* shoe size
poire – *nf* pear
poireau – *nm* leek
pois – *nm* pea
   à pois – spotted (fabric)
poison – *nm* poison
poisson – *nm* fish
   poisson d'avril – April fool
   poisson-rouge – goldfish
poissonnerie – *nf* fish shop
poissonnier – *nm* fishmonger
Poissons – *nmpl* Pisces
   être (des) Poissons – *v irreg* § to
   be (a) Pisces
poitrine – *nf* chest
poivre – *nm* pepper
poivron – *nm* pepper
   poivron rouge – red pepper
   poivron vert – green pepper
poli – *adj* polite
police – *nf* police
   agent de police – *nm* policeman
   police de la circulation – traffic
   police
   Police Nationale – Police force
   police-secours – police rescue
   service
police – *nf* policy
   police d'assurance – insurance
   policy
policier, policière – *adj* police
   chien policier – *nm* police dog
   film policier – *nm* detective film
   roman policier – *nm* detective
   story
politesse – *nf* politeness
politique – *nf* politics, policy
pollen – *nm* pollen
pollué – *adj* polluted

pollution – *nf* pollution
polyvalent – *adj* multi-purpose
pomme – *nf* apple
pomme de terre – *nf* potato
pommes frites – *nfpl* French fries
pommier – *nm* apple tree
pompe – *nf* petrol pump
pompier – *nm* fireman
   pompiers – *nmpl* fire brigade
pompiste – *nm* petrol-pump attendant
ponctuation – *nf* punctuation
ponctuel, ponctuelle – *adj* punctual
poney – *nm* pony
pont – *nm* bridge
   faire le pont – *v irreg* § to take an
   extra day off near a weekend
populaire – *adj* popular
population – *nf* population
porc – *nm* pork, pig
port – *nm* harbour, port
   port de pêche – fishing port
   port de plaisance – yacht marina
   arriver* au port – *v reg* to dock
   sortir* du port – *v irreg* § to leave
   harbour
portable – *nm* mobile (phone), laptop
porte – *nf* door
   porte d'entrée – front door
   porte de secours – emergency exit
   sonner à la porte – *v reg* to ring
   the bell
porte-clés – *nm* key ring
portefeuille – *nm* wallet
porte-monnaie – *nm* purse
portée – *nf* range, reach
   à portée de main – within reach
porter – *v reg* to carry, wear
porteur – *nm* porter
portière – *nf* car, train door
portugais – *adj* Portuguese
Portugais(e) – *nmf* Portuguese person
Portugal – *nm* Portugal

---

au Portugal – in, to Portugal
pose – *nf* installation, exposure
  film de 36 poses – *nm* 36 exposure
  film
poser – *v reg* to put (down)
  poser une question – to ask a
  question
posséder – *v reg* † to own
possibilité – *nf* possibility
possible – *adj* possible
poste – *nf* post, Post Office
  employé(e) de la poste – *nmf*
  Post Office worker
  mettre une lettre à la poste –
  v irreg § to post a letter
  poste restante – post to be collected
poste – *nm* post, station, set, job
  poste de douane – customs post
  poste d'enseignant – teaching
  post
  poste de police – police station
  poste de secours – first aid station
poster – *v reg* to post
poster – *nm* poster
pot – *nm* pot, jar, mug, drink *sl*
  pot à bière – beer mug
  pot catalytique – catalytic
  converter
  pot d'échappement – exhaust
  pipe
  pot de confiture – jar of jam
  pot de fleurs – flowerpot
  prendre un pot – *v irreg* § to have
  a drink
potable – *adj* drinkable
  eau potable – drinking water
  non-potable – non drinking
potage – *nm* soup
poteau – *nm* post
poterie – *nf* pottery
poubelle – *nf* dustbin
pouce – *nm* thumb
poudre – *nf* powder

poule – *nf* hen
poulet – *nm* chicken
  poulet rôti – roast chicken
poumons – *nmpl* lungs
poupée – *nf* doll
pour – *prep* for, to, in order to
  pour cent – per cent
  pour le moment – for the moment
  pour que – so that
  le pour et le contre – the pros and
  cons
  partir* pour la France – *v irreg* §
  to leave for France
pourboire – *nm* tip
pourcentage – *nm* percentage
pourpre – *adj* crimson
pourquoi? – *adv, conj* why?
pourra – *see pouvoir* § will be able to
pourrait – might, could
pourri – *adj* bad, rotten
poursuite – *nf* chase, pursuit, race
poursuivre – *v irreg* § to chase, pursue,
  hunt
pourtant – *adv* yet, nevertheless,
  however
pourvu que – *conj* provided that
pousser – *v reg* to push, grow
  pousser un cri – to shout, scream
poussette – *nf* pushchair
poussez! – push!
poussière – *nf* dust
poussin – *nm* chick
pouvait – *see pouvoir* § was able to
pouvoir – *nm* power
pouvoir – *v irreg* § can, may, be able to
pouvez – *see pouvoir* § can
pouvons – *see pouvoir* § can
prairie – *nf* meadow
pratique – *adj* practical
pratiquer un sport – *v reg* to do a
  sport
pré – *nm* meadow
préau – *nm* playground shelter

---

nm - noun masculine   *nmpl* - noun masculine plural   *adj* - adjective   *conj* - conjunction
nf - noun feminine   *nfpl* - noun feminine plural   *adv* - adverb   *pron* - pronoun

précaution – *nf* caution, care, precaution

précédent – *adj* previous

précéder – *v reg* † to come before, be in front of

précieux, précieuse – *adj* valued, precious

précipitamment – *adv* hurriedly, hastily

se précipiter* – *v refl* to rush, hurry

précis – *adj* exact, precise, accurate

à sept heures précises – at 7 o'clock sharp

précisément – *adv* exactly, clearly

préciser – *v reg* to make clear, specify

précoce – *adj* early

préfecture – *nf* county hall, police HQ

préférence – *nf* preference

de préférence – preferably

préférer – *v reg* † to prefer

préféré – *adj* preferred

préfet – *nm* prefect, chief of police

préfixe – *nm* prefix

préjugé – *nm* prejudice

premier, première – *adj* first

arriver* en premier – *v reg* to arrive first

au premier étage – on the first floor

billet de première classe – *nm* first class ticket

être en première – *v irreg* § to be in Year 12

le premier avril – April Fools' Day

la première fois – the first time

Premier ministre – *nm* Prime Minister

premièrement – *adv* firstly

prenait – *see prendre* § took

prendra – *see prendre* § will take

prendrait – would take

prendre – *v irreg* § to take, catch, have

prendre des dispositions – to make arrangements

prendre des notes – to take notes

prendre l'avion – to fly

prendre le petit déjeuner – to have breakfast

prendre le train – to catch the train

prendre rendez-vous – to arrange to meet

prendre un bain – to have a bath

prendre une douche – to have a shower

prendre une photo – to take a photo

prenez la première à gauche – take the first on the left

prénom – *nm* first name

préoccupé – *adj* preoccupied

préoccuper – *v reg* to concern

se préoccuper de* – *v refl* to be concerned with

préparatifs – *nmpl* preparations

préparatoire – *adj* preparatory

préparer – *v reg* to prepare

près (de) – *adv* close by, near (to)

de près – from close by, closely

regarder de près – *v reg* to look closely at

presbyte – *adj* long-sighted

prescrire – *v irreg* § to prescribe

présence – *nf* presence

présent – *adj* present

présent – *nm* present tense

présenter – *v reg* to present, introduce

je vous présente mon frère – may I introduce my brother?

se présenter* – *v refl* to introduce o.s.

préservatif – *nm* condom

presque – *adv* almost, nearly

---

presse – *nf* newspapers, press
pressé – *adj* hurried
　être pressé – *v irreg* § to be in a
　hurry
presser – *v reg* to squeeze, press
　se presser* – *v refl* to hurry
　citron pressé – *nm* freshly
　squeezed lemon juice
pression – *nf* pressure, draught beer
　une pression, s'il vous plaît –
　a draught beer, please
prêt – *adj* ready
　prêt-à-porter – ready to wear
prêter – *v reg* to lend
preuve – *nf* proof
prévenir – *v irreg* § to warn
prévision – *nf* forecast
prévoir – *v irreg* § to forecast, plan,
　provide for
prévu – *adj* agreed, planned
　comme prévu – as agreed
prier – *v reg* to ask, beg, pray
prière – *nf* prayer
　prière de ne pas ... – please do not ...
primaire – *adj* primary
　école primaire – *nf* primary school
prime – *nf* bonus, free gift
　prime de licenciement –
　redundancy payment
principal – *adj* principal, main
principal – *nm* principal
principe – *nm* principle
　en principe – in principle,
　theoretically
printemps – *nm* spring
　au printemps – in spring
priorité – *nf* priority, right of way
　vous n'avez pas la priorité –
　you do not have right of way
pris – *pp prendre* § taken
prise de courant – *nf* power point,
　plug
prison – *nf* prison

prisonnier – *nm* prisoner
prit – *see prendre* § took
privé – *adj* private
priver – *v reg* to deprive
　se priver* de – *v refl* to go without
prix – *nm* price, prize, race
　à tout prix – at all costs
　menu à prix fixe – *nm* set price
　menu
　Prix Nobel pour la paix – Nobel
　Peace Prize
probable – *adj* probable
problème – *nm* problem
prochain – *adj* next
　jeudi prochain – *nm* next
　Thursday
　l'année prochaine – *nf* next year
　la semaine prochaine – next week
proche – *adj* close
　la banque la plus proche –
　the nearest bank
producteur – *nm* producer
produire – *v irreg* § to produce
produit – *nm* product
　produit de beauté – cosmetic
　produits surgelés – *nmpl* frozen
　food
prof – *nmf* teacher
professeur – *nm* teacher
profession – *nf* profession, job, trade
profit – *nm* profit
profiter de – *v reg* to take advantage
　of
profond – *adj* deep
profondément – *adj* deeply
programme – *nm* programme,
　syllabus
programmeur, programmeuse –
　nmf programmer
progrès – *nm* progress
　faire des progrès – *v irreg* §
　to make progress
projet – *nm* plan, project

---

projets de vacances – *nmpl*
holiday plans
**quels sont vos projets pour le
week-end?** – what are your plans
for the weekend?
prolonger – *v reg* † to extend,
prolong
promenade – *nf* walk
   promenade en bateau – boat trip
   faire une promenade – *v irreg* §
   to go for a walk
promener – *v reg* † to take s.o. for a
walk
   promener le chien – to take the
   dog for a walk
se promener* – *v refl* † to go for a walk
promesse – *nf* promise
promettre – *v irreg* § to promise
promotion – *nf* special offer
   en promotion – on special offer
pronom – *nm* pronoun
pronominal – *adj* reflexive
   verbes pronominaux – *nmpl*
   reflexive verbs
propos – *nm* talk, remark, words
   à propos de – about, concerning
proposer – *v reg* to propose
proposition – *nf* suggestion
propre – *adj* clean, own
   ma propre voiture – my own car
   une voiture propre – a clean car
propriétaire – *nmf* owner
propriété – *nf* property
protection – *nf* protection
protéger – *v reg* † to protect
protestant – *adj* Protestant
protester – *v reg* to protest
prouver – *v reg* to prove
provenance – *nf* origin

en provenance de – coming from
province – *nf* region, province
proviseur – *nm* head of a lycée
provisions – *nfpl* food
proximité – *nf* nearness
   à proximité de – near to, close to
prudent – *adj* sensible, careful
   soyez prudent(s)! – be careful!
prune – *nf* plum
pruneau – *nm* prune
pu – *pp pouvoir* § could, was able to
pub – *nf coll* advert
public, publique – *adj* public
publicité – *nf* advertising, publicity
publier – *v reg* to publish
puce – *nf* flea, micro-chip
   puce électronique – microchip
   puce mémoire – memory chip
   jeu de puces – *nm* tiddlywinks
   marché aux puces – *nm* flea market
puis – *adv* then, next
puis – *see pouvoir* § can, may
   puis-je? – may I?
puisque – *conj* since, as
puissance – *nf* strength, power
puits – *nm* well (for water)
pull(over) – *nm* pullover
punaise – *nf* drawing pin
punir – *v reg* to punish
punk – *adj inv, nmf* punk
pur – *adj* pure, innocent, honourable
pustule – *nf* zit, spot
put – *see pouvoir* § could
PV – (procès-verbal) *nm* fixed penalty
fine
pyjama – *nm* pair of pyjamas
Pyrénées – *nfpl* Pyrenees

Q

quai – *nm* platform
qualité – *nf* quality
  de bonne qualité – good quality
  de mauvaise qualité – poor
  quality
  de qualité supérieur – superior
  quality
  qualité de la vie – quality of life
quand – *conj, adv* when
  quand même – none the less, even
  though
quand? – *adv* when?
quant à – *adv* as for
  quant à moi – as for me
quantité – *nf* quantity
  une quantité de – a lot of
quarante – *adj* forty
quarante et un – *adj* forty-one
quart – *nm* quarter
  quart de siècle – quarter of a
  century
  quart d'heure – quarter of an hour
  une heure et quart – quarter past
  one
  une heure moins le quart –
  quarter to one
quartier – *nm* quarter, district
  les gens du quartier – *nmpl* local
  people
  vous êtes du quartier? – are you
  local?
quatorze – *adj* fourteen
  le quatorze juillet – July 14th
  Louis quatorze – Louis XIV
quatorzième – *adj* fourteenth
quatre – *adj* four
quatre-vingt-dix – *adj* ninety
quatre-vingt-onze – *adj* ninety-one
quatre-vingts – *adj* eighty
quatre-vingt-un – *adj* eighty-one

quatrième – *adj* fourth
que – *conj* that
  je vois qu'il part – I see that he is
  going
que – *pron* which, that
  le livre que j'ai acheté – the
  book which I bought
que? – *question* what?
  que dites-vous? – what did you
  say?
  qu'est-ce que ... ? – what ... ?
  qu'est-ce que c'est? – what is it?
  qu'est-ce que c'est en
  français? – what is it in French?
  qu'est-ce qu'il y a? – what is
  there?
  qu'est-ce qui ... ? – what ... ?
  que veut dire ... ? – what does ...
  mean?
Québec – Quebec
quel(s)?, quelle(s)? – *adj* what?,
  which?
  quel dommage! – what a pity!
quelque, quelques – *adj* some
  quelque part – somewhere
  quelques idées – *nfpl* some ideas
quelque chose – *pron* something
  quelque chose de bon –
  something good
  quelque chose de mauvais –
  something bad
quelquefois – *adv* sometimes
quelques-uns, quelques-unes –
  pron some, a few of
quelqu'un – *pron* somebody, anybody
  quelqu'un d'autre – someone
  else
querelle – *nf* dispute, quarrel
quereller – *v reg* to scold
  se quereller* – *v refl* to quarrel
question – *nf* question

---

il n'en est pas question – it's out of the question

poser une question – *v reg* to ask a question

question écrite – written question

question orale – oral question

questionner – *v reg* to question s.o.

queue – *nf* tail, queue

queue de cheval – pony tail

en queue de la classe – at the bottom of the class

faire la queue – *v irreg* § to queue

qui? – *question* who?

à qui est ce livre? – whose book is this?

qui entre? – who is coming in?

qui est-ce qui? – who?

qui – *pron* who, whom, which

le garçon qui arrive s'appelle Jacques – the boy who is arriving is called Jacques

quiche lorraine – *nf* egg and cheese flan

quiétude – *nf* tranquillity, peace

quincaillerie – *nf* hardware shop

quinzaine – *nf* about fifteen, fortnight

dans une quinzaine – in a fortnight

il y a une quinzaine – a fortnight ago

quinze – *adj* fifteen

quinze jours – a fortnight

tous les quinze jours – every two weeks

quinzième – *adj* fifteenth

quitter – *v reg* to leave

quoi? – *pron* what?

à quoi bon? – what's the use?

de quoi s'agit-il? – what is it about?

quoi de neuf? – what's new?

quoi encore? – what else?

quoi – *pron* what

as-tu de quoi manger? – have you anything to eat?

il n'y a pas de quoi! – don't mention it!

quotidien – *nm* daily newspaper

quotidien, quotidienne – *adj* daily

la vie quotidienne – *nf* daily life

R

rabais – *nm* discount
rabattre – *v reg* to lower prices
raccommoder – *v reg* to mend
raccorder – *v reg* to connect, join
raccourcir – *v reg* to shorten, get shorter
raccrocher – *v reg* to hang up
race – *nf* race, breed
  race humaine – human race
racine – *nf* root
racisme – *nm* racism
raciste – *nmf, adj* racist
raconter – *v reg* to recount, tell
  raconter n'importe quoi – to talk rubbish
raconteur, raconteuse – *nmf* storyteller
radiateur – *nm* radiator
radiation – *nf* radiation
radio – *nf* radio
  radio libre – independent radio
  radio pirate – pirate radio
  passer* à la radio – *v reg* to be on the radio
radiocassette – *nf* radio cassette player
radis – *nm* radish
  botte de radis – *nf* bunch of radishes
rafale – *nf* gust of wind or rain
raffermir – *v reg* to strengthen, harden
raffiné – *adj* refined
raffinerie – *nf* refinery (oil)
rafraîchissant – *adj* refreshing
rage – *nf* anger, rabies
rager – *v reg* † to be angry, rage
rageur, rageuse – *adj* ill-tempered
raide – *adj* straight, stiff
raideur – *nf* hardness, stiffness
raisin – *nm* grape(s)

raison – *nf* reason
  avoir raison – *v irreg* § to be right
raisonnable – *adj* sensible, reasonable
raisonnement – *nm* reasoning, argument
raisonner – *v reg* to reason, argue
rajouter – *v reg* to add
rajuster – *v reg* to adjust
  se rajuster* – *v refl* to tidy o.s.
ralentir – *v reg* to slow down
  ralentir! – slow down now! (road sign)
râler – *v reg* to groan, moan, complain
rallonger – *v reg* † to lengthen
ramadan – *nm* Ramadan
ramassage – *nm* collection
  car de ramassage scolaire – *nm* school bus
rame – *nf* oar
ramener – *v reg* † to bring back
  ramener du pain – to fetch bread
ramer – *v reg* to row
rançon – *nf* ransom
rancune – *nf* grudge
rancunier, rancunière – *adj* spiteful
randonnée – *nf* long walk, hike
randonneur, randonneuse – *nmf* hiker
rang – *nm* row, rank
ranger – *v reg* † to tidy, put away
  ranger ses affaires – to tidy up
rapide – *adj* fast
rapide – *nm* express train
rapidement – *adv* quickly
rapidité – *nf* speed, swiftness
rappel – *nm* reminder, recall
rappeler – *v reg* † to ring back, remind

---

se rappeler* – *v refl* † to remember, recall

rapport – *nm* report, relationship

rapporter – *v reg* to bring back

rapproché – *adj* nearby, close

raquette – *nf* racket, bat

rare – *adj* rare, few

rarement – *adj* rarely

ras – *adj* close-cropped
j'en ai ras le bol – *coll* I'm fed up (with it)

raser – *v reg* to shave off
se raser* – *v refl* to shave, *coll* to get bored

rasoir – *nm* razor
rasoir électrique – electric razor

rassembler – *v reg* to gather together

rassurant – *adj* reassuring

rassurer – *v reg* to reassure

rat – *nm* rat

rater – *v reg* to miss (train etc)
rater un examen – to fail an exam

RATP – (Régie autonome des transports parisiens) *nf* Paris transport authority

rattraper – *v reg* to catch up with

ravi – *adj* delighted

ravir – *v reg* to delight

se raviser* – *v refl* to change one's mind

ravissant – *adj* beautiful, delightful

rayé – *adj* striped, lined
rayé de ma liste – crossed off my list

rayer – *v reg* to cross out

rayon – *nm* ray, shelf, department
rayon de disques – record department
rayon de soleil – ray of sunlight
rayon de vêtements – clothes department

rayonnant – *adj* radiant, beaming

rayure – *nf* stripe, scratch
à rayures – striped

réaction – *nf* reaction

réagir – *v reg* to react

réaliser – *v reg* to fulfil, carry out, realise
se réaliser* – *v refl* to come true, be achieved

réalité – *nf* reality, fact

rebelle – *adj* rebellious

rebellion – *nf* rebellion

rebondir – *v reg* to spring to life, get moving again, bounce

rebord – *nm* edge
rebord de la fenêtre – windowsill

récemment – *adv* recently

récent – *adj* recent

réception – *nf* reception

réceptionniste – *nmf* receptionist

recette – *nf* recipe, formula, takings

recevez – *see recevoir* § receive

recevoir – *v irreg* § to receive
recevoir des amis – to have friends round

réchauffer – *v reg* to warm up again, reheat
se réchauffer* – *v refl* to get warm

réchauffement de la température – *nm* rise in temperature

recherche – *nf* search, research
recherches – *nfpl* enquiries, investigations

recherché – *adj* much sought after, in demand

rechercher – *v reg* to look for, research

réciproquement – *adv* vice versa

récit – *nm* story, account

réclamation – *nf* complaint

réclamer – *v reg* to ask for, claim

reçois – *see recevoir* § receive

reçoit – *see recevoir* § receives

---

prep - preposition *v reg* - verb regular *v refl* - verb reflexive § - see verb tables
pp - past participle *v irreg* - verb irregular † - see verb information * - takes être

reçoivent – *see recevoir* § receive

récolte – *nf* harvest

récolter – *v reg* to harvest

recommandé – *adj* recommended, registered

    lettre recommandée – *nf* registered letter

recommander – *v reg* to recommend

recommencer – *v reg* † to begin again

récompense – *nf* reward

    en récompense de – as reward for

reconnaissance – *nf* gratitude

reconnaissant – *adj* grateful

reconnaître – *v irreg* § to recognise

reconnu – *pp reconnaître* § accepted, recognised

recouvrir – *v irreg* § to cover, conceal

récréation – *nf* break

rectangulaire – *adj* rectangular

rectifier – *v reg* to put right, correct

reçu – *pp recevoir* § received

    être reçu – *v irreg* § to pass an exam

reculer – *v reg* to move back, reverse

récupérer – *v reg* † to pick up, collect, recover

rédaction – *nf* essay, editorial staff

redevance – *nf* tax, licence fee

rédiger – *v reg* † to write, compose

redoubler – *v reg* to increase, intensify

    redoubler une année – to repeat a year (at school)

redoutable – *adj* formidable, fearsome

redouter – *v reg* to dread

réduction – *nf* reduction

réduire – *v irreg* § to reduce

réduit – *adj* small scale, reduced

réel, réelle – *adj* real, significant

refaire – *v irreg* § to renew, redo

réfectoire – *nm* dining hall, canteen

réfléchi – *adj* well thought out

réfléchir – *v reg* to think, reflect

réflection – *nf* remark

reflet – *nm* reflection

réfrigérateur – *nm* fridge

refroidir – *v reg* to cool down

refugié(e) – *nmf* refugee

refus – *nm* refusal

refuser – *v reg* to refuse

regard – *nm* glance, look, expression

regarder – *v reg* to watch, to look at

régime – *nm* diet

    être au régime – *v irreg* § to be on a diet

région – *nf* region, area

règle – *nf* ruler, rule

    en règle – in order

    règles – *nfpl* period (menstrual)

règlement – *nm* regulation, settlement

régler – *v reg* † to settle, pay up

règne – *nm* reign, rule

régner – *v reg* † to rule, reign

regret – *nm* regret

regretter – *v reg* to regret

régularité – *nf* regularity, steadiness

régulier, régulière – *adj* regular, steady

rein – *nm* kidney (in body)

reine – *nf* queen

rejoindre – *v irreg* § to join

réjouir – *v reg* to delight

    se réjouir* – *v refl* to be delighted

relais – *nm* relay race

    relais routier – roadside restaurant

relatif, relative – *adj* relative, comparative

relier – *v reg* to join up, link, bind

religion – *nf* religion

religieux, religieuse – *adj* religious

    religieuse – *nf* cream choux bun

relire – *v irreg* § to re-read

reluire – *v irreg* § to shine, gleam

---

remarquer – *v reg* to notice
rembourser – *v reg* to refund, reimburse
remède – *nm* remedy
remédiable – *adj* curable
remerciement – *nm* thanks
remercier – *v reg* to thank
remettre – *v irreg* § to put back, restart
   se remettre* – *v refl* § to get better
remise – *nf* delivery, discount, reduction, shed
remords – *nm* remorse
remorque – *nf* trailer, tugboat
remorquer – *v reg* to tow
remplaçant(e) – *nmf* substitute, reserve
remplacement – *nm* replacement
remplacer – *v reg* † to replace
rempli – *adj* full
remplir – *v reg* to fill, fill in
   remplir une fiche/un formulaire – to fill in a form
remporter – *v reg* to take away again
remporter – *v reg* to win (prize, championship)
remuer – *v reg* to move
remunération – *nf* pay
renard – *nm* fox
rencontre – *nf* meeting
rencontrer – *v reg* to meet, bump into
rendez-vous – *nm* appointment
rendre – *v reg* to give back
   rendre visite à – to visit s.o.
   se rendre* – *v refl* to surrender
   se rendre* à – *v refl* to go to
   se rendre* compte – *v refl* to realise
renfermer – *v reg* to contain, hold, lock up
renforcer – *v reg* † to strengthen, reinforce

renommé – *adj* famous, renowned
renoncer à – *v reg* † to give up
renouveler – *v reg* † to renew
rénover – *v reg* to renovate
renseignement – *nm* information
renseigner – *v reg* to give information to
   se renseigner* – *v refl* to find out
rentrée – *nf* start of school year
rentrer* – *v reg* to come back
   rentrer* dans – to crash into
renverser – *v reg* to knock, turn over, spill
   se renverser* – *v refl* to overturn
renvoi – *nm* dismissal, expulsion
renvoyer – *v reg* † to dismiss, sack
répandu – *adj* widespead
réparateur – *nm* repair man, restorer
réparation – *nf* repair
réparer – *v reg* to repair
repartir* – *v irreg* § to set off again
repas – *nm* meal
   repas de midi – lunch
   aux heures de repas – at meal times
repasser – *v reg* to iron clothes, resit exam
repasser* – *v reg* to come/go again
répéter – *v reg* † to repeat
répétition – *nf* rehearsal
replier – *v reg* to fold
répliquer – *v reg* to reply
répondeur – *nm* answering machine
   répondeur téléphonique – *nm* (telephone) answering machine
répondre – *v reg* to reply, answer
réponse – *nf* answer
reportage – *nm* report, live commentary
se reposer* – *v refl* to rest
reprendre – *v irreg* § to take back
   reprendre haleine – to get one's breath back
représentant(e) – *nmf* representative

---

représentation – *nf* performance
représenter – *v reg* to show, represent
reproche – *nm* reproach, blame
reprocher – *v reg* to blame
RER – (Réseau express régional) *nm* Paris express metro system
réservation – *nf* reservation
réservé – *adj* reserved, booked
réserver – *v reg* to reserve
résidence – *nf* residence, residential flats
résister – *v reg* to resist, stand up to
résoudre – *v irreg* § to solve, decide on
respecter – *v reg* to respect
respirer – *v reg* to breathe (in)
responsabilité – *nf* responsibility
responsable – *nmf* organiser, leader
ressembler à – *v reg* to resemble, look like
ressentir – *v irreg* § to feel
restaurant – *nm* restaurant
   restaurant libre-service – self-service restaurant
reste – *nm* rest, remainder
   les restes – *nmpl* left-overs
   du reste – besides
rester* – *v reg* to stay
restituer – *v reg* to restore, give back
résultat – *nm* result
résumé – *nm* summary
rétablir – *v reg* to restore
   se rétablir* – *v refl* to get better
retard – *nm* delay
   en retard – late
retarder – *v reg* to delay, be slow (clock)
retenir – *v irreg* § to hold back
retenue – *nf* detention
   être en retenue – *v irreg* § to be in detention
retomber* – *v reg* to fall

retour – *nm* return
   bon retour! – have a safe journey home!
   de retour – back again, home
retourner – *v reg* (*with avoir*) to turn round, turn over
retourner* – *v reg* to return, go back
retraite – *nf* retreat
retraité(e) – *adj* retired
retrouver – *v reg* to find (again)
   se retrouver* – *v refl* to meet (again)
rétroviseur – *nm* driving mirror
réunion – *nf* meeting
réunir – *v reg* to gather, call together
   se réunir* – *v refl* to meet, get together
réussir – *v reg* to succeed
   réussir à un examen – to pass an exam
réussite – *nf* success
revanche – *nf* return match, revenge
   en revanche – on the other hand
rêve – *nm* dream
réveil – *nm* alarm clock
   radio-réveil – *nm* clock radio
se réveiller* – *v refl* to wake up
réveillon – *nm* Christmas Eve dinner, New Year's Eve party
révéler – *v reg* † to reveal
revenait – *see revenir** § was coming back
revendication – *nf* grievance, claim, demand
revenir* – *v irreg* § to come back
   je n'en reviens pas – I can't get over it
revenu – *pp revenir** § came back
revenu – *nm* income
rêver – *v reg* to dream
réverbère – *nm* street lamp
revient – *see revenir** § comes back

---

reviennent – *see revenir** § come back

revint – *see revenir** § came back

revoir – *v irreg* § to see again

  au revoir – goodbye

révolution – *nf* revolution

  Révolution française – French Revolution (1789)

revue – *nf* magazine

rez-de-chaussée – *nm* ground floor

  au rez-de-chaussée – on the ground floor

Rhin – *nm* Rhine

rhinocéros – *nm* rhinoceros

rhume – *nm* cold

  rhume des foins – hay fever

  attraper un rhume – *v reg* to catch cold

ri – *pp rire* § laughed

riait – *see rire* § was laughing

riant – *adj* cheerful

riche – *adj* rich

richesse – *nf* wealth

rideau – *nm* curtain

ridicule – *adj* ridiculous

rien – *pron* nothing

  de rien – you're welcome, don't mention it

  ne ... rien – nothing

  rien d'autre – nothing else

rigoler – *v reg coll* to have a good time

rigolo, rigolote – *adj coll* funny

rira – *see rire* § will laugh

rirait – would laugh

rire – *v irreg* § to laugh

risque – *nm* risk

risquer – *v reg* to risk, be likely to

  elle risque de se perdre – she is likely to get lost

rit – *see rire* § laughs, laughed

rivière – *nf* river

riz – *nm* rice

robe – *nf* dress

robe de chambre – *nf* dressing gown

robinet – *nm* tap

robot de cuisine – *nm* food processor

robuste – *adj* tough

rocade – *nf* by-pass road

rock – *nm* rock music

rôder – *v reg* to prowl

rognon – *nm* kidney (on menu)

roi – *nm* king

  le jour des Rois – Twelfth Night

rollers in line – *nmpl* in-line skates

roman – *nm* novel, story

  roman d'aventure – adventure story

  roman d'épouvante – horror story

  roman de science-fiction – science fiction novel

  roman d'espionnage – spy story

  roman policier – detective story

romancier, romancière – *nmf* novelist

rompre – *v irreg* § to break

rompu – *pp rompre* broken

rond – *adj* round

rondelle – *nf* slice (of salami)

rond-point – *nm* roundabout

  tournez à droite au rond-point – turn right at the roundabout

ronfler – *v reg* to snore

ronger – *v reg* † to gnaw

ronronner – *v reg* to purr

rosbif – *nm* roast beef, Englishman *sl*

rose – *adj* pink

rose – *nf* rose

rôti – *adj* roast(ed)

rôti – *nm* roast meat

roue – *nf* wheel

  roue arrière – back wheel

  roue avant – front wheel

roue de secours – spare wheel
rouge – *adj* red
rouge à lèvres – *nm* lipstick
rouge-gorge – *nm* robin
rougeole – *nf* measles
rouillé – *adj* rusty
rouler – *v reg* to drive, move
   rouler à 80 km/h – to drive at 50 mph
   rouler au pas – to drive at walking pace
roulotte – *nf* caravan
route – *nf* road
   route à quatre voies – dual carriageway
   route départementale (D) – secondary road
   route nationale (RN) – *nf* trunk road, major road
   bonne route! – have a good journey!
   en route – on the way

   sur la RN 137 – on the RN 137
routier – *nm* lorry driver
routier, routière – *adj* road
   gare routière – *nf* coach station
roux, rousse – *adj* red haired, auburn
Royaume-Uni – *nm* United Kingdom, UK
rude – *adj* rough
rue – *nf* road, street
rugby – *nm* rugby
   rugby à quinze – rugby union
   rugby à treize – rugby league
ruine – *nf* ruin
rural – *adj* country, rural
rusé – *adj* wily, sly
russe – *adj* Russian
Russe – *nmf* Russian person
Russie – *nf* Russia
rustique – *adj* rustic
rythme – *nm* rhythm

S

s' – *pron* himself, herself, oneself
sa (son, ses) – *poss adj* his, her, its
SA– (société anonyme) *nf* plc
sabbat – *nm* Sabbath
sable – *nm* sand
sablier – *nm* egg timer
sablonneux, sablonneuse – *adj* sandy
sabot – *nm* clog
sabre – *nm* sword
sac – *nm* bag
   sac à dos – rucksack
   sac à main – handbag
   sac à provisions – shopping bag
   sac banane – bum bag

   sac de couchage – sleeping bag
sacoche – *nf* postman's bag
sacré – *adj* blessed, confounded
sacrifié – *adj* sacrified
   prix sacrifiés – *nmpl* give-away prices, prices slashed
sacrifier – *v reg* to give up, sacrifice
safari – *nm* safari
safran – *nm* saffron
   riz au safran – *nm* saffron rice
sagace – *adj* shrewd
sagacité – *nf* shrewdness
sage – *adj* good, wise, well-behaved
sagement – *adj* sensibly

---

sagesse – *nf* good sense, wisdom
Sagittaire – *nm* Sagittarius
être (du) Sagittaire – *v irreg* § to be (a) Sagittarius
saignant – *adj* rare (steak)
saigner – *v reg* to bleed
elle saigne du nez – she has a nose bleed
sain – *adj* healthy
sain et sauf – safe and sound
sainement – *adj* healthily
manger sainement – to eat healthily
saint – *adj* holy
vendredi saint – Good Friday
la Saint Sylvestre – New Year's Eve
sais – *see savoir* § know how to, can
je sais nager – I can swim
saisir – *v reg* to seize, take hold of
saisir une occasion – to take an opportunity
saison – *nf* season
en cette saison – at this time of year
en haute saison – in high season
en toutes saisons – all year round
hors saison – low season
saisonnier, saisonnière – *adj* seasonal
sait – *see savoir* § knows how to, can
elle sait écrire – she knows how to, can write
il sait lire – he can read
salade – *nf* salad, lettuce
salade composée – mixed salad
salade de tomates – tomato salad
salade verte – green salad
salaire – *nm* pay, salary
salarié – *adj* wage-earning
sale – *adj* dirty
salé – *adj* salty
salir – *v reg* to make dirty
salle – *nf* room, hall
salle à manger – dining room

salle d'attente – waiting room
salle de bains – bathroom
salle de classe – classroom
salle de conférence – lecture room
salle de consultation – surgery
salle de jeux – games room
salle de musique – music room
salle de séjour – living-room
salle des professeurs – staff room
salle polyvalente – multi-purpose room
salon – *nm* lounge, sitting room
salubre – *adj* healthy
saluer – *v reg* to greet
salut – *nm* greeting, safety, salvation
Salut! – Hi! Hello!
samedi – *nm* Saturday
à samedi – see you on Saturday
SAMU – (service d'assistance médical d'urgence) *nm* mobile medical emergency unit
sandale – *nf* sandal
sandwich – *nm* sandwich
sandwich au fromage – cheese sandwich
sandwich au jambon – ham sandwich
sang – *nm* blood
sanglot – *nm* sob
sanitaire – *adj* health, sanitary
bloc sanitaire – *nm* toilet block
sanitaires – *nmpl* toilet, bathroom
sans – *prep* without
non sans peine – not without difficulty
sans abri – homeless
sans doute – without doubt
sans interruption – without a break
sans le sou – penniless
sans plomb – lead-free
santé – *nf* health
à ta, votre santé – Cheers!

être en bonne santé – *v irreg* §
to be in good health
être en mauvaise santé – *v irreg*
§ to be in poor health
sapeur-pompier – *nm* fireman
sapin – *nm* fir tree
  sapin de Noël – Christmas tree
sardine – *nf* sardine
satellite – *nm* satellite
  satellite de
  télécommunications –
  telecommunications satellite
  satellite espion – spy satellite
satisfaire – *v irreg* § to satisfy
satisfait – *adj* happy with, satisfied
sauce – *nf* sauce, gravy
  sauce vinaigrette – French salad
  dressing
saucisse – *nf* sausage
  saucisse de Francfort – frankfurter
saucisson (sec) – *nm* slicing sausage
sauf – *prep* except, except for, unless
sauf, sauve – *adj* unhurt, unharmed
  sain et sauf – safe and sound
saule – *nm* willow tree
saumon – *nm* salmon
saura – *see savoir* § will know
saurait – would know
saut – *nm* leap, jump
  saut à la perche – pole vault
  saut en hauteur – high jump
sauter – *v reg* to jump, leap
sauterelle – *nf* grasshopper
sauvage – *adj* wild
sauver – *v reg* to save
  se sauver* – *v refl* to run away
sauvetage – *nm* rescue
  canot de sauvetage – *nm* lifeboat
savait – *see savoir* § used to know
savant – *adj* learned, clever, skilful
savent – *see savoir* § know, can
savez – *see savoir* § know, can

savoir – *v irreg* § to know
  je sais ce que je dis – I know
  what I am saying
  je sais la réponse – I know the
  answer
  je sais lire – I can read
  je sais quoi faire – I know what to
  do
  on ne sait jamais! – you never
  know!
  savez-vous si ... ? – do you know
  whether, if ... ?
savon – *nm* soap
savons – *see savoir* § know
savoureux – *adj* tasty
scène – *nf* stage
  être en scène – *v irreg* § to be on
  stage
  mettre en scène – *v irreg* § to
  stage
schéma – *nm* diagram, sketch
scie – *nf* saw
science – *nf* science
  science économique – economics
  sciences naturelles – *nfpl*
  biology, natural sciences
  sciences physiques – *nfpl*
  physical sciences
science-fiction – *nf* science fiction
  film de science-fiction – *nm*
  sci-fi film
  livre de science-fiction – *nm*
  sci-fi story
scientifique – *adj* scientific
scolaire – *adj* school
  année scolaire – *nf* school year
  établissement scolaire – *nm*
  school
scolarisation – *nf* schooling
scolarité – *nf* schooling
  scolarité obligatoire –
  compulsory schooling
scooter – *nm* scooter

---

nm - noun masculine   *nmpl* - noun masculine plural   *adj* - adjective   *conj* - conjunction
nf - noun feminine   *nfpl* - noun feminine plural   *adv* - adverb   *pron* - pronoun

Scorpion – *nm* Scorpio
  être (du) Scorpion – *v irreg* § to be (a) Scorpio
scotch® – *nm* sticky tape, whisky
se, s' – *pron* himself, herself, oneself
séance – *nf* (film) showing, session
seau – *nm* bucket
sec, sèche – *adj* dry
sèche-cheveux – *nm* hair dryer
sèche-linge – *nm* tumble dryer
sécher – *v reg* † to dry
  se sécher* les cheveux – *v refl* † to dry one's hair
sécheresse – *nf* drought
second, seconde – *adj* second
  être en seconde – *v irreg* § to be in Year 11
secondaire – *adj* secondary
secouer – *v reg* to shake
secours – *nm* help, assistance
  au secours! – help!
  premiers secours – *nmpl* first aid
  secours d'urgence – emergency aid
secousse – *nf* bump, jolt, tremor
secret, secrète – *adj* secret
secrétaire – *nmf* secretary
secteur – *nm* district, area, sector
  secteur privé – private sector
  secteur public – public sector
  secteur sauvegardé – conservation area
sécurisant – *adj* reassuring
sécurité – *nf* security
  se sentir* en sécurité – *v refl* § to feel safe
séduisant – *adj* attractive
sein – *nm* heart, middle, breast
seize – *adj* sixteen
seizième – *adj* sixteenth
séjour – *nm* stay, living room
  salle de séjour – *nf* living room

séjourner – *v reg* to stay
sel – *nm* salt
  sel fin – table salt
  sel marin – sea salt
  sels de bain – *nmpl* bath salts
selection – *nf* selection
selectionner – *v reg* to select, pick (team)
self – *nm* self-service restaurant
selle – *nf* saddle
selon – *prep* according to
semaine – *nf* week
  semaine dernière – last week
  semaine des quatre jeudis – a month of Sundays
  dans deux semaines – in two weeks' time
  en semaine – during the week
  la semaine prochaine – next week
semblable – *adj* alike, similar
semblant – *nm* appearance, semblance
  faire semblant de – *v irreg* § to pretend to
sembler – *v reg* to seem
il semble – *v impers* it seems
  il me semble que ... – it seems to me that ..., I think that ...
semelle – *nf* sole (shoe)
semer – *v reg* † to sow seed
sens – *nm* sense, meaning, direction
  sens de l'humour – sense of humour
  sens du rythme – sense of rhythm
  sens interdit – no entry
  sens unique – one way street
  en sens contraire – in the opposite direction
  en sens inverse – in the opposite direction
sensass – *adj sl* great, sensational
sensation – *nf* feeling, impression

sensationnel, sensationnelle – *adj* marvellous

sensé – *adj* sensible

sensible – *adj* sensitive

sentier – *nm* path

sentiment – *nm* feeling

sentir – *v irreg* § to smell, be aware of, feel

se sentir* – *v refl* § to feel, to be felt
  se sentir* bien – to feel well
  se sentir* mal – to feel ill

séparation – *nf* separation, parting

séparé – *adj* separated

séparément – *adv* separately

séparer – *v reg* to split, divide, pull off
  se séparer* de – *v refl* to part with, separate from

sept – *adj* seven

septembre – *nm* September

septième – *adj* seventh

série – *nf* set, class, series

sérieux, sérieuse – *adj* serious

serpent – *nm* snake

serpenter – *v reg* to wind (road)

sera – *see être* § will be

serait – would be

serre – *nf* greenhouse

serré – *adj* congested

serrer – *v reg* to squeeze, grip
  serrer la main à – to shake s.o. by the hand
  se serrer* la ceinture – *v refl* to tighten one's belt
  se serrer* la main – *v refl* to shake hands
  serrez à droite – keep to the right

serrure – *nf* lock

serveur – *nm* barman, waiter

serveuse – *nf* barmaid, waitress

service – *nm* duty, service

service d'assistance médical d'urgence – (SAMU) mobile medical emergency unit

service de garde – emergency services

service 15% (non) compris – 15% service (not) included

services sociaux – *nmpl* social services

premier service – first sitting

être de service – *v irreg* § to be on duty

serviette – *nf* serviette
  serviette de bain – towel
  serviette hygiénique – sanitary towel

servir – *v irreg* § to serve
  se servir* – *v refl* § to serve oneself
  se servir* de – *v refl* § to use

ses (son, sa) – *poss adj* his, her, its

seuil – *nm* threshold

seul, seule – *adj* alone, single, solitary

seulement – *adv* only

sévère – *adj* strict

shampooing – *nm* shampoo

short – *nm* pair of shorts

si – *conj* if
  s'il te plaît – please
  s'il vous plaît – please

si – *adv* yes
  mais si! – yes I am! oh yes, it is!

SIDA – (Syndrome Immuno-Déficitaire Acquis) *nm* AIDS

siècle – *nm* century
  au vingtième siècle – in the 20th century

siège – *nm* seat, head office

le sien, la sienne, les siens, les siennes – *pron* his, hers, its
  les siens – his, her family

siffler – *v reg* to whistle

sifflet – *nm* whistle

---

nm - noun masculine	*nmpl* - noun masculine plural
nf - noun feminine	*nfpl* - noun feminine plural

adj - adjective	*conj* - conjunction
adv - adverb	*pron* - pronoun

sigle – *nm* set of initials, acronym
signal – *nm* sign, signal
  signal de détresse – distress signal
signaler – *v reg* to indicate
signature – *nf* signature
signe – *nm* sign
  signe du zodiaque – sign of the zodiac
signer – *v reg* to sign
silence – *nm* silence
silencieusement – *adv* silently
silencieux, silencieuse – *adj* silent
silhouette – *nf* outline, silhouette
simple – *adj* simple, single
  billet simple – *nm* single ticket
simplement – *adv* simply
simplifier – *v reg* to simplify
sincère – *adj* sincere
sincèrement – *adv* sincerely
singe – *nm* monkey
singulier, singulière – *adj* remarkable
  au singulier – in the singular
sinon – *conj* except, other than, otherwise
sirop – *nm* syrup, squash
  sirop contre la toux – cough medicine
site – *nm* place of interest
sitôt – *adv* as soon as
situation – *nf* position, location, situation
situé à – *adj* situated (in, at)
situer – *v reg* to situate, locate
  se situer* – *v refl* to place o.s.
six – *adj* six
sixième – *adj* sixth
  être en sixième – *v irreg* § to be in year 7
ski – *nm* skiing, ski
  ski de fond – cross country skiing
  ski nautique – water skiing

faire du ski – *v irreg* § to go skiing
slip – *nm* underpants, pants, knickers
SMIC – (salaire minimum interprofessional de croissance) *nm* index-linked minimum wage
smicard(e) – *nmf* person earning minimum wage
SNCF – (Société nationale des chemins de fer français) French railways
snob – *adj* snobbish
sociable – *adj* sociable
social – *adj* social
  services sociaux – social services
société – *nf* company, society
sœur – *nf* sister
soi – *pron* oneself
  soi-disant – so-called
  soi-même – oneself
soie – *nf* silk
soif – *nf* thirst
  avoir soif – *v irreg* § to be thirsty
soigné – *adj* well cared for, well-groomed
soigner – *v reg* to care for
soigneusement – *adj* carefully
soin – *nm* care, tidiness
soins – *nmpl* care, treatment
  premiers soins – first aid
soir – *nm* evening
  à ce soir – see you this evening
  chaque soir – each, every evening
  du soir – p.m. (after 5 p.m.)
  hier soir – last night, yesterday evening
  repas du soir – *nm* evening meal
  tous les soirs – every evening
soirée – *nf* evening, party
sois – *see être* § be!
  sois sage – be good, behave yourself
soit – *adv* very well, so be it
soit ... soit – *conj* either ... or ...

---

soit l'un soit l'autre – either one or the other

soixantaine – *nf* about sixty

  il a la soixantaine – he is in his sixties

soixante – *adj* sixty

  les années soixante – *nfpl* the sixties

soixante-dix – *adj* seventy

soixante et onze – *adj* seventy one

soixante et un – *adj* sixty one

soja – *nm* soya

sol – *nm* ground, soil

soldat – *nm* soldier

solde – *nm* (bank) balance

  en solde – in the sales

  soldes – *nmpl* the sales

solder – *v reg* to sell at sale price

sole – *nf* sole (fish)

soleil – *nm* sun

  coucher du soleil – *nm* sunset

  lever du soleil – *nm* sunrise

  rayon de soleil – *nm* ray of sunlight

solennel, solennelle – *adj* solemn

solide – *adj* sturdy, tough, solid

solitaire – *adj* lone, lonely

solliciter – *v reg* to appeal, seek

sollicitude – *nf* concern

solution – *nf* solution

sombre – *adj* dark

sommaire – *nm* summary

sommeil – *nm* sleep

  avoir sommeil – *v irreg* § to be sleepy

sommes – *see* être § are

sommet – *nm* summit, top

son (sa, ses) – *poss adj* his, her, its

son – *nm* sound

sondage – *nm* survey, opinion poll

songer – *v reg* † to think, dream

sonner – *v reg* to ring

sonnerie – *nf* bell

sonnette – *nf* bell

sonore – *adj* ringing, resonant

sont – *see* être § are

sort – *see* sortir* § goes, comes out

sort – *nm* fate

sortable – *adj* presentable

sorte – *nf* type, sort, kind

  une sorte de – a kind of

sortie – *nf* way out, exit, outing

  sortie de secours – emergency exit

  sortie d'usine – factory gate

sortir* – *v irreg* § to come, go out

  s'en sortir* – *v refl* § to get out of a mess

sot, sotte – *adj* foolish, stupid

sottise – *nf* stupid remark, silly action

  dire des sottises – *v irreg* § to make stupid remarks

  faire une sottise – *v irreg* § to do something stupid

sou – *nm* small coin, penny

  des sous – *nmpl* cash

  je n'ai pas le sou – I'm broke

  sans le sou – penniless

souci – *nm* care, worry

se soucier* de – *v refl* to care about

soucoupe – *nf* saucer

soudain – *adj* sudden

soudain – *adv* suddenly

souffle – *nm* breath, breathing, puff of wind

souffler – *v reg* to blow

souffrant – *adj* unwell

souffrir – *v irreg* § to suffer

souhait – *nm* wish

  à souhait – to perfection

  à tes souhaits! – bless you!

souhaiter – *v reg* to wish

soulager – *v reg* † to soothe, relieve pain

soulever – *v reg* † to lift up, raise

---

nm - noun masculine   *nmpl* - noun masculine plural   *adj* - adjective   *conj* - conjunction
nf - noun feminine   *nfpl* - noun feminine plural   *adv* - adverb   *pron* - pronoun

soulier – *nm* shoe
souligner – *v reg* to underline
soumettre – *v irreg* § to submit to
soumis – *adj* submissive
soupçon – *nm* suspicion
soupçonner – *v reg* to suspect
soupe – *nf* soup
souper – *nm* supper
soupir – *nm* sigh
pousser un soupir – *v reg* to sigh
soupirer – *v reg* to sigh
souple – *adj* athletic, supple
source – *nf* spring, source
sourcil – *nm* eyebrow
sourd – *adj* deaf
sourd-muet – deaf and dumb
sourire – *nm* smile
sourire – *v irreg* § to smile
souris – *nf* mouse
sous – *prep* under
sous-développé – under-developed
sous la pluie – in the rain
sous-marin – underwater
sous terre – underground
sous-sol – *nm* basement
sous-titré – *adj* subtitled
sous-titres – *nmpl* subtitles
soutenir – *v irreg* § to support, hold up
je soutiens Liverpool – I support Liverpool
souterrain – *adj* underground, subway
soutien – *nm* support
soutien-gorge – *nm* bra
souvenir – *nm* memory, souvenir
se souvenir* de – *v refl* § to remember
souvent – *adv* often
soyez – *see être* be
soyez sage – be good, behave yourselves

SPA – (Société protectrice des animaux) *nf* animal protection organisation
spacieux, spacieuse – *adj* spacious
spaghetti – *nm* spaghetti
sparadrap – *nm* plaster, elastoplast®
spécial – *adj* special
spécialiste – *nmf* specialist
spécialité – *nf* speciality
spécialités locales – *nfpl* local specialities
spécifier – *v reg* to specify
spectacle – *nm* entertainment, show, sight
spectaculaire – *adj* spectacular
spectateur – *nm* spectator
spectatrice – *nf* spectator
spéléologie – *nf* pot-holing
sport – *nm* sport
sports d'équipe – *nmpl* team sports
sports d'hiver – *nmpl* winter sports
sportif, sportive – *adj* athletic, keen on sports
stade – *nm* stadium
stage – *nm* course, training
stagiaire – *nmf* trainee
standard – *nm* switchboard (phone)
standardiste – *nmf* switchboard operator
station – *nf* resort, station
station balnéaire – seaside resort
station de métro – underground station
station de taxis – taxi rank
station-service – petrol station
stationnement – *nm* parking
stationnement interdit – no parking
stationner – *v reg* to park, be parked
steak – *nm* steak
steak haché – mince

---

stopper – *v reg* to stop, mend (garment)

store – *nm* roller blind

stressé – *adj* stressed out

stresser – *v reg* to cause stress

strict – *adj* strict

studieux, studieuse – *adj* studious

studio – *nm* bed sit

stupéfait – *adj* stunned, dumbfounded

stupéfiant – *nm* drug, narcotic

stupide – *adj* stupid

style – *nm* style
  style de vie – life style

styliste – *nmf* designer

stylo – *nm* pen
  stylo à bille – ball-point pen
  stylo à cartouche – cartridge pen
  stylo à encre – fountain pen

su – *pp savoir* § known

subir – *v reg* to undergo, be subject to

subit – *adj* sudden

submergé – *adj* flooded

subsister – *v reg* to survive

subvention – *nf* subsidy

subventionner – *v reg* to subsidise
  école subventionnée – *nf* grant aided school

succès – *nm* success

succéder – *v reg* † to follow, succeed
  se succéder * – *v refl* † to follow one another

sucer – *v reg* † to suck

sucette – *nf* lollipop

sucre – *nm* sugar

sucré – *adj* sweet

sucrier – *nm* sugar bowl

sud – *nm* south
  vent du sud – *nm* south wind
  sud-est – *nm* south-east
  sud-ouest – *nm* south-west

Suède – *nf* Sweden

suédois – *adj* Swedish

Suédois(e) – *nmf* Swedish person

suffire – *v irreg* § to be sufficient

suffisamment – *adv* sufficiently

suffisant – *adj* sufficient

suggérer – *v reg* † to suggest

suis[(1)] – *see être* § am

suis[(2)] – *see suivre* § follow

suisse – *adj* Swiss

Suisse – *nf* Switzerland

Suisse – *nmf* Swiss person

suite – *nf* series, outcome, continuation
  par suite de – as a result of

suivant – *adj* next, following

suivi – *adj* well-attended
  suivi de – followed by

suivre – *v irreg* § to follow
  se suivre* – *v refl* § to be in the right order

sujet – *nm* subject, topic
  au sujet de – about

super – *adj* terrific, great

super – *nm* 4-star leaded petrol
  super sans plomb – super unleaded petrol

superbe – *adj* glorious, magnificent

supérieur – *adj* upper, superior
  à l'étage supérieur – on the floor above

supermarché – *nm* supermarket

supplément – *nm* extra charge
  en supplément – extra

supplémentaire – *adj* additional, further

support – *nm* support, stand

supporter – *v reg* to hold up, bear, support

supposer – *v reg* to assume, suppose

supprimer – *v reg* to delete, remove, ban

sur – *prep* on, upon, by
  donner sur – *v reg* to look out on to
  neuf sur dix – nine out of ten

---

sûr – *adj* certain, sure, safe
surdose – *nf* overdose
  prendre une surdose – *v irreg* §
  to take an overdose
sur-le-champ – *adv* straightaway
sur le point de – on the point of,
about to
sûreté – *nf* safety
Sûreté – *nf* French Criminal
Investigation Dept
surf – *nm* surfing
surface – *nf* surface, area
  grande surface – hypermarket
surfer sur le Net – *v reg* to surf the
Net
surgelé – *adj* deep frozen
  aliments surgelés – *nmpl* frozen
foods
surlendemain – *nm* two days later
surmonter – *v reg* to overcome
surnommer – *v reg* to nickname
surprenant – *adj* surprising
surprendre – *v irreg* § to surprise,
discover, catch out
surpris – *adj* surprised, amazed
surprise – *nf* surprise
surprise-partie – *nf* party
sursaut – *nm* jump, start

se réveiller* en sursaut – *v refl*
to wake up with a start
sursauter – *v reg* to jump, start
surtout – *adv* above all, especially
surveillant(e) – *nmf* school
supervisor
surveiller – *v reg* to supervise, keep
an eye on
survenir – *v irreg* § to take place
survêtement – *nm* tracksuit
survivre – *v* irreg § to survive
en sus – *adv* in addition
suspendre – *v reg* to hang
suspendu – *adj* hanging
sut – *see savoir* § knew
svelte – *adj* slim, slender
SVP (s'il vous plaît) – *adv* please
sweat-shirt – *nm* sweatshirt
symbole – *nm* symbol
sympa – *adj inv sl* nice
sympathie – *nf* liking, friendship,
warmth
sympathique – *adj* nice, pleasant
synagogue – *nf* synagogue
syndicat – *nm* union, association
syndicat d'initiative – *nm* tourist
information office
système – *nm* system
  système de vie – way of life

T

ta (ton, tes) – *poss adj* your
tabac – *nm* tobacconist
table – *nf* table
  à table! – the meal is ready
  table basse – coffee table
  table de chevet – bedside table
  table des matières – contents
  quitter la table – *v reg* to leave the
table

se mettre* à table – *v refl* § to sit
down at the table
tableau – *nm* picture, scene, board
  tableau d'affichage – notice
board
  tableau des départs– departure
board
  tableau noir – blackboard
tablette – *nf* bar (of chocolate)

---

tablier – *nm* apron
tache – *nf* stain
  tache d'encre – blot, ink stain
tâche – *nf* task
tacher – *v reg* to stain
tâcher de – *v reg* to try to
taie d'oreiller – *nf* pillowcase
taille – *nf* size (clothes)
taille – *nf* size, height, waist
  avoir une grande taille – *v irreg*
  § to be large
  de petite taille – small
  la taille 38 – size 38 (clothes size,
  English 10)
taille-crayon – *nm inv* pencil
sharpener
tailler – *v reg* to cut, prune
tailleur – *nm* lady's suit, tailor
se taire* – *v irreg* § to be silent
  tais-toi! – be quiet!
  taisez-vous! – be quiet!
talon – *nm* heel
tambour – *nm* drum
Tamise – *nf* Thames
tandis que – *conj* whereas, while
tant – *adv* so much, so many
  tant de – so much, so many
  tant mieux – so much the better,
  that's fine
  tant pis – never mind, tough!
  tant que – as much as
tante – *nf* aunt
tantôt ... tantôt – *adv*
sometimes ... sometimes
tapage – *nm* din, row
tapageur, tapageuse – *adj* rowdy
taper – *v reg* to hit
  taper à la machine – to type
tapis – *nm* carpet
  tapis à bagages – luggage
  carousel
  tapis roulant – conveyor belt
tapissé de – *adj* lined, covered with

tapisser – *v reg* to wallpaper
taquiner – *v reg* to tease
tard – *adv* late
  il est tard – it is late
  plus tard – later
tarder – *v reg* to delay
tardif, tardive – *adj* late, tardy
tardivement – *adv* belatedly
tarif – *nm* price list
tarte – *nf* tart, flan
  tarte à la framboise – raspberry
  tart
  tarte aux pommes – apple tart
  tarte maison – home-made tart,
  pie
tartine – *nf* piece of bread and butter
tartiner – *v reg* to spread (with butter,
jam, etc)
tas – *nm* heap, pile
tasse – *nf* cup
  tasse à thé – tea cup
  tasse de thé – cup of tea
taupe – *nf* mole
taureau – *nm* bull
  Taureau – Taurus
  être (du) Taureau – *v irreg* §
  to be (a) Taurus
taux de change – *nm* rate of exchange
taxe – *nf* tax
  TVA – (taxe à la valeur ajoutée) VAT
taxi – *nm* taxi
te – *pron* you, to you, yourself
technicien, technicienne – *nmf*
technician
technologie – *nf* technology
tee-shirt – *nm* T-shirt
teinture – *nf* colour, dye
teinturerie – *nf* dry cleaner's
tel, telle – *adj* such a, so
télécarte – *nf* phone card
télégramme – *nm* telegram
téléjournal – *nm* TV news
téléphérique – *nm* ski lift

---

nm - noun masculine   *nmpl* - noun masculine plural   *adj* - adjective   *conj* - conjunction
nf - noun feminine   *nfpl* - noun feminine plural   *adv* - adverb   *pron* - pronoun

téléphone – *nm* telephone
téléphoner – *v reg* to phone
téléspectateur, téléspectatrice –
  nmf viewer
téléviseur – *nm* television set
télévision – *nf* television
  télévision cablée – cable TV
tellement – *adv* so
témoignage – *nm* evidence, personal
  account
témoin – *nm* witness
température – *nf* temperature
tempête – *nf* storm, high wind
temps – *nm* time, weather
  à mi-temps – part-time
  à temps – on time
  à temps partiel – part-time
  de temps en temps – from time to
  time
  il faisait un temps superbe – the
  weather was wonderful
  par mauvais temps – in bad weather
  temps libre – free time
tendre – *v reg* to hold out
tendre – *adj* tender
tendresse – *nf* tenderness
tendu – *adj* stretched out, straight
tenir – *v irreg* § to hold
  se tenir* – *v refl* § to stand
tennis – *nm* tennis
  tennis – *nfpl* a pair of trainers
  partie de tennis – *nf* a game of tennis
tentative – *nf* attempt
tente – *nf* tent
tenter – *v reg* to try, tempt
tenu – *pp tenir* § held
tenue – *nf* outfit
terminal – *adj* last, terminal
  en terminale – in year 13
terminer – *v reg* to finish, complete
  ça, c'est bien terminé! – that
  turned out well!
  se terminer* – *v refl* to end, finish

terne – *adj* colourless, lifeless, drab
terrain – *nm* ground, pitch, court
  terrain à bâtir – building plot
  terrain de camping – campsite
  terrain de sport – sports ground
terrasse – *nf* terrace, patio
  terrasse de café – café terrace
terre – *nf* land, earth
  la planète Terre – planet Earth
  jeter par terre – *v reg* † to throw
  something on the ground
terreur – *nf* terror
terrible – *adj* terrible, awful, fantastic
terrifier – *v reg* to terrify
terrine – *nf* pâté, dish
territoire – *nm* territory
terroriser – *v reg* to terrorise
terrorisme – *nm* terrorism
terroriste – *nmf* terrorist
tes (ton, ta) – *poss adj* your
tête – *nf* head, face
  avoir une tête frisée – *v irreg* §
  to have curly hair
  être tête nue – *v irreg* § to be bare-
  headed
  faire une drôle de tête – *v irreg*
  § to pull a face
têtu – *adj* obstinate
texto – *nm* text message, SMS
TF1 – (télévision française 1) *nf*
  French TV channel
TGV – (train à grande vitesse) *nm*
  high speed train
thé – *nm* tea
  thé au citron – lemon tea
  thé au lait – tea with milk
  thé nature – tea without milk
théâtre – *nm* theatre
  théâtre de marionnettes –
  puppet theatre
  faire du théâtre – *v irreg* § to act
  (on stage)
théière – *nf* teapot

thème – *nm* translation into a foreign language

thermomètre – *nm* thermometer

thon – *nm* tuna fish

ticket – *nm* ticket

  ticket de consigne – left luggage ticket

  ticket de métro – underground ticket

  ticket de quai – platform ticket

tiède – *adj* lukewarm, mild

le tien, la tienne, les tiens, les tiennes – *pron* yours, your own

  les tiens – your family

tiendra – *see tenir* § will hold

tiendrait –would hold

tiennent – *see tenir* § hold

tiens! – goodness!

tient – *see tenir* § holds

tiers – *adj* third, one third (fraction)

  le Tiers Monde – the Third World

tigre – *nm* tiger

timbales – *nfpl* timpani, drums

timbre – *nm* stamp, tone of voice

  timbre à ... euros – stamp costing ... euros

  timbre-poste – postage stamp

timide – *adj* shy

tir – *nm* shooting

  tir à l'arc – archery

tirage – *nm* (lottery) draw, printing

tire-bouchon – *nm* corkscrew

tirer – *v reg* to pull, draw

  se tirer* – *v refl* to get out of

tiret – *nm* dash (punctuation) (-)

tiroir – *nm* drawer

tisane – *nf* herbal tea

tissage – *nm* weaving

tisser – *v reg* to weave

tissu – *nm* fabric, cloth

titre – *nm* title

toast – *nm* slice of toast

toboggan – *nm* toboggan, sledge

toi – *pron* you

  toi-même – yourself

toile – *nf* cloth, canvas

  toile d'araignée – spider's web

toilette – *nf* toilet

  toilette de mariée – wedding dress

  faire sa toilette – *v irreg* § to get ready

toilettes – *nfpl* toilets

toit – *nm* roof

  toit d'ardoise – slate roof

  toit de chaume – thatched roof

tolérer – *v reg* † to allow, tolerate

TOM – (territoires d'outre-mer) *nmpl* French overseas territories

tomate – *nf* tomato

  tomates farcies – *nfpl* stuffed tomatoes

tombeau – *nm* tomb

tomber* – *v reg* to fall

  tomber* en panne – to break down

  tomber* malade – to fall ill

ton (ta, tes) – *poss adj* your

ton – *nm* tone

tonalité – *nf* tone, sound (on phone)

tondre – *v reg* to clip, shear

  tondre la pelouse – to mow the lawn

tondu – *adj* short (hair), clipped

tongs – *nfpl* flip-flops

tonne – *nf* ton

tonneau – *nm* barrel

tonner – *v reg* to thunder

tonnerre – *nm* thunder

torchon – *nm* tea towel

tordre – *v reg* to twist

  se tordre* la cheville – *v refl* to twist an ankle

tort – *nm* fault

  avoir tort – *v irreg* § to be wrong

---

nm - noun masculine   *nmpl* - noun masculine plural   *adj* - adjective   *conj* - conjunction
nf - noun feminine   *nfpl* - noun feminine plural   *adv* - adverb   *pron* - pronoun

donner tort à – *v reg* to blame

tortue – *nf* tortoise

tortueux, tortueuse – *adj* twisting

tôt – *adv* early
  plus tôt – earlier
  se coucher* tôt – *v refl* to go to bed early

total – *nm* total
  faire le total – *v irreg* § to add up

totalement – *adv* totally

totalité – *nf* the whole, all of

touchant – *prep* concerning

touche – *nf* key (on keyboard)

toucher – *v reg* to touch, get money
  prière de ne pas toucher – please do not touch
  toucher ... euros par mois – to get ... euros per month
  toucher un chèque – to cash a cheque
  toucher un mandat – to cash a postal order

toujours – *adv* always, still

toupie – *nf* spinning top

tour – *nf* tower
  tour d'habitation – tower block
  Tour Eiffel – Eiffel Tower

tour – *nm* turn, tour
  Tour de France – Tour de France
  tour de taille – waist measurement
  à tour de rôle – in turn
  faire le tour du monde – *v irreg* § to go round the world
  faire un tour en ville – *v irreg* § to go round town
  jouer un tour à – *v reg* to play a trick on

tourisme – *nm* tourism

touriste – *nmf* tourist

tournant – *nm* bend, turning point

tourner – *v reg* to turn
  tourner un film – to make a film

tournesol – *nm* sunflower

tournevis – *nm* screwdriver

tournoi – *nm* tournament
  tournoi des cinq nations – Five Nations Championship (rugby)

tournoyer – *v reg* † to whirl round

Toussaint – *nf* All Saints' Day (November 1st)

tousser – *v reg* to cough

tout, toute, tous, toutes – *adj, pron* all
  tout le monde – everyone
  tout le temps – all the time
  tout neuf – brand new
  tout seul – alone
  toute la journée – all day
  toute l'année – all year round
  toute la nuit – all night
  tous les deux – both
  tous les jours – every day
  tous les 36 du mois – once in a blue moon
  dans tous les sens – in all directions
  toutes directions – all routes
  toutes les deux – both
  toutes les deux heures – every two hours
  toutes sortes de – all sorts of
  à tout à l'heure – see you later
  à toute vitesse – at top speed
  à toute heure – at any time
  tout à coup – suddenly
  tout à fait – quite, totally, completely
  tout à l'heure – shortly, recently
  tout de même – all the same
  tout de suite – at once
  tout droit – straight on
  tout en chantant – while singing
  tout près – very close
  tout va bien – all is well
  parler tout bas – *v reg* to speak in an undertone, quietly

toutefois – *adv* however

toux – *nf* cough

trac – *nm sl* nerves, stage fright

---

prep - preposition   *v reg* - verb regular   *v refl* - verb reflexive   § - see verb tables
pp - past participle   *v irreg* - verb irregular   † - see verb information   * - takes être

tracasser – *v reg* to harass, bother
tracer – *v reg* † to draw, trace
tracteur – *nm* tractor
tradition – *nf* tradition
traditionnel, traditionnelle – *adj* traditional
traduction – *nf* translation
traduire – *v irreg* § to translate
trafic – *nm* traffic, trafficking
  trafic aérien – air traffic
tragique – *adj* tragic
trahir – *v reg* to betray
trahison – *nf* betrayal, treachery
train – *nm* train
  train à grande vitesse (TGV) – high speed train
  être en train de – *v irreg* § to be in the process of
traîner – *v reg* to pull, drag, lie around
  laisser traîner – *v reg* to leave ... lying around
trait d'union – *nm* hyphen (-)
traitement – *nm* treatment
  traitement de texte – word processing
traiter – *v reg* to treat
traître, traîtresse – *adj* treacherous
trajet – *nm* journey
trampoline – *nm* trampoline
  faire du trampoline – *v irreg* § to trampoline
tramway – *nm* tramway, tram
tranche – *nf* slice
trancher – *v reg* to slice
tranquille – *adj* peaceful, calm
tranquillement – *adv* peacefully, quietly
transférer – *v reg* † to transfer
transformer (en) – *v reg* to change (to), transform
transistor – *nm* transistor
transmettre – *v irreg* § to pass on, transmit

transmission – *nf* broadcast
transpirer – *v reg* to sweat
transport – *nm* transport
transports en commun – *nmpl* public transport
trapu – *adj* stocky
travail – *nm* work
travailler – *v reg* to work
travaux – *nmpl* roadworks, work in progress
  travaux d'aménagement – alterations
  travaux pratiques – lab work, practical work
travers – shortcoming, fault
  à travers – through
traversée – *nf* crossing
traverser – *v reg* to cross
traversin – *nm* bolster
trébucher – *v reg* to stumble
trèfle – *nm* clover, shamrock, clubs (cards)
treize – *adj* thirteen
treizième – *adj* thirteenth
tremblant – *adj* trembling, shaky
tremblement – *nm* shiver
  tremblement de terre – earthquake
trembler – *v reg* to shake, shiver
trempé – *adj* soaked
  trempé jusqu'aux os – wet through
tremper – *v reg* to dip, soak, drench
  se tremper* – *v refl* to have a quick dip
tremplin – *nm* diving board, springboard
trentaine – *nf* about thirty
trente – *adj* thirty
trentième – *adj* thirtieth
très – *adv* very
trésor – *nm* treasure
triangle – *nm* triangle
triangulaire – *adj* triangular
tri – *nm* selection, sorting out

---

nm - noun masculine   *nmpl* - noun masculine plural   *adj* - adjective   *conj* - conjunction
nf - noun feminine   *nfpl* - noun feminine plural   *adv* - adverb   *pron* - pronoun

faire le tri – *v irreg* § to sort out, select
tribunal – *nm* court
tricher – *v reg* to cheat
tricot – *nm* knitting, jumper
tricoter – *v reg* to knit
trier – *v reg* to select
trimestre – *nm* term
triomphe – *nm* victory, triumph
triompher – *v reg* to win
triste – *adj* sad
tristement – *adv* sadly
tristesse – *nf* sadness
trois – *adj* three
  coûter trois fois rien – *v reg* to cost very little
troisième – *adj* third
  personne du troisième âge – *nf* senior citizen
trombone – *nm* trombone, paperclip
trompe – *nf* horn, elephant's trunk
tromper – *v reg* to deceive
  se tromper* – *v refl* to be mistaken
trompette – *nf* trumpet
tronc – *nm* (tree) trunk
trop – *adv* too, too much
  trop de monde – too many people
  j'ai dix euros de trop – I have 10 euros too much
trottoir – *nm* pavement
  trottoir roulant – moving walkway
trou – *nm* hole
  trou de serrure – keyhole

troublé – *adj* disturbed, worried
troupeau – *nm* flock, herd
trousse – *nf* pencil case
  trousse de maquillage – make-up bag
trouver – *v reg* to find
se trouver* – *v refl* to be (situated)
  bien se trouver* à Paris – to be happy in Paris
  York se trouve en Angleterre – York is in England
truc – *nm* thing, whatsit, way, tip
truite – *nf* trout
T-shirt – *nm* T-shirt
TSVP – (tournez, s'il vous plaît) PTO, turn over the page
tu – *pron* you
  t'as = tu as – *coll* you have
tube – *nm* tube, hit song
tué(e) – *nmf* person killed in accident
tuer – *v reg* to kill
Tunisie – *nf* Tunisia
tunisien, tunisienne – *adj* Tunisian
tunnel – *nm* tunnel
  tunnel sous la Manche – the Channel Tunnel
se tut – *see se taire** was silent
tuyau – *nm* pipe, tip *sl*, hint *sl*
se tutoyer* – *v refl* to use "tu" rather than "vous"
TVA – (taxe à la valeur ajoutée) *nf* VAT, value added tax
type – *nm* chap, bloke, type
typique – *adj* typical

U

UE – *abbr* EU

UHT – (ultra haute température) *adj* UHT (heat treated)

ultérieur – *adj* subsequent

ultime – *adj* final

ultra- – *pref* extreme

un – *indef art* a, an, one (masculine)

une – *indef art* a, an, one (feminine)

uni – *adj* plain coloured, united

unifier – *v reg* to unify

uniforme – *nm* uniform
uniforme scolaire – school uniform

union – *nf* association, union
en union avec – in union with
Union européenne (UE) – European Union (EU)

unique – *adj* only
fille unique – *nf* only daughter
fils unique – *nm* only son

unir – *v reg* to link, join up
s'unir* – *v refl* to unite

unité – *nf* unit, unity
prix de vente à l'unité – *nm* unit selling price, price per item

univers – *nm* universe, world

universel, universelle – *adj* universal

universitaire – *adj* academic, of the university

cité universitaire – *nf* halls of residence

université – *nf* university

urbain – *adj* urban

urgence – *nf* urgency
salle des urgences – *nf* emergency department
d'urgence – emergency

urgent – *adj* urgent

usage – *nm* custom, use
c'est l'usage – it's the custom

usagé – *adj* worn, old, second hand

usager – *nm* user
usager de la drogue – drug user
usager de la route – road user

usé – *adj* worn out, exhausted

user – *v reg* to wear away, wear out

usine – *nf* factory, works

ustensile – *nm* tool, utensil
ustensiles de jardinage – *nmpl* gardening tools

usuel, usuelle – *adj* every day

utile – *adj* useful

utilement – *adv* usefully

utilisateur, utilisatrice – *nmf* user

utiliser – *v reg* to use

V

va – *see aller** § goes, is going
ça va? – how are you?

vacance – *nf* vacancy

vacances – *nfpl* holidays
vacances de Noël – Christmas holidays

vacances de Pâques – Easter holidays

grandes vacances – summer holidays

en vacances – on holiday

être en vacances – *v irreg* § to be on holiday

---

nm - noun masculine   *nmpl* - noun masculine plural   *adj* - adjective   *conj* - conjunction
nf - noun feminine   *nfpl* - noun feminine plural   *adv* - adverb   *pron* - pronoun

partir* en vacances – *v irreg* § to go on holiday
vacarme – *nm* din, loud noise
vaccin – *nm* vaccine
vache – *nf* cow
vague – *adj* indistinct, vague
vague – *nf* wave (sea)
vague de chaleur – heatwave
vaincre – *v irreg* § to win, conquer
vaincu – *adj* beaten, defeated
vainqueur – *nm* victor, winner
vais – *see aller** § go, am going
vaisseau – *nm* ship, vessel
vaisselier – *nm* dresser, sideboard
vaisselle – *nf* crockery
faire la vaisselle – *v irreg* § to do the washing up
valable – *adj* valid
valait – *see valoir* § was worth
valeur – *nf* value
taxe à la valeur ajoutée – *nf* VAT
valider – *v reg* to validate, stamp
valise – *nf* suitcase
faire les valises – *v irreg* § to pack (cases)
vallée – *nf* valley
vallon – *nm* valley (small)
valoir – *v irreg* § be worth
vandale – *nmf* vandal
vanille – *nf* vanilla
glace à la vanille – *nf* vanilla ice cream
vanité – *nf* vanity, conceit
vaniteux, vaniteuse – *adj* vain, conceited
vanter – *v reg* to speak highly of
se vanter* – *v refl* to boast
vapeur – *nf* steam, vapour, haze
variable – *adj* changeable, variable
varicelle – *nf* chicken pox
varié – *adj* varied

hors d'œuvres variés – *nmpl* selection of starters
varier – *v reg* to vary
vas – *see aller** go, are going
vase – *nf* mud, sludge
vase – *nm* flower vase
vaste – *adj* vast, immense
vaudra – *see valoir* § will be worth
vaudrait – would be worth
vaut – *see valoir* § is worth
ça ne vaut pas la peine – it's not worth it
veau – *nm* calf, veal
vécu – *pp vivre* § lived
vécut – *see vivre* § lived
vedette – *nf* film star (both *m* and *f*)
végétarien(ne) – *adj* vegetarian
véhicule – *nm* vehicle
veille – *nf* wakefulness, day before
la veille de Noël – Christmas Eve
veiller – *v reg* to keep watch
veilleuse – *nf* nightlight, sidelight
veine – *nf* vein, seam, inspiration
avoir de la veine – *v irreg* § to be lucky
vélo – *nm* bike
VTT – (vélo tout terrain) mountain bike
vélomoteur – *nm* motorized bike
velours – *nm* velvet
venait – *see venir* § used to come, was coming
vendange – *nf* grape harvest
pendant les vendanges – during the grape picking
vendeur, vendeuse – *nmf* sales assistant
vendre – *v reg* to sell
à vendre – for sale
se vendre* à la douzaine – *v refl* to be sold by the dozen
se vendre* à la pièce – to be sold individually

---

prep - preposition | *v reg* - verb regular | *v refl* - verb reflexive | § - see verb tables
pp - past participle | *v irreg* - verb irregular | † - see verb information | * - takes être

vendredi – *nm* Friday
  vendredi saint – Good Friday
venger – *v reg* † to avenge
  se venger* – *v refl* † to take revenge
venin – *nm* poison
venir* – *v irreg* § to come
  faire venir le médecin – *v irreg* §
  to send for the doctor
  venir* de faire – *v irreg* § to have
  just done
  je viens d'arriver – I have just
  arrived
  il venait de sortir – he had just
  gone out
vent – *nm* wind
  vent d'est – east wind
  vent d'ouest – west wind
  vent du nord – north wind
  vent du sud – south wind
vente – *nf* sale
  vente aux enchères – auction sale
  en vente – on sale
ventre – *nm* stomach
  avoir mal au ventre – *v irreg* § to
  have stomach ache
venu – *pp venir** § came, come
ver de terre – *nm* earthworm
verdure – *nf* greenery
verger – *nm* orchard
verglas – *nm* black ice (on road)
vérifier – *v reg* to check
  vérifier la pression des pneus –
  to check the tyre pressures
  vérifier le niveau d'eau –
  to check the water level
  vérifier le niveau d'huile –
  to check the oil level
véritable – *adj* real, genuine
vérité – *nf* truth
verra – *see voir* § will see
verrait – would see
verre – *nm* glass
verrou – *nm* bolt, lock

verrouiller – *v reg* to bolt, lock
vers – *prep* towards, about
  vers la droite – to the right
  vers la plage – to the beach
  vers midi – towards midday
vers – *nm* line (poetry)
Verseau – *nm* Aquarius
  être (du) Verseau – *v irreg* §
  to be (an) Aquarius
versement – *nm* payment, instalment
verser – *v reg* to pour out, pay
version – *nf* version, translation
  version française – French
  version
  en version originale – in the
  original version
verso – *nm* back (of piece of paper)
  voir au verso – see over
vert – *adj* green
  vert-foncé – dark green
  vert-pomme – apple green
  les Verts – *nmpl* the Greens (party)
vertige – *nm* dizziness, giddiness
veste – *nf* jacket
vestiaire – *nm* cloak-room, changing-
room
vestibule – *nm* hall
vestige – *nm* remnant, trace
veston – *nm* jacket
vêtement – *nm* article of clothing
  vêtements – *nmpl* clothes
  vêtements de dessous –
  underclothes
  vêtements de rechange – change
  of clothes
vétérinaire – *nm* veterinary surgeon
vêtu (de) – *adj* dressed (in)
veuf – *nm* widower
veuf, veuve – *adj* widowed
veuillez ... – *from vouloir* please ...
veulent – *see vouloir* § wish, want
veut – *see vouloir* § wishes, wants
  je veux bien – I'd love to

---

nm - noun masculine   *nmpl* - noun masculine plural   *adj* - adjective   *conj* - conjunction
nf - noun feminine   *nfpl* - noun feminine plural   *adv* - adverb   *pron* - pronoun

veuve – *nf* widow

vexer – *v reg* to hurt, upset, offend s.o.

se vexer* – *v refl* to be hurt, upset, offended, get angry

viande – *nf* meat

victime – *nf* victim

victoire – *nf* victory

victorieux, victorieuse – *adj* victorious

vidange – *nf* oil change

vide – *adj* empty

vidéo – *adj* video

  caméra vidéo – *nf* video camera

  cassette vidéo – *nf* video cassette

  jeu vidéo – *nm* video game

vider – *v reg* to empty

vie – *nf* life

vieil – *adj m sing* old

  un vieil homme – an old man

vieille – *adj f sing* old

  une vieille maison – an old house

vieillesse – *nf* old age

vieillir – *v reg* to grow old

viendra – *see venir** § will come

viendrait – would come

viennent – *see venir** § come

vient – *see venir** § comes

Vierge – *nf* Virgo

  être (de la) Vierge – *v irreg* § to be (a) Virgo

vieux – *adj m sing* old

  le vieux monsieur – the old gentleman

  vieux-jeu – *adj* old fashioned

vif, vive – *adj* lively, keen

vigne – *nf* vine

vigneron – *nm* vine grower

vigoureux, vigoureuse – *adj* vigorous

vignoble – *nm* vineyard

vilain – *adj* ugly, nasty, bad

village – *nm* village

ville – *nf* town, city

ville touristique – tourist centre

au centre de la ville – in the town centre

en ville – in town

vin – *nm* wine

  vin blanc – white wine

  vin cuit – fortified wine

  vin ordinaire – table wine

  vin rosé – rosé wine

  vin rouge – red wine

vinaigre – *nm* vinegar

vinaigrette – *nf* French dressing

vingt – *adj* twenty

vingtaine – *nf* about twenty, a score

vingt et unième – *adj* twenty first

vingtième – *adj* twentieth

  au vingtième siècle – in the 20th century

vint – *see venir** § came

violence – *nf* violence

violet, violette – *adj* purple

violon – *nm* violin

  jouer du violon – *v reg* to play the violin

virage – *nm* turn, bend

virer – *v reg* to turn, turn round

virgule – *nf* comma (,)

visage – *nm* face

vis-à-vis – *adv* face to face

visibilité – *nf* visibility

visible – *adj* obvious, clear, visible

visiblement – *adv* clearly, obviously

visite – *nf* visit

  visite guidée – guided tour

  visite scolaire – school trip

visiter – *v reg* to visit (a place)

  rendre visite à – *v reg* to visit (a person)

visiteur, visiteuse – *nmf* visitor

visuel, visuelle – *adj* visual

vit – *see voir* § saw

---

vite – *adv* quickly, fast
vitesse – *nf* speed, gear
  à toute vitesse – at top speed
vitre – *nf* (pane of) glass
vitrine – *nf* shop window
vivant – *adj* living, alive
vivre – *v irreg* § to live
vocabulaire – *nm* vocabulary
vociférer – *v reg* † to scream
vœu – *nm* wish
  meilleurs vœux – best wishes
voici – *prep* here is, here are
  voici un an – a year ago
voie – *nf* track, lane
  voie d'accès – access road
  voie ferrée – railway
voilà – *prep* there is, there are
voile – *nf* sail
voile – *nm* veil
voilier – *nm* sailing ship
voir – *v irreg* § to see
  se voir* – *v refl* § to show, happen, meet
voire – *adv* even
voisin – *adj* nearby, neighbouring
voisin(e) – *nmf* neighbour
voisinage – *nm* neighbourhood
voit – *see voir* § sees
voiture – *nf* car, railway carriage
  voiture de tourisme – private car
voix – *nf* voice
vol – *nm* flight, theft
  vol à voile – gliding
  vol libre – free fall parachuting
volaille – *nf* poultry
volant – *nm* steering wheel
  cerf volant – *nm* kite
voler – *v reg* to fly
voler (à) – *v reg* to steal (from)
volet – *nm* shutter
voleur – *nm* thief
volley-ball – *nm* volleyball

volonté – *nf* will, wish, goodwill
volontiers – *adv* gladly
voltigeur, voltigeuse – *nmf* acrobat
vomir – *v reg* to vomit
vont – *see aller** § go, are going
votre (vos) – *poss adj* your
(le, la) vôtre, les vôtres – *pron* yours, your own
  à la vôtre – your health
vos (votre) – *poss adj* your
voudra – *see vouloir* § will want to
voudrait – would want to
vouloir – *v irreg* § to want (to)
  vouloir dire – to mean
  vouloir faire – to want to do
  qu'est-ce que ça veut dire? – what does that mean?
voulu – *see vouloir* § wanted to
voulut – *see vouloir* § wanted to
vous – *pron* you, to you
  vous-même(s) – yourself
voûte – *nf* archway, vault
voyage – *nm* journey
voyager – *v reg* † to travel
  voyager en autobus – to travel by bus
  voyager en avion – to fly
  voyager en car – to travel by coach
  voyager en voiture – to travel by car
  voyager par le train – to travel by train
voyageur, voyageuse – *nmf* traveller, passenger
voyons – *see voir* § see
voyons! – let's see, come on now!
voyou – *nm* hooligan
vrai – *adj* true
vraiment – *adv* really
vu – *pp voir* § seen
vue – *nf* view, sight
vulgaire – *adj* common, vulgar

---

nm - noun masculine   *nmpl* - noun masculine plural   *adj* - adjective   *conj* - conjunction
nf - noun feminine   *nfpl* - noun feminine plural   *adv* - adverb   *pron* - pronoun

W

wagon – *nm* railway carriage
wagon-lit – *nm* sleeper
wagon-restaurant – *nm* dining car
waters – *nmpl* toilet

Où sont les waters? – Where are the toilets?
WC – *nmpl* toilet
week-end – *nm* weekend
western – *nm* western
whisky – *nm* whisky

X

xénophobe – *adj* xenophobe, nationalist
xérès – *nm* sherry

Y

y – *adv* there
y – *pron* of it, of them, some
ça y est! – that's it!
il s'y connaît – he's an expert
il y a – there is, there are
il y en a deux, papa – there are two of them, Dad

y compris – including
yacht – *nm* yacht
yaourt – *nm* yoghurt
yeux – *nmpl* eyes (*sing* œil)
yoga – *nm* yoga

Z

zèbre – *nm* zebra
zéro – *nm* nil, nothing, zero
zone – *nf* area, zone
zone bleue – controlled parking zone
zone industrielle – industrial area

zone piétonne – pedestrian precinct
zoo – *nm* zoo
zut! – *excl* blow! blast!

---

prep - preposition	*v reg* - verb regular	*v refl* - verb reflexive	§ - see verb tables
pp - past participle	*v irreg* - verb irregular	† - see verb information	* - takes être

A

a – un *indef art m*
a – une *indef art f*
abandon – abandonner *v reg*
abbey – abbaye *nf*
able to – capable de *adj*
  be able to – pouvoir *v irreg* §
aboard – à bord *adv*
about – à propos de, au sujet de, autour, environ
about – vers, au sujet de *prep*
  be about to do – être sur le point de *v irreg* §
above – dessus *adv*
above – au-dessus de, par-dessus *prep*
above all – surtout *adv*
abroad – à l'étranger *adv*
absence – absence *nf*
absent – absent *adj*
absent-minded – distrait *adj*
absolute – absolu *adj*
absolutely – absolument *adv*
absurd – absurde *adj*
accent – accent *nm*
accept – accepter *v reg*
acceptable – admissible *adj*
access – accès *nm*
  access road – route d'accès *nf*
accident – accident *nm*
  by accident – par hasard *adv*
acclaim – acclamation *nf*
accommodation – hébergement *nm*, logement *nm*
accompany – accompagner *v reg*, aller* avec *v irreg* §
  accompanied by – accompagné de
accomplice – complice *nmf*
according to – d'après, selon *prep*
account – (financial) compte *nm*
account – (story) récit *nm*

on account of – à cause de
accountant – comptable *nmf*
accurate – précis *adj*, exact *adj*
accuse – accuser *v reg*
ace – as *nm*
ache – douleur *nf*, mal *nm*
  my head aches – ma tête me fait mal
acrobat – acrobate *nmf*
across – à travers, en face *adv*
  go across – traverser *v reg*
act – agir *v reg*
act – (on stage) faire du théâtre *v irreg* §, jouer *v reg*
  be in the act of – être en train de *v irreg* §
active – actif, active *adj*
activity – activité *nf*
actor – (film) acteur *nm*
actress – (film) actrice *nf*
acute – aigu, aiguë *adj*
  acute accent (é) – accent aigu *nm*
add – ajouter *v reg*
  add up – faire le total *v irreg* §
address – adresse *nf*
address – adresser *v reg*, s'adresser* à *v refl*
adjective – adjectif *nm*
admire – admirer *v reg*
adolescent – adolescent *nm*, adolescente *nf*
adopt – adopter *v reg*
adopted – adopté *adj*, adoptif, adoptive *adj*
adore – adorer *v reg*
adult – adulte *adj*
adult – adulte *nmf*
advance – avancer *v reg* †
advantage – avantage *nm*

---

prep - preposition   *v reg* - verb regular   *v refl* - verb reflexive   § - see verb tables
pp - past participle   *v irreg* - verb irregular   † - see verb information   * - takes être

advantageous – avantageux, avantageuse *adj*
adventure – aventure *nf*
  adventure film – film d'aventure *nm*
  adventure story – roman d'aventure *nm*
advert – (TV) pub *nf*
advertisement – publicité *nf*, annonce *nf*
advertising – publicité *nf*
advice – conseils *nmpl*
  piece of advice – conseil *nm*
aerial – antenne *nf*
aerobics – aérobic *nm*
aeroplane – avion *nm*
aerosol – bombe *nf,* atomiseur *nm*
affectionate – affectueux, affectueuse *adj*
afford – avoir les moyens d'acheter *v irreg* §
(be) afraid (of) – avoir peur (de) *v irreg* §
Africa – Afrique *nf*
African – africain *adj*
after – après *prep*
after all – après tout *adv*
afternoon – après-midi *nm inv*
afterwards – après, ensuite, par la suite *adv*
again – encore, encore une fois, de nouveau *adv*
against – contre *prep*
age – âge *nm*
aged – âgé *adj*
  15 years of age – âgé de quinze ans
agency – agence *nf*
agent – agent *nm*
aggressive – agressif, agressive *adj*
ago – il y a *adv*
  a long time ago – il y a longtemps
  a fortnight ago– il y a une quinzaine
agreeable – agréable *adj*

agree – s'entendre*(avec) *v refl*, se mettre*d'accord (avec) *v refl* §, être d'accord *v irreg* §
agreed – convenu, entendu, prévu *adj*
agricultural – agricole *adj*
AIDS – SIDA *nm*
air – air *nm*
  air conditioned – climatisé *adj*
  air conditioning – climatisation *nf*
  air force – armée de l'air *nf*
  air hostess – hôtesse de l'air *nf*
  be on the air – être à l'antenne *v irreg* §
  by air mail – par avion
  in the open air – en plein air
airbed – matelas pneumatique *nm*
aircraft – avion *nm*
airport – aéroport *nm*
  airport building – aérogare *nf*
air sickness – mal de l'air *nm*
alarm clock – réveil *nm*
  set the alarm – mettre le réveil *v irreg* §
alcohol – alcool *nm*
A level – baccalauréat *nm*
algebra – algèbre *nf*
Algeria – Algérie *nf*
Algerian – algérien, algérienne *adj*
Algerian person – Algérien *nm*, Algérienne *nf*
alive – vivant *adj*
all – tout, toute, tous, toutes *adj, pron*
  all included – tout compris
  all of us – nous tous
  all over – (everywhere) partout *adv*
  all over – (finished) fini *adj*
  all sorts of – toutes sortes de
  all the same – tout de même *adv*
  all the time – tout le temps
  all year round – toute l'année
allow – permettre *v irreg* §, tolérer *v reg* †, accorder *v reg*
allowance – allocation *nf*

---

almost – presque, à peu près *adv*
alone – seul *adj*
  alone – tout seul
along – le long de *prep*
aloud – à haute voix *adv*
alphabet – alphabet *nm*
Alps – les Alpes *nfpl*
already – déjà *adv*
alright! – d'accord, entendu! *excl*
also – aussi *adv*
alter – changer *v reg* †
altogether – complètement, tout à fait *adv*
always – toujours *adv*
am – suis *see* être *v irreg* §
a.m. – du matin
amazed – étonné *adj*, surpris *adj*
  be amazed – être étonné *v irreg* §
ambulance – ambulance *nf*
America – Amérique *nf*
American – américain *adj*
American – (person) Américain *nm*, Américaine *nf*
among – entre, parmi *prep*
  among friends – entre amis
amount – quantité *nf*, somme *nf*
amuse – amuser *v reg*
amusement – divertissement *nm*
amusement park – parc d'attractions *nm*
amusement arcade – galerie de jeux électroniques *nf*
amusing – amusant *adj*
an – un *indef art m*
an – une *indef art f*
ancient – ancien, ancienne, antique *adj*
ancient history – histoire ancienne *nf*
and – et *conj*
anger – colère *nf*, rage *nf*
angling – pêche à la ligne *nf*

go angling – pêcher à la ligne *v reg*
angry – en colère *adj*, enragé *adj*, fâché *adj*
get angry – se mettre* en colère *v irreg* §, se fâcher* *v refl*
animal – animal *nm* (animaux *nmpl*), bête *nf*
ankle – cheville *nf*
  to sprain one's ankle – se fouler* la cheville *v refl*
anniversary – anniversaire *nm*
announce – annoncer *v reg* †
annoy – agacer *v reg* †, embêter, énerver *v reg*, ennuyer *v reg* †
annoying – embêtant *adj*, fâcheux, fâcheuse *adj*, ennuyeux, ennuyeuse *adj*
annual – annuel, annuelle *adj*
anorak – anorak *nm*
another – autre *pron*
answer – répondre *v reg*
answer – réponse *nf*
  right answer – la bonne réponse *nf*
answering machine – répondeur *nm*
anti- – anti- *pref*
antibiotic – antibiotique *nm*
antibiotic – antibiotique *adj*
antiseptic – antiseptique *nm*
antiseptic – antiseptique *adj*
anxious – inquiet, inquiète *adj*
any – n'importe quel(le) *pron*
  any – (some) du, de la, de l', des *art*
  any – (not) de, d'
  any – (every) tout *adj*
anybody – quelqu'un, n'importe qui *pron*
is there anyone there? – il y a quelqu'un?
anyhow – de toute façon, en tout cas *adv*
anyone – quelqu'un, n'importe qui *pron*

---

prep - preposition   *v reg* - verb regular   *v refl* - verb reflexive   § - see verb tables
pp - past participle   *v irreg* - verb irregular   † - see verb information   * - takes être

anything – n'importe quoi, quelque chose *pron*
anything else? – et avec ça?
anyway – en tout cas, de toute façon
anywhere – n'importe où *adv*
apartment – appartement *nm*
apart from – excepté, à part
aperitif – (pre-meal drink) apéritif *nm*
apologise – faire des excuses *v irreg* §
apologise for – s'excuser* de *v refl*
appalling – épouvantable *adj*
appear – apparaître *v irreg* §
appearance – apparence *nf*, apparition *nf*
appendicitis – appendicite *nf*
appetite – appétit *nm*
appetizing – appétissant *adj*
applause – applaudissement *nm*
apple – pomme *nf*
apple tart – tarte aux pommes *nf*
apple tree – pommier *nm*
appliance – appareil *nm*
apply to – s'adresser à* *v refl*
appointment – rendez-vous *nm*
appreciate – apprécier *v reg*
apprentice – apprenti *nm*, apprentie *nf*
apprenticeship – apprentissage *nm*
approach – approche *nf*, accès *nm*
approach – (person) aborder *v reg*
approach – s'approcher* de *v refl*
approachable – accessible *adj*
approachable – (person) abordable *adj*
approve of – approuver *v reg*
approximately – à peu près, environ *adv*
apricot – abricot *nm*
April – avril *nm*
April fool – poisson d'avril *nm*
apron – tablier *nm*

arcade – (shops) galerie *nf*
archery – tir à l'arc *nm*
architect – architecte *nmf*
are – *see* être *v irreg* §
area – (district) quartier *nm*
area – région *nf*, zone *nf*
area – aire *nf*
parking area – aire de parking *nf*
picnic area – aire de pique-nique *nf*
rest area – aire de repos *nf*
aren't – (are not) *see* être *v irreg* §
argue – se disputer* *v refl*
argument – discussion *nf*, dispute *nf*
arithmetic – arithmétique *nf*
arm – bras *nm*
armband – bracelet *nm*, brassard *nm*
armchair – fauteuil *nm*
army – armée *nf*
around – autour *adv*
around – autour de *prep*
around here – par ici
arrange – arranger *v reg* †
arrange – (a time, date) fixer *v reg*
arrange to meet – prendre rendez-vous *v irreg* §
arrest – arrêter *v reg*
arrival – arrivée *nf*
arrive – arriver* *v reg*
arrow – flèche *nf*
art – dessin *nm*, art *nm*
art gallery – musée (des beaux arts) *nm*, galerie d'art *nf*
art school – école des beaux arts *nf*
artful – rusé *adj*
article – article *nm*
article of clothing – vêtement *nm*
artist – artiste *nmf*
as – (while) pendant que *conj*
as – comme, puisque *conj*
as agreed – comme prévu
as ... as – aussi ... que *adv*

---

nm - noun masculine   *nmpl* - noun masculine plural   *adj* - adjective   *conj* - conjunction
nf - noun feminine   *nfpl* - noun feminine plural   *adv* - adverb   *pron* - pronoun

as far as – jusqu'à *prep*
as for me – quant à moi *prep*
as if – comme si *adv*
as much, as many – autant *adv*
as soon as – aussitôt que,
   dès que *conj*
as well – aussi *adv*
ashamed – honteux, honteuse *adj*
   be ashamed (of) – avoir honte
   (de) *v irreg* §
ashtray – cendrier *nm*
Asia – Asie *nf*
Asian – asiatique *adj*
aside from – à part, de côté *adv*
ask a question – poser une question
   v reg
ask for – demander *v reg*
   ask for information – demander
      des renseignements *v reg*
   ask s.o. to do sthg – demander à
      quelqu'un de faire quelque chose
      v reg
   ask for the bill – (restaurant)
      demander l'addition *v reg*
   ask for the bill – (hotel) demander
      la note *v reg*
ask – (invite) inviter *v reg*
ask about – se renseigner* sur *v refl*
asleep – endormi *adj*
   fall asleep – s'endormir* *v refl*
aspirin – aspirine *nf*
assembly – assemblée *nf*
assignment – (piece of work)
   devoir *nm*, tâche *nf*
assist – aider *v reg*
assistance – secours *nm*
assistant – (shop) vendeur *nm*,
   vendeuse *nf*
assure – assurer *v reg*
asthma – asthme *nm*
astonish – étonner *v reg*
at – à *prep*
   at last – enfin *adv*

at my house – chez moi
at once – tout de suite
at times – parfois
at the ... – chez le ...
at the bottom of the page –
   au bas de la page
at the end of – à la fin de
at the same time as – en même
   temps que
at top speed – à toute vitesse
ate – *see eat*
athlete – athlète *nmf*
athletic – sportif, sportive *adj*
athletics – athlétisme *nm*
Atlantic Ocean – Océan Atlantique
   nm
atmosphere – ambiance *nf*
attach – attacher *v reg*
attack – attentat *nm*
attack – attaquer *v reg*
attempt – tenter *v reg*
attend – assister à *v reg*, aller* à
   (school) *v irreg* §
attention – attention *nf*
attic – mansarde *nf*
attract – attirer *v reg*
attractive – beau, bel, belle *adj*
auburn – roux, rousse *adj*
August – août *nm*
aunt – tante *nf*
Australia – Australie *nf*
Austria – Autriche *nf*
Austrian – autrichien,
   autrichienne *adj*
author – auteur *nm*
authorities – autorités *nfpl*
automatic – automatique *adj*
automatically – machinalement *adv*
autumn – automne *nm*
   during autumn – pendant
      l'automne
   in autumn – en automne
available – disponible *adj*

---

prep - preposition   *v reg* - verb regular   *v refl* - verb reflexive   § - see verb tables
pp - past participle   *v irreg* - verb irregular   † - see verb information   * - takes être

avenue – avenue *nf*
AVCE – bac professionel *nm*
average – moyen, moyenne *adj*
avocado pear – avocat *nm*
avoid – éviter *v reg*
away – (not at school) absent
  away – (on holiday) en vacances
  be away – s'absenter* *v refl*

go away – partir* *v irreg*
go away! – allez-vous-en!, va-t'en!
10 kilometres away – à une
  distance de dix kilomètres
away game – match à l'extérieur
  nm
awful – affreux, affreuse *adj*
awkward – embêtant *adj*

B

B & B – chambre d'hôte *nf*
baby – (both sexes) bébé *nm*
  go babysitting – faire du
  babysitting *v irreg* §
back – (returned) rentré *adj*
  back – (come) revenir* *v irreg* §
  back – (reverse a car) reculer *v reg*
back – fond *nm*
  at the back of – au fond de
back – (vehicle) arrière *nm*
back – (footballer) arrière *nm*
at the back of – à l'arrière de
back – (body) dos *nm*
back pack – sac à dos *nm*
backwards – en arrière *adv*
  go backwards and forwards –
  aller* et venir* *v irreg* §
bacon – bacon *nm*, lard *nm*
bad – mauvais *adj*, vilain *adj*
  too bad – tant pis *adv*
bad – (ill) malade *adj*
bad – (serious) grave *adj*
bad – (wicked) méchant *adj*
bad-tempered – de mauvaise
  humeur *adj*
badge – badge *nm*
badly – mal *adv*
badminton – badminton *nm*

bag – sac *nm*
baker – boulanger *nm*, boulangère *nf*
baker's shop – boulangerie *nf*
balcony – balcon *nm*
bald – chauve *adj*
ball – (football) ballon *nm*
ball – (golf, tennis) balle *nf*
ball-point pen – stylo à bille *nm*
balloon – ballon *nm*
banana – banane *nf*
band – orchestre *nm*
bang – coup *nm*
banger – (car) bagnole *nf*,
  guimbarde *nf sl*
banger – (firework) pétard *nm*
banger – (sausage) saucisse *nf*
Bangladesh – Bangladesh *nm*
Bangladeshi – du Bangladesh *adj*
Bangladeshi person – habitant du
  Bangladesh *nm*, habitante du
  Bangladesh *nf*
bank – (river) bord *nm*
bank – banque *nf*
banker's card – carte bancaire *nf*
bank holiday – jour férié *nm*
bank note – billet de banque *nm*
bar – (pub) bar *nm*
bar – (of chocolate) tablette *nf*

barbecue – barbecue *nm*
barber – coiffeur *nm*
bare – (empty) vide *adj*
bare – (not covered) nu, nue *adj*
barefoot – pieds nus
bare-headed – nu-tête
bargain – prix intéressant *nm*, occasion *nf*
barmaid – serveuse *nf*
barman – serveur *nm*
barn – grange *nf*
base – base *nf*
  based on – à base de, basé sur
basement – sous-sol *nm*
basically – au fond, dans le fond *adv*
basin – (wash) lavabo *nm*
basket – corbeille *nf*, panier *nm*
basketball – basket *nm*
bat – (table tennis, etc) raquette *nf*
bath – (tub) baignoire *nf*
bath – (wash) bain *nm*
  have a bath – prendre un bain
  v irreg §
bath salts – sels de bain *nmpl*
bathe – se baigner* *v refl*
bathing – baignade *nf*
bathing trunks – caleçon de bain *nm*, maillot de bain *nm*
bathroom – salle de bains *nf*
battery – (car) batterie *nf*
battery – (torch) pile *nf*
battle – bataille *nf*
bay – baie *nf*
be – être *v irreg* §
  be able to – pouvoir *v irreg* §
  be afraid – avoir peur *v irreg* §
  be amazed – être étonné* *v irreg* §
  be ashamed – avoir honte *v irreg* §
  be at – assister à *v reg*
  be aware of – se rendre compte*
  v refl
  be better –aller* mieux *v irreg* §

  be bored – s'ennuyer* *v refl* †
  be born – naître* *v irreg* §
  be busy – être occupé *v irreg* §
  be careful – être prudent *v irreg* §
  be careful! – soyez prudent(s)!
  be cold – (person) avoir froid
  v irreg §
  be cold – (weather) faire froid
  v irreg §
  be fine – (weather) faire beau
  v irreg §
  be fit – être en forme *v irreg* §
  be good at – être fort(e) en
  v irreg §
  be hot – (person) avoir chaud
  v irreg §
  be hot – (weather) faire chaud
  v irreg §
  be hungry – avoir faim *v irreg* §
  be ill – être malade *v irreg* §
  be in a hurry – être pressé *v irreg* §
  be in detention – être en retenue
  v irreg §
  be interested in – s'intéresser* à
  v refl
  be keen on – être passionné de
  v irreg §
  be likely to – risquer *v reg*
  be lucky – avoir de la chance
  v irreg §
  be mistaken – se tromper* *v refl*
  be obliged to – être obligé de
  v irreg §
  be on stage – être en scène
  v irreg §
  be on television – passer* à la télévision *v reg*
  be on the radio – passer* à la radio *v reg*
  be on the staff – faire partie du personnel *v irreg* §
  be out of breath – être à bout de souffle *v irreg* §
  be parked – stationner *v reg*

---

prep - preposition   *v reg* - verb regular   *v refl* - verb reflexive   § - see verb tables
pp - past participle   *v irreg* - verb irregular   † - see verb information   * - takes être

be quiet! – tais-toi! taisez-vous!
be right – avoir raison *v irreg* §
be situated – se trouver* *v refl*
be sleepy – avoir sommeil *v irreg* §
be sorry – regretter *v reg*
be thirsty – avoir soif *v irreg* §
be up – (out of bed) être levé
  v irreg §, être debout *v irreg* §
be well – aller* bien *v irreg* §
be warm – (weather) faire beau
  v irreg §
be worried – s'inquiéter* *v refl* †
be wrong – avoir tort *v irreg* §
beach – plage *nf*
  on the beach – sur la plage
bean – ‡haricot *nm*
bear – ours *nm*
beard – barbe *nf*
bearded – barbu *adj*
beat – battre *v reg*
beaten – battu *adj*, vaincu *adj*
beautiful – beau, bel, belle *adj*
beauty – beauté *nf*
because – parce que *conj*
because of – à cause de *prep*
become – devenir* *v irreg* §
bed – lit *nm*
  air bed – matelas pneumatique *nm*
  camp bed – lit de camp *nm*
  double bed – lit de deux personnes
  nm
  flower bed – parterre *nm*
  go to bed – se coucher* *v refl*
  make the bed – faire le lit
  v irreg §
  single bed – lit d'une personne *nm*
bedding – literie *nf*
bedroom – chambre *nf*
bedside table – table de chevet *nf*
bed-sit – studio *nm*
bedtime – heure du coucher *nf*
bee – abeille *nf*
beef – bœuf *nm*

beefburger – hamburger *nm*
beefsteak – bifteck *nm*
minced beef – bifteck haché *nm*
been – été *see* être *v irreg* §
beer – bière *nf*
before – (time) avant *prep*
before – (place) devant *prep*
  before leaving – avant de partir
  the day before yesterday –
  avant-hier
  the day before – veille *nf*
beg – demander *v reg*
begin – commencer *v reg* †
beginner – débutant *nm*, débutante *nf*
begin again – recommencer *v reg* †
beginning – début *nm*
  at the beginning – au début de
behave – se conduire* *v refl* §
behind – derrière *prep*
behind – (late) en retard
  leave behind – oublier *v reg*
Belgian – belge *adj*
Belgian person – Belge *nmf*
Belgium – Belgique *nf*
believe – croire *v irreg* §
  believed – cru *see croire v irreg* §
bell – (in church) cloche *nf*
bell – (on door) sonnette *nf*
bell – (in school) sonnerie *nf*
belong to – (be member of) être
  membre de *v irreg* §
belong to – (own) appartenir à
  v irreg §
belongings – (things) affaires *nfpl*
below – en bas, en dessous *adv*
belt – ceinture *nf*
  seat belt – ceinture de sécurité *nf*
bench – banc *nm*
bend – (in road) virage *nm*, tournant *nm*
bend over – se pencher* *v refl*
beneath – sous *prep*
benefit – allocation *nf*

---

nm - noun masculine   *nmpl* - noun masculine plural   *adj* - adjective   *conj* - conjunction
nf - noun feminine   *nfpl* - noun feminine plural   *adv* - adverb   *pron* - pronoun

beside – à part *adv*
besides – en plus de *prep*
best – le mieux *adv*
best – le meilleur, la meilleure *adj*
  best wishes – meilleurs vœux *nmpl*
  do one's best – faire de son mieux *v irreg* §
bet – parier *v reg*
better – meilleur *adj*, mieux *adv*
  be better – mieux aller* *v irreg* §
  get better– se remettre* *v refl* §
between – entre *prep*
  between you and me – entre nous
bicycle – bicyclette *nf*
bidet – bidet *nm*
big – grand *adj*, gros, grosse *adj*
bigger than – plus grand que
bike – vélo *nm*
  go for a bike ride – faire une promenade à bicyclette *v irreg* §
bike – faire de la bicyclette *v irreg* §
biker – motard *nm*
bikini – bikini *nm*
bilingual – bilingue *adj*
bill – (restaurant) addition *nf*
bin – poubelle *nf*
bingo – loto *nm*
biology – biologie *nf*, sciences naturelles *nfpl*
bird – oiseau *nm*
biro® – stylo à bille *nm*
birth – naissance *nf*
  birth certificate – extrait de naissance *nm*
  date of birth – date de naissance *nf*
birthday – anniversaire *nm*
  birthday cake – gâteau d'anniversaire *nm*
  birthday card – carte d'anniversaire *nf*

birthday present – cadeau d'anniversaire *nm*
biscuit – biscuit *nm*
bite – mordre *v reg*
bite – (mosquito) piqûre *nf*
bite – (insect) piquer *v reg*
bitter – amer, amère *adj*
black – noir *adj*
  black coffee – café *nm*
  black ice – verglas *nm*
blackberry – mûre *nf*
blackboard – tableau noir *nm*
blackcurrant – cassis *nm*
blame – accuser *v reg*, reprocher *v reg*, donner tort à *v reg*
blame – reproche *nm*
blanket – couverture *nf*
blast! – zut! *excl*
bless you! – à vos souhaits!
blind – (not seeing) aveugle *adj*
blind – (at window) store *nm*
blister – ampoule *nf*
block – bloc *nm*
  block of flats – immeuble *nm*
block – bloquer *v reg*
blockbuster – film à gros succès *nm*
bloke – mec *nm sl*, type *nm sl*
blonde – blond *adj*
blood – sang *nm*
blouse – chemisier *nm*, corsage *nm*
blouson jacket – blouson *nm*
blow – coup *nm*
blow – (wind) souffler *v reg*
blow one's nose – se moucher* *v refl*
blow the horn – (car) klaxonner *v reg*
blow up – (inflate) gonfler *v reg*
blow! – zut! *excl*
blue – bleu *adj*
  navy blue – bleu marine *adj inv*
board – panneau *nm*, tableau *nm*

---

prep - preposition   *v reg* - verb regular   *v refl* - verb reflexive   § - see verb tables
pp - past participle   *v irreg* - verb irregular   † - see verb information   * - takes être

board – pension *nf*
 full board – pension complète *nf*
 half board – demi-pension *nf*
board – (at school) être en pension
 v irreg §
board a ship – monter* à bord *v reg*
 on board – à bord
board game – jeu de societé *nm*
boarder – (school) pensionnaire *nmf*
boarding school – pensionnat *nm*,
 pension *nf*
boast – se vanter* *v refl*
boat – bateau *nm*
 boat trip – promenade en bateau *nf*
body – corps *nm*
boil water – faire bouillir de l'eau
 v irreg §
boil, be boiling – bouillir *v irreg* §
boiled egg – œuf à la coque *nm*
bold – audacieux, audacieuse *adj*
bomb – bombe *nf*
 bomb scare – alerte à la bombe *nf*
bone – os *nm*
bonfire – feu de joie *nm*
bonnet – (car) capot *nm*
book – livre *nm*
 sci-fi book – livre de science-
 fiction *nm*
book – carnet *nm*
 book of stamps – carnet de
 timbres *nm*
 book of tickets – (bus, metro)
 carnet de tickets *nm*
book a seat – réserver une place *v reg*
book case – bibliothèque *nf*
booked – réservé *adj*
 fully booked – complet *adj*
booking office – guichet *nm*
booklet – brochure *nf*, livret *nm*
bookshelf – rayon à livres *nm*,
 étagère *nf*
bookshop – librairie *nf*
boot (of car) – coffre *nm*

boot – botte *nf*, chaussure montante *nf*
 football boots – chaussures de
 football *nfpl*
 ski-boots – chaussures de ski *nfpl*
 walking boots – chaussures de
 marche *nfpl*
booze – beaucoup boire *v irreg* §
booze – alcool *nm*
border – (country) frontière *nf*
border – (flower) plate-bande *nf*,
 bordure *nf*
bore – ennuyer *v reg* †
 to be bored – s'ennuyer* *v refl* †
boredom – ennui *nm*
boring – ennuyeux, ennuyeuse *adj*
born – né, née *see naître v irreg* §
 be born – naître *v irreg* §
 born on ... – né, née, le ...
borrow (from) – emprunter (à) *v reg*
boss – patron *nm*, chef *nm*
bossy – autoritaire *adj*
both – (tous) les deux, (toutes) les
 deux *pron*
bother – (annoy) embêter *v reg*
bother – (disturb) déranger *v reg* †
bottle – bouteille *nf*
bottle opener – décapsuleur *nm*,
 ouvre-bouteille *nm*
bottom of class – dernier, dernière
 adj
bottom – fond, bas *nm*
 at the bottom of the page – au
 bas de la page
 at the bottom of – au fond de
bought – acheté *see acheter v reg* †
bow – (archery) arc *nm*
bow tie – nœud papillon *nm*
bowl – (dish) bol *nm*
bowl – (cricket) lancer *v reg* †
bowling alley – bowling *nm*
bowls – boules *nfpl*
 play bowls – jouer aux boules
 v reg

box – boîte *nf*
box – boxer *v reg*
boxing – boxe *nf*
boy – garçon *nm*
boy friend – petit ami *nm*
bra – soutien-gorge *nm*
bracelet – bracelet *nm*
brackets – parenthèses *nfpl*
brain – cerveau *nm*
brake – frein *nm*
brake – freiner *v reg*
branch – branche *nf*
brand name – marque *nf*
brand new – neuf, neuve *adj*
brave – courageux, courageuse *adj*
bread – pain *nm*
bread and butter – tartine *nf*
break – briser *v reg*, casser *v reg*,
    rompre *v irreg* §
break one's leg – se casser* la jambe
    v refl
break down – tomber* en panne
    v reg
break in – cambrioler *v reg*
break – (between lessons) récréation
    nf
break up – (school) commencer les
    vacances *v reg* †
breakdown – panne *nf*
breakdown lorry – voiture de
    dépannage *nf*
breakfast – petit déjeuner *nm*
    have breakfast – prendre le petit
    déjeuner *v irreg* §
breath – haleine *nf*
    out of breath – hors d'haleine *adj*
breathe – respirer *v reg*
breed – race *nf*
Breton – breton, bretonne *adj*
brick – brique *nf*
brick – en brique *adj*
bricklayer – maçon *nm*
bride – mariée *nf*

bridegroom – marié *nm*
bridesmaid – demoiselle d'honneur
    nf
bridge – pont *nm*
brief – (short) bref, brève *adj*
briefcase – serviette *nf*
briefs – (underwear) slip *nm*
bright – (clever) intelligent *adj*
bright – (shining) brillant *adj*
bring – (someone) amener *v reg* †
bring – (something) apporter *v reg*
bring back – (person) ramener
    v reg †
bring back – (thing) rapporter *v reg*
bring up – (children) élever *v reg* †
British – britannique *adj*
British person – Britannique *nmf*
Brittany – Bretagne *nf*
broad – large *adj*
broadcast – transmission *nf*
broadcast – diffuser *v reg*
brochure – brochure *nf*, dépliant *nm*
broke – (without money) fauché *adj sl*
    I'm broke – je n'ai pas le sou
broken – cassé *adj*
broken down – en panne *adj*
broom – balai *nm*
brother – frère *nm*
brother-in-law – beau-frère *nm*
brown – brun, brune *adj*,
    marron *adj inv*
bruise – bleu *nm*
brush – brosser *v reg*
brush – brosse *nf*
    brush one's hair – se brosser* les
    cheveux *v refl*
Brussels – Bruxelles
    Brussels sprout – chou de
    Bruxelles *nm*
bucket – seau *nm*
budgerigar – perruche *nf*

---

prep - preposition	*v reg* - verb regular	*v refl* - verb reflexive	§ - see verb tables
pp - past participle	*v irreg* - verb irregular	† - see verb information	* - takes être

buffet – buffet *nm*
build – bâtir *v reg*, construire *v irreg* §
builder – maçon *nm*
building – bâtiment *nm*
bull – taureau *nm*
bumbag – sac banane *nm*
bump – (swelling) bosse *nf*
bump – (knock) choc *nm*
bump into – ‡heurter *v reg*
  bump into – ‡se heurter* à *v refl*
bump into – (meet) rencontrer *v reg*
bump o.s. – se cogner* *v refl*
bumper – pare-chocs *nm inv*
bunch of flowers – bouquet *nm*
bunch of grapes – grappe de raisin *nf*
bunch of radishes – botte de radis *nf*
bungalow – bungalow *nm*
burglar – cambrioleur *nm*
burgle – cambrioler *v reg*
burn – brûlure *nf*
burn – brûler *v reg*
  burn o.s. – se brûler* *v refl*
  burn one's fingers – se brûler* les doigts *v refl*
burst – crever *v reg* †
burst out laughing – éclater de rire *v reg*

bus – autobus *nm*, bus *nm*
  catch the bus – prendre l'autobus *v irreg* §
bus service – ligne d'autobus *nf*
bus stop – arrêt d'autobus *nm*
bush – buisson *nm*
business – affaires *nfpl*, commerce *nm*
business man – homme d'affaires *nm*
business woman – femme d'affaires *nf*
busy – occupé *adj*
but – mais *conj*
butcher – boucher *nm*, bouchère *nf*
butcher's shop – boucherie *nf*
butter – beurre *nm*
butterfly – papillon *nm*
button – bouton *nm*
buy – acheter *v reg* †
  buy software – acheter un logiciel *v reg* †
by – par, en *prep*
  by bus – en autobus
  by car – en voiture
  by coach – en car
  by day – de jour
  by the day – à la journée
  by the hour – à l'heure
  by the kilo – au kilo
bypass – (road) rocade *nf*

C

cabbage – chou *nm* (*pl* choux)
cable – câble *nm*
  cable car – téléphérique *nm*
  cable TV – télévision cablée *nf*
café – café *nm*
café terrace – terrasse de café *nf*
cage – cage *nf*
cagoule – K-way® *nm*
cake – gâteau *nm*, pâtisserie *nf*
  cake shop – pâtisserie *nf*
  birthday cake – gâteau
  d'anniversaire *nm*
calculate – calculer *v reg*
calculator – calculatrice *nf*,
  calculette *nf*
calendar – calendrier *nm*
calf – veau *nm*
call – appel *nm*
call – appeler *v reg* †
  call – (phone) téléphoner à *v reg*,
  passer un coup de fil à *v reg*
  call the register – faire l'appel
  v irreg §
  be called – s'appeler* *v refl* †
call box – cabine téléphonique *nf*
call for – (friend) passer* prendre
  v reg
calm – calme *adj*
calm o.s. down – se calmer* *v refl*
camcorder – caméscope *nm*
came – *see* venir *v irreg* §
camel – chameau *nm*
camembert cheese – camembert *nm*
camera – appareil-photo *nm*
camp – camper *v reg*
  camp-fire – feu de camp *nm*
  camper – campeur *nm*
  camping carnet – carnet de
  camping *nm*

campsite – camping *nm*, terrain de
  camping *nm*
go camping – faire du camping
  v irreg §
can – (tin) boîte *nf*
  can-opener – ouvre-boîte(s) *nm*
can – (know how to) savoir *v irreg* §
can – (be able to) pouvoir *v irreg* §
  can I? – puis-je?
  I can't – je ne peux pas
Canada – Canada *nm*
Canadian – canadien, canadienne *adj*
Canadian person – Canadien *nm*,
  Canadienne *nm*
canary – canari *nm*
cancel – annuler *v reg*
cancer – cancer *nm*
candidate – candidat *nm*, candidate *nf*
candle – bougie *nf*
candy floss – barbe à papa *nf*
canoe – canoë *nm*
canoe – faire du canoë *v irreg* §
canteen – cantine *nf*, réfectoire *nm*
cap – casquette *nf*
capable – capable *adj*
capital – (city) capitale *nf*
capital letter – lettre majuscule *nf*
captain – capitaine *nm*
car –voiture *nf*, auto *nf*
  car ferry – ferry *nm*
  car hire – location de voitures *nf*
  car key – clé de voiture *nf*
  car park – parking *nm*
  car phone – téléphone de voiture
  nm
  car seat – banquette *nf*
  car wash – station de lavage *nf*,
  lave-auto *nm*
  by car – en voiture *nf*
caravan – caravane *nf*

---

prep - preposition   *v reg* - verb regular   *v refl* - verb reflexive   § - see verb tables
pp - past participle   *v irreg* - verb irregular   † - see verb information   * - takes être

card – carte *nf*
  credit card – carte de crédit *nf*
  identity card – carte d'identité *nf*
  post card – carte postale *nf*
  play cards – jouer aux cartes *v reg*
care – attention *nf*
  care about – s'intéresser* à *v refl*
  care for – soigner *v reg*
career – carrière *nf*
  careers advice – orientation professionnelle *nf*
careful – prudent *adj*
  be careful – faire attention *v irreg* §
careful with money – économe *adj*
carefully – avec attention, soigneusement *adv*
careless – imprudent *adj*
caretaker – concierge *nmf*
carpet – tapis *nm*
carpet – (fitted) moquette *nf*
carrot – carotte *nf*
carry – porter *v reg*
carry on – continuer *v reg*
cartoon – (drawing) dessin *nm*
cartoon – (cinema) dessin animé *nm*
cartoon strip – BD *nf*, bande dessinée *nf*
case – cas *nm*
case – (luggage) valise *nf*
  pack the cases – faire les valises *v irreg* §
cash – (money) argent *nm*
  cash – (not a cheque) argent liquide *nm*
  cash a cheque – encaisser un chèque *v reg*
  cash desk – caisse *nf*
  go to the cash desk – passer* à la caisse *v reg*
  cash machine – (dispenser) distributeur de billets *nm*
cashier – caissier *nm*, caissière *nf*
cassette – cassette *nf*

  video cassette – vidéo *nf*
cassette recorder – magnétophone *nm*
castle – château *nm*
cat – chat *nm*, chatte *nf*
catch – prendre *v irreg* §
  catch – (fish, etc) attraper *v reg*
  catch cold – attraper un rhume *v reg*
  catch the number three bus – prenez la ligne numéro trois
  catch up with – rattraper *v reg*
cathedral – cathédrale *nf*
Catholic – catholique *adj*
cauliflower – chou-fleur *nm* (*pl* choux-fleurs)
cause – cause *nf*, raison *nf*
  cause an accident – causer un accident *v reg*
  cause stress – stresser *v reg*
cave – caverne *nf*
CD – disque compact *nm*
CD player – platine-laser *nf*
CD ROM – cédérom *nm*, disque optique compact *nm*
CDT – EMT (éducation manuelle et technique) *nf*
cedilla (ç) – cédille *nf*
ceiling – plafond *nm*
celebrate – fêter *v reg*
celebration – fête *nf*
celebrity – personnage célèbre *nm*
celery – céleri *nm*
cellar – cave *nf*
cello – violoncelle *nm*
  play the cello – jouer du violoncelle *v reg*
cent(ime) – cent(ime) *nm*
centimetre – centimètre *nm*
central heating – chauffage central *nm*
centre – centre *nm*
century – siècle *nm*
cereal – céréale *nf*
certain – certain *adj*, sûr *adj*

certainly – bien sûr, certainement, volontiers *adv*
certificate – brevet *nm*
chair – (armchair) fauteuil *nm*
champagne – champagne *nm*
champion – champion *nm*, championne *nf*
championship – championnat *nm*
chance – occasion *nf*
chance – ‡hasard *nm*
by chance – par hasard
change – changement *nm*
change of clothes – vêtements de rechange *nmpl*
change – (coins) monnaie *nf*
have you any change? – avez-vous de la monnaie?
change – changer *v reg* †
change – (exchange) échanger *v reg* †
change – (alter) transformer (en) *v reg*
change clothes – changer de vêtements *v reg* †
change gear – changer de vitesse *v reg* †
change money – changer de l'argent *v reg* †
change one's mind – changer d'avis *v reg* †, se raviser* *v refl*
changeable – variable *adj*
changing-room – (sport) vestiaire *nm*
changing-room – (shop) cabine d'essayage *nf*
channel – (TV) chaîne *nf*
Channel Islands – îles Anglo-Normandes *nfpl*
Channel Tunnel – tunnel sous la Manche *nm*
English Channel – Manche *nf*
chap – type *nm sl*, mec *nm sl*
chapter – chapitre *nm*
character – caractère *nm*
character – (drama) personnage *nm*
charge – prix *nm*

charge card – carte d'achat *nf*
charming – charmant *adj*
chase – chasser *v reg*, poursuivre *v irreg* §
chat – causer *v reg*, bavarder *v reg*
cheap – bon marché *adj inv*
cheat – tricher *v reg*
check – contrôler *v reg*, vérifier *v reg*
check the oil level – vérifier le niveau d'huile *v reg*
check tickets – contrôler les billets *v reg*
check the tyre pressures – vérifier la pression des pneus *v reg*
check the water level – vérifier le niveau d'eau *v reg*
checked – à carreaux *adj*
cheek – (face) joue *nf*
cheerful – gai, gaie *adj*
cheerfully – gaîment *adv*
cheese – fromage *nm*
cheese sandwich – sandwich au fromage *nm*
chemist – pharmacien *nm*, pharmacienne *nf*
chemistry – chimie *nf*
chemist's shop – pharmacie *nf*
cheque – chèque *nm*
cheque book – carnet de chèques *nm*
cheque card – carte bancaire *nf*
cash a cheque – toucher un chèque *v reg*
cherry – cerise *nf*
chess – échecs *nmpl*
play chess – jouer aux échecs *v reg*
chest – (body) poitrine *nf*
chest – (box) coffre *nm*
chest of drawers – commode *nf*
chicken – poulet *nm*
chief – chef *nm*, patron *nm*
child – enfant *nmf*

only child – enfant unique *nmf*
childhood – enfance *nf*
child-minder – nourrice *nf*
chimney – cheminée *nf*
chin – menton *nm*
China – Chine *nf*
Chinese – chinois *adj*
Chinese person – Chinois *nm*,
　Chinoise *nf*
chip – (micro) puce *nf*
chips – frites *nfpl*
chocolate – chocolat *nm*
　chocolate ice cream – glace au
　chocolat *nf*
choice – choix *nm*
choir – chorale *nf*
choose – choisir *v reg*
Christian – chrétien, chrétienne *adj*
Christian name – prénom *nm*
Christmas – Noël *nm*
　at Christmas – à Noël
　Father Christmas – Père Noël
　nm
　Happy Christmas! – Joyeux
　Noël!
Christmas Eve – veille de Noël *nf*
Christmas holidays – vacances de
　Noël *nfpl*
Christmas present – cadeau de
　Noël *nm*
Christmas tree – arbre de Noël *nm*
church – église *nf*
cider – cidre *nm*
cinema – cinéma *nm*
circle – cercle *nm*
circumflex accent (ê) – accent
　circonflexe *nm*
circus – cirque *nm*
city – ville *nf*
civil servant – fonctionnaire *nmf*
clarinet – clarinette *nf*
　play the clarinet – jouer de la
　clarinette *v reg*

class – classe *nf*
classical – classique *adj*
　classical music – musique
　classique *nf*
classified (small) ads – petites
　annonces *nfpl*
classroom – salle de classe *nf*
clean – propre *adj*, net, nette *adj*
clean – (house) nettoyer *v reg* †
clean one's teeth – se brosser* les
　dents *v refl*, se laver* les dents *v refl*
cleaning – nettoyage *nm*
cleaning lady – femme de ménage *nf*
clear – (table) débarrasser *v reg*
clearly – clairement, nettement,
　précisément *adv*
clear up – (tidy) ranger *v reg* †
clever – intelligent *adj*
cliff – falaise *nf*
climb – grimper *v reg*
clinic – centre médical *nm*
cloak-room – vestiaire *nm*
clock – (domestic) pendule *nf*
clock – (large public) horloge *nf*
clock radio – radio-réveil *nm*
close – (near) proche *adj*
　close by – près (de) *adv*
close – (shut) fermer *v reg*
closed – fermé *adj*
cloth – tissu *nm*
clothes – vêtements *nmpl*
clothes department – rayon de
　vêtements *nm*
cloud – nuage *nm*
cloudy – nuageux, nuageuse *adj*
club – club *nm*
clutch – (car) embrayage *nm*
clutch – (hold) empoigner *v reg*,
　saisir *v reg*
coach – autocar *nm*
coach – (bus) car *nm*
coach station – gare routière *nf*
coast – côte *nf*

---

nm - noun masculine	*nmpl* - noun masculine plural	*adj* - adjective	*conj* - conjunction
nf - noun feminine	*nfpl* - noun feminine plural	*adv* - adverb	*pron* - pronoun

coat – manteau *nm*, pardessus *nm*
coat hanger – cintre *nm*
Coca Cola® – Coca-Cola® *nm*
cocoa – cacao *nm*
code – code *nm*
coeducational – mixte *adj*
coffee – (black) café *nm*
    coffee with milk – café crème *nm*
    expresso coffee – café express *nm*
    filter coffee – café filtre *nm*
coffee pot – cafetière *nf*
coffee table – table basse *nf*
coin – pièce *nf*
cold – froid *adj*
    cold water – eau froide *nf*
    be cold – (person) avoir froid
    v irreg §
    be cold – (weather) faire froid
    v irreg §
cold – (illness) rhume *nm*
    catch cold – attraper un rhume
    v reg
    have a cold – être enrhumé
    v irreg §
collar – col *nm*
colleague – collègue *nmf*
collect – (pick up) récupérer *v reg* †
collect – (stamps, etc) collectionner
v reg
collection – collection *nf*
college – (sixth form) lycée *nm*
college – (technical) lycée technique
nm
collide with – entrer* en collision
avec *v reg*
collision – collision *nf*
colloquial – familier, familière *adj*
colon (:) – deux-points *nm*
colour – couleur *nf*
comb – peigne *nm*
comb one's hair – se peigner* *v refl*,
se donner* un coup de peigne *v refl*
come – venir* *v irreg* §, arriver* *v reg*

come back – rentrer* *v reg*,
revenir* *v irreg* §
come down – descendre* *v reg*
come in – entrer* *v reg*
come on! – allez!
come out – sortir* *v irreg* §
come up – monter* *v reg*
comfort – confort *nm*
comfortable – confortable *adj*
comic – comique *adj*
comic film – film comique *nm*
comic strip – bande dessinée *nf*
coming from – (train) en provenance
de
comma (,) – virgule *nf*
command – ordre *nm*
common – vulgaire *adj*
Common Market – Marché
Commun *nm*
common noun – nom commun *nm*
commute – faire la navette *v irreg* §
compact disc – CD *nm*
company – société *nf*
compare – comparer *v reg*
comparison – comparaison *nf*
competition – concours *nm*
competitor – concurrent *nm*,
concurrente *nf*
complain – râler *v reg coll*,
se plaindre* *v refl* §
complete – compléter *v reg* †
complete – entier, entière *adj*
complete – finir *v reg*, terminer *v reg*
completely – complètement *adv*
complicated – compliqué *adj*
compulsory – obligatoire *adj*
computer – ordinateur *nm*
computer game – jeu électronique
nm
computer operator – informaticien
nm, informaticienne *nf*
computer programmer –
programmeur *nm*, programmeuse *nf*

| *prep* - preposition | *v reg* - verb regular | *v refl* - verb reflexive | § - see verb tables |
| *pp* - past participle | *v irreg* - verb irregular | † - see verb information | * - takes être |

computer scientist – informaticien *nm*, informaticienne *nf*
computer studies – informatique *nf*
computerise – informatiser *v reg*
concern – concerner *v reg*
  be concerned with – s'occuper* de *v refl*
concerning – à propos de
concert – concert *nm*
concrete – béton *nm*
condition – état *nm*
  in good condition – en bon état
  in poor condition – en mauvais état
condom – préservatif *nm*
confirm – confirmer *v reg*
congratulate – féliciter *v reg*
congratulations! – félicitations!
connection – (train) correspondance *nf*
consequently – aussi *conj*
conservatory – véranda *nf*
construct – construire *v irreg* §
construction worker – ouvrier du bâtiment *nm*
consult – consulter *v reg*
contact – contacter *v reg*, s'adresser à* *v refl*
contact lenses – lentilles *nfpl*
contain – contenir *v irreg* §
contents – contenu *nm*
contents – (book) table des matières *nf*
contest – concours *nm*
continent – continent *nm*
continue – continuer *v reg*
convenient – commode *adj*, convenable *adj*, pratique *adj*
conversation – dialogue *nm*
convinced – convaincu *adj*
cook – cuisinier *nm*, cuisinière *nf*
cook – cuisiner *v reg*, faire la cuisine *v irreg* §

cook – chef *nm*
cooker – cuisinière *nf*
cookery – cuisine *nf*
cool – frais, fraîche *adj*
cope – se débrouiller* *v refl*
copy – copier *v reg*
cork – bouchon *nm*
corkscrew – tire-bouchon *nm*
corner – coin *nm*
  at the corner of – au coin de
cornet – (music) cornet *nm*
cornet – (ice cream) cornet de glace *nm*
Cornwall – Cornouailles *nfpl*
correct – correct *adj*
correct – corriger *v reg* †
corrections – corrigé *nm*
corridor – couloir *nm*
Corsica – Corse *nf*
cost – coûter *v reg*
cost – (price) prix *nm*
costing – qui coûte
cottage – petite maison de campagne *nf*
cottage – (thatched) chaumière *nf*
cotton – coton *nm*
cotton wool – coton hydrophile *nm*
couchette – couchette *nf*
cough – toux *nf*
cough – tousser *v reg*
cough medicine – sirop contre la toux *nm*
could – pourrait
could you – (polite request) voulez-vous?
could – (was able to) pouvait *see pouvoir v irreg* §
council flat – HLM (habitation à loyer modéré) *nf*
count – compter *v reg*
counter – (PO, bank) guichet *nm*
counter – (shop) comptoir *nm*
country – pays *nm*

---

nm - noun masculine   *nmpl* - noun masculine plural   *adj* - adjective   *conj* - conjunction
nf - noun feminine   *nfpl* - noun feminine plural   *adv* - adverb   *pron* - pronoun

country – (not town) campagne *nf*
  in the country – à la campagne
countryside – campagne *nf*
coupon – bon *nm*
courage – courage *nm*
course – stage *nm*
  of course – naturellement, bien sûr,
  bien entendu *adv*
court – (sport) terrain *nm*
court – (tennis) court *nm*
cousin – cousin *nm*, cousine *nf*
cover – couvrir *v irreg* §
covered (with) – couvert (de) *adj*
cow – vache *nf*
crab – crabe *nm*
craftsman – artisan *nm*
crafty – débrouillard, rusé *adj coll*
crash – (car) s'écraser* *v refl*
crash into – rentrer* dans *v reg*
crazy – fou, fol, folle *adj*
cream – crème *nf*
  sun cream – crème solaire *nf*
credit card – carte de crédit *nf*
crescent – croissant *nm*
cricket – (sport) cricket *nm*
crisps – chips *nmpl*
crockery – vaisselle *nf*
cross – (angry) en colère *adj*
cross – (go across) traverser *v reg*
cross country – cross *nm*
cross out – rayer *v reg*
crossing – (channel) traversée *nf*
crossing – (level) passage à niveau *nm*
crossing – (pedestrian) passage clouté *nm*
crossroads – carrefour *nm*
crossword – (puzzle) mots croisés *nmpl*

crowd – foule *nf*
cruel – cruel, cruelle *adj*
cruise – croisière *nf*
crush – écraser *v reg*
cry – (shout) crier *v reg*
cry – (weep) pleurer *v reg*
cucumber – concombre *nm*
cul de sac – impasse *nf*
cup – tasse *nf*
  cup of tea – tasse de thé *nf*
cupboard – placard *nm*
cup final – finale de la coupe *nf*
cup-tie – match de coupe *nm*
curious – curieux, curieuse *adj*
curly – bouclé *adj*, frisé *adj*
currency – monnaie *nf*
currency exchange office – bureau de change *nm*
current – actuel, actuelle *adj*
current – (electric) courant *nm*
curriculum – programme scolaire *nm*
cursor – curseur *nm*
curtain – rideau *nm*
cushion – coussin *nm*
custard – crème anglaise *nf*
custom – usage *nm*
customer – client *nm*, cliente *nf*
customs – douane *nf*
customs officer – douanier *nm*
cut – couper *v reg*
cut lawn – tondre la pelouse *v reg*
cut one's finger – se couper* le doigt *v refl*
cycle – faire du cyclisme *v irreg* §
cycle hire – location de vélos *nf*
cycling – cyclisme *nm*
cyclist – cycliste *nmf*

D

dad(dy) – papa *nm*
daily – journalier, journalière *adj*,
  quotidien, quotidienne *adj*
daily life – la vie quotidienne *nf*
daily paper – quotidien *nm*
dairy – crémerie *nf*
damage – dommage *nm*
damaged – abîmé *adj*
damp – humide *adj*
dance – bal *nm*
dance – danser *v reg*
dancer – danseur *nm*, danseuse *nf*
Dane – Danois *nm*, Danoise *nf*
Danish – danois *adj*
danger – danger *nm*
dangerous – dangereux,
  dangereuse *adj*
dare – oser *v reg*
dark – obscur *adj*
dark – (colour) foncé *adj inv*
dash (-) – (punctuation) tiret *nm*
data – donnée *nf*
database – base de données *nf*
date – date *nf*
  up to date – branché *adj*,
    moderne *adj*
date – (meeting) rendez-vous *nm*
date of birth – date de naissance *nf*
daughter – fille *nf*
daughter-in-law – belle-fille *nf*
day – jour *nm*, journée *nf*
  all day – toute la journée
  day after tomorrow –
    le surlendemain *nm*
  day before yesterday – avant-
    hier *adv*
  day off – jour de congé *nm*
  day pupil – externe *nmf*
  next day – le lendemain *nm*
  per day – par jour, à la journée

the other day – l'autre jour *nm*
dead – décédé, mort *adj*
dead end – impasse *nf*
deaf – sourd *adj*
deaf and dumb – sourd-muet *adj*
dear – cher, chère *adj*
death – mort *nf*
deceive – tromper *v reg*
December – décembre *nm*
decide to – décider (de) *v reg*
decision – décision *nf*
deckchair – chaise longue *nf*
declare – déclarer *v reg*
decorate – décorer *v reg*
deep – profond *adj*
deep frozen – surgelé *adj*
deeply – profondément *adv*
defeated – vaincu *adj*
definite – défini *adj*
degree – (temperature) degré *nm*
degree – (university) licence *nf*
delay – délai *nm*, retard *nm*
delay – tarder *v reg*
delicate – délicat *adj*, fragile *adj*
delicatessen – charcuterie *nf*
delicious – délicieux, délicieuse *adj*
delighted – enchanté *adj*
deliver – livrer *v reg*
deliver the post – distribuer le
  courrier *v reg*
delivery – livraison *nf*
demand – exiger *v reg* †
demonstrate – manifester *v reg*
demonstration – manifestation *nf*
Denmark – Danemark *nm*
dentist – dentiste *nmf*
deny – nier *v reg*
department – rayon *nm*

---

nm - noun masculine   *nmpl* - noun masculine plural   *adj* - adjective   *conj* - conjunction
nf - noun feminine   *nfpl* - noun feminine plural   *adv* - adverb   *pron* - pronoun

department store – grand magasin *nm*
departure – départ *nm*
departure board – tableau des départs *nm*
depend – dépendre *v reg*
deposit – arrhes *nfpl*, caution *nf*
deposit – poser *v reg*, déposer *v reg*
depressed – déprimé *adj*
describe – décrire *v irreg* §
description – description *nf*
deserve – mériter *v reg*
design – modèle *nm*
designer – dessinateur *nm*, dessinatrice *nf*
designer – styliste *nmf*
desire – envie *nf*, désir *nm*
desire – désirer *v reg*, avoir envie de *v irreg* §
desk – bureau *nm*
desperate – désespéré *adj*
dessert – (pudding) dessert *nm*
destination – destination *nf*
detached house – maison individuelle *nf*, pavillon *nm*
detail – détail *nm*
detective – policier, policière *adj*
detective film – film policier *nm*
detective story – roman policier *nm*
detention – retenue *nf*
  be in detention – être en retenue *v irreg* §
develop – développer *v reg*
development – développement *nm*
diabetes – diabète *nm*
diabetic – diabétique *adj*
dial the number – composer le numéro *v reg*
dialling code – indicatif de région *nm*
diary – agenda *nm*
dictionary – dictionnaire *nm*
did – *see faire v irreg* §
die – mourir* *v irreg* §

diesel – gas-oil *nm*, gazole *nm*
diet – régime *nm*
  be on a diet – être au régime *v irreg* §
difference – différence *nf*
different – différent *adj* autre *adj*
differently – autrement *adv*
difficult – difficile *adj*, pénible *adj*
difficulty – difficulté *nf*
  have difficulty – avoir du mal à *v irreg* §
digital – numérique *adj*
dim – (stupid) stupide *adj*
din – vacarme *nm*
dinghy – (inflatable) canot pneumatique *nm*
dining car – wagon-restaurant *nm*
dining hall – réfectoire *nm*
dining room – salle à manger *nf*
dinner – (evening meal) dîner *nm*
dinner hour – (lunch time break) pause de midi *nf*
dinosaur – dinosaure *nm*
direct – direct *adj*
direction – direction *nf*, sens *nm*
  in the opposite direction – en sens contraire
  in all directions – dans tous les sens
directly – directement *adv*
dirty – sale *adj*
disadvantage – inconvénient *nm*
disagreable – désagréable *adj*
disappear – disparaître *v irreg* §
disappointed – déçu *adj*
disappointing – décevant *adj*
disaster – catastrophe *nf*, désastre *nm*
disastrous – désastreux, désastreuse *adj*
disc – disque *nm*
disco – discothèque *nf*
discount – rabais *nm*

---

discouraged – découragé *adj*
discover – découvrir *v irreg*
discuss – discuter *v reg*
discussion – discussion *nf*, débat *nm*
disgraceful – ignoble *adj*
disgusted – dégoûté *adj*
disgusting – dégoûtant *adj*, infect *adj*
dish – plat *nm*
  dish of the day – plat du jour *nm*
dishwasher – lave-vaisselle *nm*
disk – disquette *nf*
  disk drive – lecteur de disquettes *nm*
display – (in shop window) étalage *nm*
distance – distance *nf*
  in the distance – au loin *adv*
distant – lointain *adj*
distinct – net, nette *adj*
distressed – désolé *adj*
district – quartier *nm*, région *nf*
  district of city – arrondissement *nm*
disturb – déranger *v reg* †
dive – plonger *v reg* †
diversion – déviation *nf*
divide – diviser *v reg*
divorced – divorcé *adj*
DIY – faire du bricolage *v irreg* §, bricoler *v reg*
dizziness – vertige *nm*
do – faire *v irreg* §
  do athletics – faire de l'athlétisme *v irreg* §
  do drama – étudier l'art dramatique *v reg*
  do (an) experiment – faire une expérience *v irreg* §
  do gardening – faire du jardinage *v irreg* §
  do gymnastics – faire de la gymnastique *v irreg* §

do homework – faire des devoirs *v irreg* §
do housework – faire du ménage *v irreg* §
do ironing – faire du repassage *v irreg* §
do odd jobs – bricoler *v reg*, faire du bricolage *v irreg* §
do one's hair – se coiffer* *v refl*
do shopping – faire des commissions *v irreg* §, faire des courses *v irreg* §
do a sport – pratiquer un sport *v reg*
do (the) washing – faire la lessive *v irreg* §
do washing up – faire la vaisselle *v irreg* §
do water sports – faire des sports nautiques *v irreg* §
do well – se débrouiller* *v refl*
well done! – bravo!
do you see? – voyez-vous?
dock – arriver au port* *v reg*
doctor – docteur *nm*, médecin *nm*
doctor's certificate – attestation du médecin *nf*
documentary – documentaire *nm*
dog, bitch – chien *nm*, chienne *nf*
  beware of the dog – chien méchant
dole – (on the) au chômage *adj*
doll – poupée *nf*
domestic – domestique *adj*, ménager, ménagère *adj*
done – *see faire v irreg* §
don't you, doesn't he? – n'est-ce pas?
donkey – âne *nm*
door – porte *nf*
  knock on the door – frapper à la porte *v reg*
door – (car, train) portière *nf*
dormitory – dortoir *nm*

---

dose – (amount) dose *nf*
double – double *adj*
double bass – contrebasse *nf*
double decker – autobus à l'impériale *nm*
double room – chambre pour deux personnes *nf*
doubtful – douteux, douteuse *adj*
doughnut – beignet *nm*
Dover – Douvres
down – en bas *adj*
  lower down – plus bas
  come down, go down – descendre* *v reg*
  come, go downhill – descendre* *v reg*
downpour – averse *nf*
downstairs – en bas, au rez-de-chaussée *adv*
  go downstairs – descendre* en bas *v reg*
dozen – douzaine *nf*
drama – drame *nm*, l'art dramatique *nm*
  do drama – étudier l'art dramatique *v reg*
drat! – mince! *excl*
draughts – jeu de dames *nm*
draughtsman – dessinateur *nm*
draw – (lottery) tirage au sort *nm*
draw – (score) match nul *nm*
draw – (match) faire match nul *v irreg* §
draw – (picture) dessiner *v reg*
draw – (pull) tirer *v reg*
drawback – inconvénient *nm*
drawer – tiroir *nm*
drawing – dessin *nm*
dreadful – insupportable *adj*
dream – rêve *nm*
dream – rêver *v reg*, songer *v reg* †
dress – robe *nf*
dress o.s. – s'habiller* *v refl*

dressed (in) – vêtu (de) *adj*
dresser – vaisselier *nm*
dressing – (medical) pansement *nm*
dressing gown – robe de chambre *nf*
dressing table – coiffeuse *nf*
dress rehearsal – répétition générale *nf*
drink – boisson *nf*
drink – boire *v irreg* §
  have a drink – prendre un pot *v irreg sl* §
drinkable – potable *adj*
  drinking water – eau potable *nf*
drive – allée *nf*
drive – rouler *v reg*
drive – conduire *v irreg* §
driver – conducteur *nm*, conductrice *nf*
driving licence – permis de conduire *nm*
  take a driving test – passer son permis *v reg*
driving mirror – rétroviseur *nm*
drop – laisser tomber *v reg*
drown – se noyer* *v refl*
drug – (medical) médicament *nm*
drug – (narcotic) drogue *nf*, stupéfiant *nm*
  be on drugs – se droguer* *v refl*
drum kit – batterie *nf*
  play the drums – jouer de la batterie *v reg*
drunk – ivre *adj*
dry – sec, sèche *adj*
dry – sécher *v reg* †
dry cleaner's – teinturerie *nf*
dry cleaning – nettoyage à sec *nm*
dry one's hair – se sécher* les cheveux *v refl* †
dryer – sèche-linge *nm*, séchoir *nm*
duck – canard *nm*
dumb – muet, muette *adj*
dumbfounded – stupéfait *adj*

---

duration – durée *nf*
during – pendant *prep*
dust – poussière *nf*
dustbin – poubelle *nf*
Dutch – ‡hollandais *adj*,
néerlandais *adj*
Dutch person – ‡Hollandais *nm*,
Hollandaise *nf*

Dutchman, Dutchwoman –
Néerlandais *nm*, Néerlandaise *nf*
duty-free – hors-taxe *adj*
duvet – couette *nf*
duvet cover – ‡housse *nf*
DVD – DVD *nm*
DVD player – lecteur de DVD *nm*

E

each – chaque *adj*
  each time – chaque fois *nf*
each one – chacun,
  chacune *indef pron*
ear – oreille *nf*
  earache – mal à l'oreille *nm*
  earring – boucle d'oreille *nf*
earlier – plus tôt *adv*
earlier – auparavant *adv*
early – tôt, de bonne heure *adv*
early – (for appointment) en avance
adv
earn – gagner *v reg*
earth – terre *nf*
earthquake – tremblement de terre
nm
easily – facilement *adv*
east – est *nm*
Easter – Pâques *nm*
  at Easter – à Pâques
  Easter egg – œuf de Pâques *nm*
  Easter holidays – vacances de
  Pâques *nfpl*
easy – facile *adj*
eat – manger *v reg* †
ecologist – écologiste *nmf*
ecology – écologie *nf*
economics – sciences économiques
nfpl
economise – économiser *v reg*

edge – bord *nm*
  on the edge of – au bord de
edible – comestible *adj*
Edinburgh – Edimbourg
education – éducation *nf*, instruction
nf
educational – éducatif, éducative *adj*
effective – effectif, effective *adj*,
efficace *adj*
effort – effort *nm*
egg – œuf *nm*
  boiled egg – œuf à la coque *nm*
  hard boiled egg – œuf dur *nm*
  fried egg – œuf sur le plat *nm*
  scrambled egg – œufs brouillés
  nmpl
eh? – hein? *excl*
eight – ‡huit *adj*
eighteen – dix-huit *adj*
eighth – ‡huitième *adj*
eighty – quatre-vingts *adj*
eighty-one – quatre-vingt-un *adj*
either ... or... – soit ... soit *conj*
elastoplast® – sparadrap *nm*
elbow – coude *nm*
elder – aîné *adj*
elderly – âgé *adj*
eldest – aîné *adj*
electric cooker – cuisinière
électrique *nf*

---

nm - noun masculine   *nmpl* - noun masculine plural   *adj* - adjective   *conj* - conjunction
nf - noun feminine   *nfpl* - noun feminine plural   *adv* - adverb   *pron* - pronoun

electric razor – rasoir électrique *nm*
electric(al) – électrique *adj*
electrician – électricien *nm*
electricity – électricité *nf*
electronics – électronique *nf*
elegant – élégant *adj*
elephant – éléphant *nm*
email – e-mail *nm*
email address– adresse électronique *nf*, mél *nm*
eleven – onze *adj inv*
eleventh – onzième *adj*
embarrassed – confus *adj*
embarrassing – gênant *adj*
embarrassment – embarras *nm*
emergency – crise *nf*
emergency – d'urgence *adj*
    in an emergency – en cas d'urgence
emergency aid – secours d'urgence *nm*
emergency dept – salle des urgences *nf*
emergency exit – sortie de secours *nf*
employ – employer *v reg* †
employee – employé *nm*, employée *nf*
employer – employeur *nm*, employeuse *nf*
empty – vide *adj*, vider *v reg*
encourage – encourager *v reg* †
end – bout *nm*, fin *nf*
    at the end of the corridor – au bout du couloir
    at the end of – à la fin de
    in the end – en fin de compte
end – (finish) finir *v reg*, se terminer* *v refl*
endless – interminable *adj*
energy – énergie *nf*
engaged – (to be married) fiancé *adj*
engaged – (WC) occupé *adj*
engine – moteur *nm*
engineer – ingénieur *nm*

engineering drawing – dessin industriel *nm*
England – Angleterre *nf*
English – anglais *adj*
English – (language) anglais *nm*
    in English – en anglais
    English lesson – cours d'anglais *nm*
English Channel – Manche *nf*
English person – Anglais *nm*, Anglaise *nf*
English-speaking – anglophone *adj*
enjoy – aimer *v reg*, aimer faire *v reg*, s'amuser* *v refl*
    enjoy your meal! – bon appétit!
enjoyable – agréable *adj*
enormous – énorme *adj*
enough – assez *adv*
enough (of) – assez (de)
    I've had enough – j'en ai marre
enquire about – s'informer* de *v refl*
enter – entrer* *v reg*
entertainment – distraction *nf*, spectacle *nm*
enthusiasm – enthousiasme *nm*
entirely – entièrement *adv*
entrance – entrée *nf*
entrance ticket – billet d'entrée *nm*
envelope – enveloppe *nf*
environment – environnement *nm*
envy – envie *nf*
equal – égal *adj* (égaux *adj mpl*)
equality – égalité *nf*
equally – également *adv*
equipment – équipement *nm*, matériel *nm*
equivalent – équivalent *adj*
error – erreur *nf*
escalator – escalier roulant *nm*
escape – échapper à *v reg*, s'évader* de *v refl*
escape from – s'échapper* de *v refl*
especially – surtout, en particulier *adv*

---

prep - preposition   *v reg* - verb regular   *v refl* - verb reflexive   § - see verb tables
pp - past participle   *v irreg* - verb irregular   † - see verb information   * - takes être

espresso coffee – café express *nm*
essay – rédaction *nf*
essential – essentiel, essentielle *adj*
establishment – établissement *nm*
estate agent – agence immobilière *nf*
euro – euro *nm*
Europe – Europe *nf*
European – européen, européenne *adj*
European person – Européen *nm*, Europénne *nf*
European Union (EU) – Union européenne (UE) *nf*
even – même *adv*
even – (not odd) pair *adj*
even better – encore mieux *adv*
even though – quand même *conj*
evening – soir *nm*
  good evening! – bonsoir!
  see you this evening – à ce soir
evening meal – repas du soir *nm*
evenly – également *adv*
event – événement *nm*
eventually – en fin de compte *adv*
ever – jamais *adv*
ever – (at all times) toujours *adv*
ever since – depuis *prep*
every – chaque *adj*
  every time – chaque fois
every – tout, toute, tous, toutes *adj*
  everybody – tout le monde
  everyone – tout le monde
  every day – tous les jours
  every evening – tous les soirs
  every ten minutes – toutes les dix minutes
everyday – courant *adj*, usuel, usuelle *adj*
every one – chacun, chacune *indef pron*
everything – tout *pron*
everywhere – partout *adv*
evidence – preuve(s) *nf(pl)*

evil – mauvais *adj*
ex- – ancien, ancienne *adj*
exact – exact *adj*, précis *adj*
exactly – exactement, justement, précisément *adv*
examination – examen *nm*
  fail an exam – râter un examen *v reg*
  pass an exam – réussir à un examen *v reg*
  take an exam – passer un examen *v reg*
example – exemple *nm*
  for example – par exemple
excellent – excellent *adj*
except – sauf, à part *prep*
exception – exception *nf*
exchange – (swap) échanger *v reg* †
exchange – (school) échange scolaire *nm*
  go on an exchange – faire un échange *v irreg* §
exciting – passionnant *adj*
exclaim – s'écrier*, s'exclamer* *v refl*
exclamation mark (!) – point d'exclamation *nm*
excursion – excursion *nf*
excuse – excuse *nf*
  make excuses – faire des excuses *v irreg* §
excuse – excuser *v reg*
  excuse me! – excusez-moi!
exercise – exercice *nm*
exercise book – cahier *nm*
exercises – mouvements de gymnastique *nmpl*
exhausted – épuisé *adj*
exhibition – exposition *nf*
exist – exister *v reg*
exit – sortie *nf*
  emergency exit – sortie de secours *nf*
expect – attendre *v reg*

---

nm - noun masculine   *nmpl* - noun masculine plural   *adj* - adjective   *conj* - conjunction
nf - noun feminine   *nfpl* - noun feminine plural   *adv* - adverb   *pron* - pronoun

expel – renvoyer *v reg* †
expensive – cher, chère *adj*
experiment – expérience *nf*
explain – expliquer *v reg*
explanation – explication *nf*
explore – explorer *v reg*
explorer – explorateur *nm*
express train – rapide *nm*
expression – regard *nm*

extinguish – éteindre *v irreg* §
extra charge – supplément *nm*
extra – en supplément
extraordinary – extraordinaire *adj*
extreme – ultra- *pref*
extremely – extrêmement *adv*
eye – œil *nm* (yeux *nmpl*)
eyebrow – sourcil *nm*
eye shadow – ombre à paupière *nf*

F

fabulous – formidable *adj*
face – figure *nf*, visage *nm*
fact – fait *nm*, réalité *nf*
  in fact – en fait, en réalité
factory – usine *nf*, fabrique *nf*
fail – échouer *v reg*
  fail an exam – rater un examen
  v reg
failed – manqué *adj*
faint – s'évanouir* *v refl*
fair – blond *adj*
fair – (amusement) foire *nf*
fair – (average) moyen, moyenne *adj*
fair – (just) juste *adj*
  it's not fair! – ce n'est pas juste!
fairly – assez *adv*
faithfully, Yours – (formal letter
  ending) Veuillez agréer, Monsieur/
  Madame, les expressions de mes
  sentiments distingués
fall – tomber* *v reg*
  fall ill – tomber* malade *v reg*
fall asleep – s'endormir* *v refl* §
false – faux, fausse *adj*
familiar – connu *adj*, familier,
  familière *adj*
family – famille *nf*

family room – (hotel) chambre
  familiale *nf*
famous – célèbre *adj*, illustre *adj*,
  renommé *adj*
fan – (supporter) fan *nmf*,
  passionné *nm*, passionnée *nf*
fancy dress – déguisement *nm*
fantastic – fantastique *adj*, génial *adj*
far away – (distant) éloigné *adj*
  far away – loin (d'ici) *adv*
  far from – loin de
  is it far? – c'est loin?
fare – (bus) prix du ticket *nm*
farm – ferme *nf*
farmer – agriculteur *nm*
  farm worker – ouvrier
  agricole *nm*
fascinating – passionnant *adj*
fashion – mode *nf*
  fashion designer – styliste *nmf*
  fashionable – à la mode *adj*
fast – (quick) rapide *adj*
fast – (quickly) vite, rapidement *adv*
  il court vite – he runs fast
fast – (watch) en avance *adv*
fast train – express *nm*
fasten – attacher *v reg*

---

fat – gros, grosse *adj*, gras, grasse *adj*
father – père *nm*
    Father Christmas – Père Noël
father-in-law – beau-père *nm*
fault – faute *nf*, tort *nm*
favourite – favori, favorite *adj*
favourite – préféré *adj*
fax – (message) fax *nm*
    fax machine – télécopieur *nm*
    fax number – numéro de télécopie
    nm
fear – peur *nf*
feather – plume *nf*
February – février *nm*
fed up – marre *adv*
    I'm fed up – j'en ai marre,
    j'en ai ras le bol
feed the cat – donner à manger au
    chat *v reg*
feel – éprouver *v reg*, sentir *v irreg* §
    feel at ease – être à l'aise *v irreg* §
    feel cold – avoir froid *v irreg* §
    feel happy – être heureux, heureuse
    v irreg §
    feel hot – avoir chaud *v irreg* §
    feel hungry – avoir faim *v irreg* §
    feel ill – se sentir* mal *v refl* §
    feel like – avoir envie de *v irreg* §
    feel sick – avoir mal au cœur
    v irreg §
    feel sleepy – avoir sommeil
    v irreg §
    feel thirsty – avoir soif *v irreg* §
    feel tired – être fatigué *v irreg* §
    feel well – se sentir* bien §
feet – *see foot*
fell – *see fall*
felt – *see feel*
felt tip pen – feutre *nm*
female – femelle *adj*
female – femelle *nf*
feminine – féminin, féminine *adj*
fence – barrière *nf*

ferret – furet *nm*
ferry – ferry *nm*
ferry terminal – gare maritime *nf*
festival – fête *nf*
fetch – aller* chercher *v irreg* §
fetch bread – ramener du pain *v reg* †
fête – (village) fête *nf*, kermesse *nf*
fever – fièvre *nf*
few – peu *nm*
    few – peu de *adj*
    a few – quelques-uns,
    quelques-unes *pron*
    a few – (some) quelques *adj*
    quite a few – un bon nombre de
    nm coll
fiancé(e) – fiancé *nm*, fiancée *nf*
fiddle – (violin) violon *nm*
field – champ *nm*, terrain (de sport) *nm*
fierce – féroce *adj*
fifteen – quinze *adj*
fifth – cinquième *adj*
fifty – cinquante *adj inv*
fight – se battre* *v refl*,
    se disputer* *v refl*
file – (computer) fichier *nm*
file – (folder, ring binder) classeur *nm*,
    dossier *nm*
fill – remplir *v reg*
    fill up – (petrol, diesel) faire le plein
    v irreg §
    fill in a form – (at campsite, etc)
    remplir une fiche *v reg*
    fill in a form – (official form)
    remplir un formulaire *v reg*
filling station – station de service *nf*
filling – (teeth) plombage *nm*
film – (for camera) pellicule *nf*
film – film *nm*
    detective film – film policier *nm*
    dubbed film – film doublé *nm*
    sci-fi film – film de science-fiction
    nm
film star – vedette *nf*

---

filter coffee – café filtre *nm*
final – final *adj*
finally – à la fin, enfin *adv*
finals – finale *nf*
  cup final – finale de la coupe *nf*
find – trouver *v reg*
find – (again) retrouver *v reg*
find out – se renseigner* *v refl*,
  découvrir *v irreg* §
fine – (delicate) fin *adj*
fine – beau, bel, belle *adj*
  be fine – (weather) faire beau
  v irreg §
  I'll be fine! – ça va aller!, ça ira!
fine – (punishment) amende *nf*
fine! – O.K.!, d'accord!, entendu! *excl*
finger – doigt *nm*
finish – finir *v reg*, terminer *v reg*,
  se terminer* *v refl*
finish – (race) arriver* *v reg*
Finland – Finlande *nf*
Finnish – finlandais *adj*
Finnish person – Finlandais *nm*,
  Finlandaise *nf*
fire – feu *nm*
fire – (heater) radiateur *nm*
fire – (unplanned!) incendie *nm*
fire alarm – alarme d'incendie *nf*
fire brigade – pompiers *nmpl*
fire escape – escalier de secours *nm*
fireman – (sapeur-)pompier *nm*
fire-place – cheminée *nf*
firework – (display) feu d'artifice *nm*
firm – (solid) ferme *adj*, solide *adj*
firm – (business) entreprise *nf*,
  societé *nf*
first – premier, première *adj*
  on the first floor – au premier
  étage
at first – d'abord *adv*
first aid – premiers secours *nmpl*,
  premiers soins *nmpl*

first aid station – poste de secours
  nm
first class ticket – billet de première
  classe *nm*
first name – prénom *nm*
first of all – d'abord *adv*
first sitting – premier service *nm*
firstly – premièrement *adv*
fish – poisson *nm*
fish shop – poissonnerie *nf*
fisherman – pêcheur *nm*
fishing – pêche *nf*
  go fishing – aller* à la pêche
  v irreg §
fishing port – port de pêche *nm*
fishing rod – canne à pêche *nf*
fishmonger – poissonnier *nm*
fist – poing *nm*
fit – en forme
  be fit – être en forme *v irreg* §
  it does not fit me – ça ne me va
  pas
fitting room – cabine d'essayage *nf*
five – cinq *adj*
fix – fixer *v reg*, réparer *v reg*
fixed – fixe *adj*
fixture – (sport) match *nm*
fizzy – gazeux, gazeuse *adj*
flag – drapeau *nm*
flame – flamme *nf*
  go up in flames – brûler *v reg*
flan – tarte *nf*
  egg and cheese flan – quiche
  lorraine *nf*
flannel – gant de toilette *nm*
flash of lightning – éclair *nm*
flat – appartement *nm*
flat – plat *adj*
  flat tyre – pneu à plat *nm*
flats – (block of) immeuble *nm*
flavour – parfum *nm*
flavoured – aromatisé *adj*,
  parfumé *adj*

---

flea – puce *nf*
  flea market – marché aux puces *nm*
flight – vol *nm*
flight of stairs – escalier *nm*
fling – jeter *v reg* †
flip-flops – tongs *nfpl*
float – flotter *v reg*
flock – troupeau *nm*
flood – inondation *nf*
floor – plancher *nm*
floor – (storey) étage *nm*
  on the first floor – au premier étage
  on the next floor – à l'étage supérieur
  on the top floor – au dernier étage
floppy disk – disquette *nf*
flour – farine *nf*
flower – fleur *nf*
flower bed – parterre *nm*, plate-bande *nf*
flower vase – vase *nm*
flu – grippe *nf*
fluently – couramment *adv*
flute – flûte *nf*
  play the flute – jouer de la flûte *v reg*
fly – mouche *nf*
fly – prendre l'avion *v irreg* §, voyager en avion *v reg* †, voler *v reg*
flying – aviation *nf*
fog – brouillard *nm*
  it is foggy – il y a du brouillard *v irreg* §
fold – plier *v reg*
folder – (school) classeur *–nm*
folk music – musique folklorique *nf*
folk – gens *nmpl*
folks – parents *nmpl*
follow – suivre *v irreg* §
  followed by – suivi de

following – suivant *adj*
food – aliment *nm*, nourriture *nf*, provisions *nfpl*
  French food – cuisine française *nf*
food processor – robot de cuisine *nm*
fool – idiot *nm*, idiote *nf*
foolish – bête *adj*, sot, sotte *adj*
foot – pied *nm*
  on foot – à pied
foot – (hill, page) bas *nm*
football – football *nm*, foot *nm*
football boots – chaussures de football *nfpl*
footballer – footballeur *nm*
football field – terrain de football *nm*
football match – match de football *nm*
footpath – sentier *nm*, chemin *nm*
footstep – pas *nm* ‾
for – car *conj*
for – pour, pendant, depuis *prep*
  for ever – pour toujours, à jamais *adv*
  for example – par exemple
  for hire – à louer
  for sale – à vendre
forbid – défendre *v reg*, interdire *v irreg* §
  forbidden – défendu *adj*, interdit *adj*
forecast – prévision *nf*
forecast – (weather) météo *nf*
foreign – étranger *adj*
foreigner – étranger *nm*, étrangère *nf*
forest – forêt *nf*
forget – oublier *v reg*
forgive – pardonner *v reg*, excuser *v reg*
fork – fourchette *nf*
form – (class) classe *nf*
form – (paper) fiche *nf*, formulaire *nm*
former – (previous) ancien, ancienne *adj*

fortnight – quinzaine *nf*, quinze jours
  in a fortnight – dans une
  quinzaine
fortunate – heureux, heureuse *adj*
fortunately – heureusement *adv*
forty – quarante *adj*
forty-one – quarante et un *adj*
forward – en avant *adv*
  go forward – avancer *v reg* †
forward – (team) avant *nm*
fountain pen – stylo à encre *nm*
four – quatre *adj*
fourteen – quatorze *adj*
fourth – quatrième *adj*
fragile – fragile *adj*
franc (Swiss) – franc (suisse) *nm*
France – France *nf*
frank – franc, franche *adj*
frankly – franchement *adv*
free – libre *adj*
free – (not paying) gratuit *adj*
free time – loisir *nm*, temps libre *nm*
freedom – liberté *nf*
freeze – geler *v reg* †
  it is freezing – il gèle
freezer – congélateur *nm*
French – français *adj*
  in French – en français
French – (language) français *nm*
French bean – ‡haricot vert *nm*
French fries – frites *nf*
French person – Français *nm*,
  Française *nf*
French Riviera – Côte d'Azur *nf*
French speaking countries – pays
  francophones *nmpl*
French-speaking – francophone *adj*
French version – version française
  nf
frequent – fréquent *adj*
fresh – frais, fraîche *adj*
Friday – vendredi *nm*

fridge – réfrigérateur, frigidaire® *nm*,
  frigo *nm coll*
friend – (female) amie *nf*, copine *nf*
friend – (male) ami *nm*, copain *nm*
friendly – aimable *adj*, amical *adj*
friendship – amitié *nf*
fright – peur *nf*, horreur *nf*
  be frightened – avoir peur
  v irreg §
frightened – effrayé *adj*
frightening – effrayant *adj*
fringe – frange *nf*
frog – grenouille *nf*
  frogs' legs – cuisses de grenouilles
  nfpl
from – de *prep*
from – (train coming from) en
  provenance de
from – (according to) d'après *prep*
from – (time, prices) à partir de *prep*
front – devant *nm*
  in front of – devant *prep*
front door – porte d'entrée *nf*
front wheel – roue avant *nf*
frost – gel *nm*, givre *nm*
frosty – glacial *adj*
frozen – gelé *adj*
frozen food – aliments surgelés *nmpl*,
  produits surgelés *nmpl*
fruit – fruit *nm*
fruit juice – jus de fruit *nm*
fruit machine – machine à sous *nf*
fruit tree – arbre fruitier *nm*
fruitseller – marchand de fruits *nm*
frying pan – poêle *nf*
fuel – (petrol) carburant *nm*
full – plein *adj*, complet, complète *adj*
  full of – plein de *adj*
  full time – à plein temps *adv*
full – (car park) complet
full – (no vacancies in hotel, B&B)
  complet *adj*

---

full board – pension complète *nf*
full fare – plein tarif *nm*
full stop (.) – point (final) *nm*
full speed – à toute vitesse *adv*
fun – amusement *nm*
   be fun – être chouette *v irreg coll* §
   have fun – s'amuser* *v refl*,
   rigoler *v reg*
   make fun of – se moquer* de *v refl*
fun fair – fête foraine *nf*
funny – comique *adj*, drôle *adj*,
   marrant *adj coll* rigolo,
   rigolote *adj coll*

furious – furieux, furieuse *adj*
furnished – meublé *adj*
furniture – meubles *nmpl*
further – plus loin *adv*
further education – formation
   continue *nf*
fuss – agitation *nf*
   make a fuss – faire des histoires
   v irreg §
fussy – difficile *adj*
future – avenir *nm*
future – futur *adj*
in future – à l'avenir

G

gale – tempête *nf*
gallery – galerie *nf*
   art gallery – galerie d'art *nf*, musée
   nm
game – jeu *nm*
   arcade game – jeu de galerie *nm*
   board game – jeu de societé *nm*
   computer game – jeu électronique
   nm
   video game – jeu vidéo *nm*
   'game – (software) logiciel de
   jeu *nm*
game of tennis – partie de tennis *nf*
games room – salle de jeux *nf*
games – sport *nm*
   do games – faire du sport *v irreg* §
garage – garage *nm*
garage owner – garagiste *nm*
garden – jardin *nm*
   botanical garden – jardin des
   plantes *nm*
gardener – jardinier *nm*,
   jardinière *nf*
gardening – jardinage *nm*

   do the gardening – faire du
   jardinage *v irreg* §
garlic – ail *nm*
garment – vêtement *nm*
gas – gaz *nm*
   gas cooker – cuisinière à gaz *nf*
   gas cylinder – bouteille de gaz *nf*
gate – barrière *nf*, porte *nf*
gate crash – venir* sans invitation
   v irreg §
gather together – rassembler *v reg*
GB – Grande-Bretagne *nf*
gear – (car) vitesse *nf*
gel – (hair) gel *nm*
gender – genre *nm*
general – général *adj*
   in general – en général *adv*
generous – généreux, généreuse *adj*
Geneva – Genève
gentle – doux, douce *adj*
gentleman – monsieur *nm*
Gentlemen – Messieurs *nmpl*

---

gently – doucement *adv*
genuine – authentique *adj*,
  véritable *adj*
geography – géographie *nf*
geology – géologie *nf*
gerbil – gerbille *nf*
German – allemand *adj*
German – (language) allemand *nm*
German person – Allemand *nm*,
  Allemande *nf*
Germany – Allemagne *nf*
get – (become) devenir* *v irreg* §
  get – (buy) acheter *v reg* †
  get – (catch hold of) saisir *v reg*
  get – (fetch) aller* chercher
  v irreg §
  get – (find) trouver *v reg*
  get – (have) avoir *v irreg* §
  get – (obtain) obtenir *v irreg* §
  get – (understand) comprendre
  v irreg §
get a divorce – divorcer *v reg* †
get about – (travel) voyager *v reg* †,
  se déplacer* *v refl* †
get across – traverser *v reg*
get along – (manage) se
  débrouiller* *v refl*
get angry – se mettre* en colère
  v refl §, se fâcher* *v refl*
get at – (reach) parvenir* à *v irreg* §
get away – partir* *v irreg* §,
  s'en aller* *v irreg* §
get back – retourner* *v reg*,
  revenir* *v irreg* §
get bad marks – avoir de
  mauvaises notes *v irreg* §
get better – se remettre* *v refl* §
get down – descendre* *v reg*
get dressed – s'habiller* *v refl*
get good marks – avoir de bonnes
  notes *v irreg* §
get hurt – être blessé *v irreg* §

get impatient – s'impatienter*
  v refl
get in – entrer* *v reg*, arriver* *v reg*
get injured – se blesser* *v refl*
get into – monter* dans *v reg*
get into trouble – avoir des ennuis
  v irreg §
get married – se marier* *v refl*
get off the coach – descendre* du
  car *v reg*
get on – (succeed) réussir *v reg*
get on the train – monter* dans le
  train *v reg*
get on with – s'accorder* bien
  avec *v refl*, s'entendre* *v refl*
get out of a mess – s'en sortir*
  v refl §
get out of the car – descendre* de
  voiture *v reg*
get over – (illness) se remettre*
  v refl §
get ready – se préparer* *v refl*
get rid of – se débarrasser* de
  v refl
get round – (avoid) éviter *v reg*
get stung – se faire* piquer *v refl* §
get the bus – prendre l'autobus
  v irreg §
get to – arriver* à *v reg*, aller* à
  v irreg §
get to know – faire la connaissance
  de *v irreg* §
get used to – s'habituer* à *v refl*
get undressed – se déshabiller*
  v refl
get up – se lever* *v refl* †
ghost – fantôme *nm*
gift – cadeau *nm*
  will you gift wrap this please?
  – pouvez-vous en faire un paquet-
  cadeau, s'il vous plaît?
gifted – doué *adj*
gig – concert *nm*

---

giggle – ricaner *v reg*
ginger – gingembre *nm*
ginger bread – pain d'épice *nm*
girl – fille *nf,* jeune fille *nf*
girlfriend – petite amie *nf*
give – donner *v reg*
  give – (gift) offrir *v irreg* §
  give back – rendre *v reg*
  give in – se rendre* *v refl*
  give me ... – donnez-moi ...
  give over – (stop) cesser *v reg*
  give up – abandonner *v reg*
glad – content *adj*
gladly – volontiers *adv*
glance – regard *nm*
glass – (drinking) verre *nm*
glass – (mirror) miroir *nm*
glass – (pane of) vitre *nf*
glasses – (spectacles) lunettes *nfpl*
glass jug – carafe *nf*
gloomy – triste *adj*
glove – gant *nm*
glue – coller *v reg*
GNVQ – bac professionnel *nm*
go – aller* *v irreg* §
go – (become) devenir* *v irreg* §
go – (leave) partir* *v irreg* §
go – (function) marcher *v reg*
go – (vanish) disparaître *v irreg* §
  go along – aller* le long de
  v irreg §
  go and fetch someone – aller*
  chercher quelqu'un *v irreg* §
  go and see – (people) aller* voir
  v irreg §
  go away – s'en aller* *v refl* §,
  s'éloigner* *v refl*
  go away! – allez-vous-en! *excl*
  go babysitting – faire du
  babysitting *v irreg* §
  go back – retourner*– *v reg*

go by car – aller* en voiture
v irreg §
go boating – faire une promenade
en bateau *v irreg* §
go camping – faire du camping
v irreg §
go down – descendre* *v reg*
go downstairs – (*with avoir*)
descendre l'escalier *v reg*
go fishing – aller* à la pêche
v irreg §
go for – aller* chercher *v irreg* §
go for a bike ride – faire une
promenade à vélo *v irreg* §
go for a walk – faire une
promenade *v irreg* §
go forward – avancer *v reg* †
go home – rentrer* à la maison
v reg
go horse riding – faire de
l'équitation *v irreg* §, faire du
cheval *v irreg* §
go in (to) – entrer* dans *v reg*
go in for an exam – se présenter*
à un examen *v refl*
go jogging – faire du jogging
v irreg §
go near to – s'approcher de* *v refl*
go off – partir* *v irreg* §
go on – continuer *v reg*
go on an exchange – faire un
échange *v irreg* §
go on foot – aller* à pied *v irreg* §
go on holiday – partir* en
vacances *v irreg* §
go on, go ahead! – allez-y! *excl*
go out – sortir* *v irreg* §
go out with – fréquenter *v reg*
go out – (light) s'éteindre* *v refl* §
go over – (across) traverser *v reg*
go red – rougir *v reg*
go round the shops – courir les
magasins *v irreg* §

---

go round the world – faire le tour du monde *v irreg* §

go round town – faire un tour en ville *v irreg* §

go sailing – faire de la voile *v irreg* §

go shopping – faire des achats *v irreg* §, faire des commissions *v irreg* §, faire des courses *v irreg* §

go skiing – faire du ski *v irreg* §

go straight on! – allez tout droit!

go that way! – passez par là!

go through customs – passer* à la douane *v reg*

go to – aller* à *v irreg* §, se rendre* à *v refl*

go to bed – aller* au lit *v irreg* §, se coucher* *v refl*

go up – monter* *v reg*

go walking – faire des promenades *v irreg* §

go window shopping – faire du lèche-vitrines *v irreg* §

go windsurfing – faire de la planche à voile *v irreg* §

go with – accompagner *v reg*

shall we go? – si on allait?

go-kart – kart *nm*

go-carting – karting *nm*

to go go-carting – faire du karting *v irreg* §

goal – but *nm*

goalkeeper – gardien de but *nm*

goalless-draw – match nul *nm*

goalpost – poteau de but *nm*

goat – chèvre *nf*

goggles – lunettes protectives *nfpl*

going to – en direction de

gold – or *nm*

made of gold – en or

golden – (colour) doré *adj*

goldfish – poisson-rouge *nm*

golf – golf *nm*

golf course – terrain de golf *nm*

play golf – jouer au golf *v reg*

gone – *see aller* v irreg* §

it's all gone – il n'y en a plus

good – (well-behaved) sage *adj*

good – (well) bien *adv*

good – bon, bonne *adj*

good evening! – bonsoir!

good idea! – bonne idée!

good looking – beau, bel, belle *adj*

good luck! – bon courage! bonne chance!

be in a good mood – être de bonne humeur *v irreg* §

good morning! – bonjour!

good news – bonne nouvelle *nf*

good night! – bonne nuit!

good-tempered – de bonne humeur *adj*

good at – fort en *adj*

good value – (of prices) intéressant *adj*, bon marché (cheap) *adj inv*

goodbye! – au revoir!

goodness – bonté *nf*

gorgeous – formidable *adj*, magnifique *adj*, splendide *adj*

got to – (must, ought to) devoir *v irreg* §

got – (have) avoir *v irreg* §

grab – saisir *v reg*

grade – note *nf*

gram – gramme *nm*

grammar – grammaire *nf*

grandchildren – petits-enfants *nmpl*

grandad – papi *nm*

granddaughter – petite-fille *nf*

grandfather – grand-père *nm*

grandmother – grand-mère *nf*

grandparents – grands-parents *nmpl*

grandson – petit-fils *nm*

granny – mamie *nf*

grapefruit – pamplemousse *nm*

grapes – raisin *nm*

---

prep - preposition   *v reg* - verb regular   *v refl* - verb reflexive   § - see verb tables
pp - past participle   *v irreg* - verb irregular   † - see verb information   * - takes être

grass – herbe *nf*
grateful – reconnaissant *adj*
grave accent (è) – accent grave *nm*
gravy – sauce *nf*
greasy – gras, grasse *adj*
great! – chouette! *excl*, fantastique!
   excl, formidable! *excl*, sensass! *excl*
great – (big) grand *adj*
great grandfather – arrière-grand-
   père *nm*
great grandmother – arrière-grand-
   mère *nf*
Great Britain – Grande Bretagne *nf*
Greece – Grèce *nf*
Greek – grec, grecque *adj*
Greek person – Grec *nm*, Grecque *nf*
greedy – gourmand *adj*
green – vert *adj*
green bean – ‡haricot vert *nm*
green pepper – poivron vert *nm*
green salad – salade verte *nf*
greengrocer – marchand de fruits et
   légumes *nm*
greenhouse – serre *nf*
greens – légumes verts *nmpl*
greet – saluer *v reg*
greetings card – carte de vœux *nf*
grey – gris *adj*
grin – sourire *v irreg* §
grip – saisir *v reg*, serrer *v reg*
grocer – épicier *nm*, épicière *nf*
groceries – provisions *nfpl*

grocer's shop – alimentation
   générale *nf*, épicerie *nf*
ground – (earth) terre *nf*
   on the ground – par terre
ground – (sport) terrain *nm*
ground floor – rez-de-chaussée *nm*
group – groupe *nm*
grow – (become) devenir* *v irreg*
grow – (flowers, etc) pousser *v reg*
grow – (get bigger) grandir *v reg*
grow plants – cultiver *v reg*
grow old – vieillir *v reg*
grow up – grandir *v reg*
grown up – adulte *adj*
grumble – grogner *v reg*
grumpy – grincheur, grincheuse *adj*
guess – deviner *v reg*
guest house – pension *nf*
guide – guide *nm*
guide book – guide *nm*
guided tour – visite guidée *nf*
guilty – coupable *adj*
guinea-pig – cobaye *nm*, cochon
   d'Inde *nm*
guitar – guitare *nf*
   play the guitar – jouer de la
   guitare *v reg*
guy – mec *nm sl*
gym – gymnase *nm*
gymnastics – gymnastique *nf*
   do gymnastics – faire de la
   gymnastique *v irreg* §

H

habit – habitude *nf*
  be in the habit of – avoir
  l'habitude de *v irreg* §
  get into the habit of – prendre
  l'habitude de *v irreg* §
had – *see avoir v irreg* §
had to – *see devoir v irreg* §
hail – grêle *nf*
  it is hailing – il grêle
hair – cheveux *nmpl*
  have a haircut – se faire* couper
  les cheveux *v refl* §
hair dryer – sèche-cheveux *nm*
hairbrush – brosse à cheveux *nf*
haircut – coupe de cheveux *nf*
hairdresser – coiffeur *nm*,
  coiffeuse *nf*
hairstyle – coiffure *nf*
half – demi *adj*
  half an hour – demi-heure *nf*
  half back – (sport) demi *nm*
  half board – demi-pension *nf*
  half-brother – demi-frère *nm*
  half-price – demi-tarif *nm*
  half-sister – demi-sœur *nf*
half – mi- *pref*
  half way – à mi-chemin
  half term holiday – congé de mi-
  trimestre *nm*
half – moitié *nf*
  half price – à moitié-prix
half past – (time) et demi, et demie
  half past twelve – midi et demi
  (12.30)
  half past twelve – minuit et demi
  (00.30)
  half past two – deux heures et
  demie
hall – (entrance) vestibule *nm*
hall – (large room) salle *nf*

ham – jambon *nm*
  ham sandwich – sandwich au
  jambon *nm*
hamburger – ‡hamburger *nm*
hammer – marteau *nm*
hamster – ‡hamster *nm*
hand – main *nf*
  give s.o. a hand – donner un coup
  de main à *v reg*
handbag – sac à main *nm*
handball – ‡handball *nm*
handicapped – ‡handicapé *adj*
handkerchief – mouchoir *nm*
handle – manche *nm*
handmade – fait à la main *adj*
handsome – beau, bel, belle *adj*
handwriting – écriture *nf*
handy – commode *adj*
handyman – bricoleur *nm*
hang gliding – deltaplane *nm*
hang up – (phone) raccrocher *v reg*
happen – arriver* *v reg*,
  se passer* *v refl*
happiness – bonheur *nm*
happy – heureux, heureuse *adj*,
  content *adj*
Happy Birthday! – Bon
  anniversaire!
Happy Christmas! – Joyeux Noël!
Happy name day! – Bonne fête!
Happy New Year! – Bonne année!
happy with – satisfait *adj*
harbour – port *nm*
hard – (not easy) difficile *adj*
hard – (not soft) dur *adj*
hard disk – disque dur *nm*
hard of hearing – dur à l'oreille *adj*
hardly – à peine, ne ... guère *adv*
hardware shop – droguerie *nf*,
  quincaillerie *nf*

---

hardworking – travailleur, travailleuse *adj*
harshly – durement *adv*
has – *see avoir v irreg* §
has to – *see devoir v irreg* §
hassle – difficulté *nf*, peine *nf*, mal *nm*
hassle – ‡harceler *v reg* †
haste – ‡hâte *nf*
hasten – ‡se hâter *v refl*
hasty – précipité *adj*
hat – chapeau *nm*
hate – détester *v reg*, avoir horreur de *v irreg* §
have – *see avoir v irreg* §
  have a bad back – avoir mal au dos *v irreg* §
  have a bath – prendre un bain *v irreg* §
  have a cold – avoir un rhume *v irreg* §, être enrhumé *v irreg* §
  have a detention – être collé *v irreg coll* §
  have a flair for – avoir la bosse de *v irreg* §
  have a good journey! – bonne route!
  have a good time – s'amuser* *v refl*
  have a good trip! – bon voyage!
  have a good weekend! – bon week-end!
  have a headache – avoir mal à la tête *v irreg* §
  have a holiday – avoir des vacances *v irreg* §
  have a job – travailler *v reg*
  have a meal – prendre un repas *v irreg* §
  have a nice day! – bonne journée!
  have a nice evening! – bonne soirée!
  have a problem with – avoir des ennuis avec *v irreg* §

have a raised temperature – avoir de la fièvre *v irreg* §
have a safe journey home! – bon retour!
have a sore throat – avoir mal à la gorge *v irreg* §
have a walk – faire une promenade *v irreg* §
have breakfast – prendre le petit déjeuner *v irreg* §
have difficulty in – avoir du mal à *v irreg* §
have dinner – (evening) dîner *v reg*
have free time – être libre *v irreg* §
have friends round – recevoir des amis *v irreg* §
have just done – venir de faire *v irreg* §
have lunch – déjeuner *v reg*
have something cleaned – faire nettoyer *v irreg* §
have something repaired – faire réparer *v irreg* §
have stomach-ache – avoir mal au ventre *v irreg* §
have the opportunity to – avoir la possibilité de *v irreg* §
have to – devoir *v irreg* §
have to – falloir *v irreg* §
have toothache – avoir mal aux dents *v irreg* §
hay fever – rhume des foins *nm*
hazelnut – noisette *nf*
he, it – il *pers pron*
head – tête *nf*
headache – mal à la tête *nm*
heading – titre *nm*
headlight – phare *nm*
headphones – écouteurs *nmpl*
heads or tails? – pile ou face?
headscarf – foulard *nm*

---

headteacher – directeur *nm*, directrice *nf*, proviseur *nm*, principal *nm*, principale *nf*
health – santé *nf*
healthy – sain *adj*
heap – tas *nm*
hear – entendre *v reg*
hear from – recevoir des nouvelles de *v irreg* §
heart – cœur *nm*
  by heart – par cœur
heat – chaleur *nf*
heater – radiateur *nm*
heating – chauffage *nm*
heatwave – vague de chaleur *nf*
heavy – lourd *adj*
hedge – ‡haie *nf*
heel – (of shoe) talon *nm*
height – ‡hauteur *nf*
height – (person) taille *nf*
helicopter – hélicoptère *nm*
heliport – héliport *nm*
hello! – bonjour! salut!
helmet – casque *nm*
help – aide *nf*, secours *nm*
  help! – au secours!
help – aider *v reg*
help oneself – se servir* *v refl* §
hen – poule *nf*
her, it – la *pron*
her – son, sa, ses *poss adj*, à elle
herbal tea – tisane *nf*
herd – troupeau *nm*
here – ici *adv*
here are, here is – voici *prep*
hero – ‡héros *nm*
heroin – héroïne *nf*
heroine – héroïne *nf*
herself – elle-même *pron f*
hesitate – hésiter *v reg*
HGV – poids lourds *nm*
hi! – salut!

hide – cacher *v reg*
  hide o.s. – se cacher* *v refl*
hi-fi system – chaîne Hi-Fi *nf*
high – ‡haut *adj*, élevé *adj*
high speed train – train à grande vitesse (TGV) *nm*
high street – grand-rue *nf*
high temperature – fièvre *nf*
high tide – marée haute *nf*
high wind – tempête *nf*
highway – route nationale *nf*
highway code – code de la route *nm*
hike – randonnée *nf*
  go for a hike – faire une randonnée *v irreg* §
hiker – randonneur *nm*, randonneuse *nf*
hiking boots – chaussures de marche *nfpl*
hill – colline *nf*
him, it – le *pron*
himself – lui-même *pron*
Hindu – hindou *adj*
Hindu person – Hindou *nm*, Hindoue *nf*
hip – hanche *nf*
hire – louer *v reg*
  for hire – à louer
hiring – location *nf*
his – son, sa, ses *poss adj*, à lui
historic – historique *adj*
history – histoire *nf*
  ancient history – histoire ancienne *nf*
  modern history – histoire moderne *nf*
hit – frapper *v reg*
hit song – tube *nm*
hobby – passe-temps *nm*
hockey – ‡hockey *nm*
hold – tenir *v irreg* §
  hold back – retenir *v irreg* §
  hold out – tendre *v reg*

hold the line please! – ne quittez pas, s'il vous plaît!

hole – trou *nm*

holiday – (public) jour férié *nm*

holiday(s) – vacances *nfpl*
  Easter holidays – vacances de Pâques *nf*
  holiday plans – projets de vacances *nmpl*
  summer holidays – grandes vacances *nfpl*
  be on holiday – être en vacances *v irreg* §
  go on holiday – partir* en vacances *v irreg* §
  on holiday – en vacances

holiday cottage – gîte *nm*

holiday maker – vacancier *nm*, vacancière *nf*

Holland – ‡Hollande *nf*

hollow – creux, creuse *adj*

holly – ‡houx *nm*

home – foyer *nm*, maison *nf*
  at home – à la maison
  at the home of – chez
  go home – rentrer* à la maison *v reg*

home address – domicile *nm*

home economics – études ménagères *nfpl*

home game – match à domicile *nm*

home-made tart – tarte maison *nf*

homework – devoirs *nmpl*
  do one's homework – faire ses devoirs *v irreg* §

honest – honnête *adj*

honey – miel *nm*

hooligan – houligan *nm*, voyou *nm*

hope – espérer *v reg* †

hope – espoir *nm*

hoping to see you soon – (letter) dans l'espoir de vous voir bientôt

horizon – horizon *nm*

on the horizon – à l'horizon

horn – (car) klaxon *nm*

horn – (music) cor *nm*

horrible – affreux, affreuse *adj*

horrifying – effroyable *adj*

horror – horreur *nf*, épouvante *nf*
  horror film – film d'épouvante *nm*
  horror story – roman d'épouvante *nm*

horse – cheval *nm* (chevaux *nmpl*)

horse riding – équitation *nf*
  go horse riding – faire de l'équitation *v irreg* §

hospital – hôpital *nm*

hostel – foyer *nm*

hostel – (youth) auberge de jeunesse *nf*

hot – chaud *adj*
  hot water – eau chaude *nf*
  I am hot – j'ai chaud
  it is hot – (weather) il fait chaud

hotel – hôtel *nm*

hour – heure *nf*

house – maison *nf*
  at my house – chez moi
  detached house – maison individuelle *nf*, pavillon *nm*
  semi-detached house – maison jumelle *nf*, maison mitoyenne *nf*

housewife – femme au foyer *nf*

housework – ménage *nm*
  do the housework – faire du ménage *v irreg* §

housing estate – lotissement *nm*

housing association flat – HLM *nf*

hovercraft – aéroglisseur *nm*, hovercraft *nm*

how – comment *adv*
  how about a swim? – si on allait à la piscine?
  how are things? – ça va?
  how are you? – comment allez-vous? comment vas-tu?
  how are you? – ça va?

how do you say ... in French? – comment se dit ... en français?

how do you spell that? – ça s'écrit comment?

how long have you been learning French? – depuis quand apprenez-vous le français?

how long? – combien de temps?

how many? – combien (de)? *adv*

how much? – combien (de)? *adv*

how much do I owe you? – je vous dois combien?

how much is it? – c'est combien?

how often do you do that? – vous faites ça souvent?

however – cependant *conj*

huge – énorme *adj*, immense *adj*

humanities – histoire-géo *nf*

humour – humour *nm*

hundred – cent *adj*

hundreds of – des centaines de

hundredth – centième *adj*

hunger – faim *nf*

be hungry – avoir faim *v irreg* §

I am hungry – j'ai faim

hunt – (chase) chasser *v reg*

hunt for – chercher *v reg*

hurdle – (sport) ‡haie *nf*

hurried – pressé *adj*

hurry – se dépêcher* *v refl*, ‡se hâter* *v refl*, se précipiter* *v refl*

hurry up! – dépêche-toi! dépêchez-vous!

hurry – (haste) ‡hâte *nf*

in a hurry – à la hâte

hurt oneself – se faire* mal *v refl* §

husband – mari *nm*, époux *nm*

hydrofoil – hydroptère *nm*

hypermarket – grande surface *nf*, hypermarché *nm*

hyphen (-) – trait d'union *nm*

I

I – je, j' *pers pron*

I would like – j'aimerais

ice – glace *nf*

iced – glacé *adj*

ice-cream – glace *nf*

chocolate ice-cream – glace au chocolat *nf*

strawberry ice-cream – glace à la fraise *nf*

vanilla ice-cream – glace à la vanille *nf*

Iceland – Islande *nf*

Icelandic – islandais *adj*

ice-rink – patinoire *nf*

ice-skating – patinage sur glace *nm*

icy – glacé *adj*, glacial *adj*

ID – pièce d'identité *nf*

idea – idée *nf*

good idea! – bonne idée!

ideal – idéal *adj*

identify – identifier *v reg*

identity – identité *nf*

identity card – carte d'identité *nf*

idiot – imbécile *nmf*

idiotic – imbécile *adj*

if – si *conj*

ill – malade *adj*

illness – maladie *nf*

illustration – illustration *nf*

imaginary – imaginaire *adj*

imagination – imagination *nf*

---

imagine – imaginer *v reg*,
s'imaginer* *v refl*
immediate – immédiat *adj*
immediately – immédiatement *adv*
immense – vaste *adj*
impatience – impatience *nf*
impatient – impatient *adj*
imperfect tense – imparfait *nm*
important – important *adj*
impossibility – impossibilité *nf*
impossible – impossible *adj*
impression – effet *nm*
impressive – impressionnant *adj*
in – dans *prep*
in – en *prep* and *pron*
  in autumn – en automne
  in capital letters – en majuscules
  in case – au cas où
  in Devon – dans le Devon
  in English – en anglais
  in fact – en fait
  in fashion – à la mode
  in French – en français
  in front of – devant *prep*
  in future – désormais *adv*
  in general – en général
  in good condition – en bon état
  in green – en vert
  in London – à Londres
  in my opinion – à mon avis
  in order to – pour, afin de *prep*
  in poor condition – en mauvais
    état
  in spite of – malgré *prep*
  in spring – au printemps
  in summer – en été
  in the 20th century – au
    vingtième siècle
  in the afternoon – l'après-midi
  in the country – à la campagne
  in the east – à l'est, dans l'Est
  in the end – en fin de compte
  in the evening – le soir

  in the middle of – au centre de,
    au milieu de
  in the morning – le matin
  in the mountains – à la montagne
  in the name of – au nom de
  in the north – au nord, dans le
    Nord
  in the open air – en plein air
  in the past – autrefois *adv*
  in the process of – en train de
  in the south – au sud, dans le Sud
  in the suburbs – en banlieue
  in the west – à l'ouest, dans
    l'Ouest
  in this case – dans ce cas
  in town – en ville
  in turn – à tour de rôle
  in uniform – en uniforme
  in winter – en hiver
included – compris *adj*
  service included – service
    compris
including – y compris
incredible – incroyable *adj*
indeed – en effet, vraiment *adv*
independent – indépendant *adj*,
  autonome *adj*
independent radio – radio libre *nf*
India – Inde *nf*
Indian – indien, indienne *adj*
Indian person – Indien *nm*,
  Indienne *nf*
indicator light – clignotant *nm*
individual – individuel,
  individuelle *adj*
individual – individu *nm*
indoors – à l'intérieur *adv*
industrial – industriel,
  industrielle *adj*
industrial area – zone industrielle *nf*
industry – industrie *nf*
inform – informer *v reg*

information – renseignement *nm*
information office – agence de renseignements *nf*, bureau de renseignements *nm*
  ask for information – demander des renseignements *v reg*
  some information – un renseignement *nm*
information technology – informatique *nf*
inhabitant – habitant *nm*
injection – piqûre *nf*
injure – blesser *v reg*
injured – blessé *adj*
injury – blessure *nf*
ink jet printer – imprimante à jet d'encre *nf*
in line skates – rollers in-line *nmpl*
insect – bête *nf*, insecte *nm*
inside – intérieur *nm*
inside – dedans *adv*
inside out – à l'envers *adv*
inspect tickets – contrôler *v reg*
inspector – (tickets) contrôleur *nm*
install – installer *v reg*
instant – instant *nm*
instead of – au lieu de *prep*
instructor – moniteur *nm*
instrument – instrument *nm*
insurance – assurance *nf*
insure – assurer *v reg*
intelligence – intelligence *nf*
intelligent – intelligent *adj*
intention – intention *nf*
interest – intérêt *nm*
  be interested in – s'intéresser* à *v refl*
interesting – intéressant *adj*
international – international *adj*
internet – net *nm*, Internet *nm*
  surf the net – naviguer sur Internet *v reg*, surfer sur le Net *v reg*

interview – interviewer *v reg*
into – dans *prep*
introduce – présenter *v reg*
introduce o.s. – se présenter* *v refl*
invent – inventer *v reg*
investigate – faire une enquête *v irreg* §, enquêter sur *v reg*
invitation – invitation *nf*
invite – inviter *v reg*
Ireland – Irlande *nf*
Irish – irlandais *adj*
Irish person – Irlandais *nm*, Irlandaise *nf*
iron – fer à repasser *nm*
iron clothes – repasser *v reg*
  do the ironing – faire du repassage *v irreg* §
irritate – énerver *v reg*
irritated – énervé *adj*, irrité *adj*
is – *see* être *v irreg* §
  it is – c'est
  isn't it? – n'est-ce pas?
Islamic – islamique *adj*
island – île *nf*
isolated – isolé *adj*
IT – informatique *nf*
it – le, la, l' *pron*
it – il, elle *pron*
  it depends upon – ça dépend de
  it is cold – (weather) il fait froid
  it is a pity – c'est dommage
  it is – c'est, il est, elle est
  it was – c'était, il était, elle était
Italian – italien, italienne *adj*
Italian – (language) italien *nm*
Italian – (person) Italien *nm*, Italienne *nf*
Italy – Italie *nf*
item – article *nm*
its – son, sa, ses *poss adj*
itself – elle-même, lui-même *pron*

J

jack – (car) cric *nm*
jack – (bowls) cochonnet *nm*
jacket – veste *nf*, veston *nm*
jackpot – gros lot *nm*
jam – confiture *nf*
   jar of jam – pot de confiture *nm*
jam – (traffic) bouchon *nm*
Jamaica – Jamaïque *nf*
Jamaican – jamaïquain *adj*
January – janvier *nm*
Japan – Japon *nm*
Japanese – japonnais *adj*
Japanese person – Japonnais *nm*,
   Japonnaise *nf*
jar (of jam) – pot (de confiture) *nm*
jazz – jazz *nm*
jazz band – orchestre de jazz *nm*
jealous – jaloux, jalouse *adj*
jeans – jean bleu *nm*
   pair of jeans – jean *nm*
jelly – gelée *nf*
jet – (plane) jet *nm*
jeweller's shop – bijouterie *nf*
jewellery – bijoux *nmpl*
Jewish – juif, juive *adj*
job – emploi *nm*, poste *nm*, travail *nm*
jobs – (odd) bricolage *nm*

do odd jobs – faire du bricolage
   v irreg §
jog – faire du jogging *v irreg* §
jogging – jogging *nm*
join – joindre *v irreg* §, rejoindre
   v irreg §, devenir* membre de *v irreg* §
joke – blague *nf*, plaisanterie *nf*
jotter – cahier *nm*
journalist – journaliste *nmf*
journey – trajet *nm*, voyage *nm*
joy – joie *nf*
joy stick – manette *nf*
judge – juger *v reg* †
judo – judo *nm*
   do judo – faire du judo *v irreg* §
jug – cruche *nf*, pichet *nm*
juice – jus *nm*
   fruit juice – jus de fruit *nm*
   orange juice – jus d'orange *nm*
July – juillet *nm*
jumbo jet – avion géant *nm*
jump – sauter *v reg*
jumper – tricot *nm*
June – juin *nm*
junk room – débarras *nm*
just – (fair) juste *adj*
just – (only) ne .. que
just arrived (I have) – je viens
   d'arriver

K

karate – karaté *nm*
kart – kart *nm*
kebab – brochette *nf*
keen – vif, vive *adj*

be keen on – se passionner* pour
   v refl, beaucoup aimer *v reg*
keen on sport – sportif, sportive *adj*
keep – garder *v reg*
keep an eye on – surveiller *v reg*

---

nm - noun masculine   *nmpl* - noun masculine plural   *adj* - adjective   *conj* - conjunction
nf - noun feminine   *nfpl* - noun feminine plural   *adv* - adverb   *pron* - pronoun

keep-fit – exercices physiques *nmpl*
keep to the right! – serrez la droite!
kettle – bouilloire *nf*
key – (door, car) clé *nf*
key – (on keyboard) touche *nf*
keyboard – clavier *nm*
keyhole – trou de serrure *nm*
key ring – porte-clés *nm*
kick – coup de pied *nm*
kid – gamin *nm*, gamine *nf*,
   gosse *nmf sl*
kill – tuer *v reg*
kilo(gram) – kilo(gramme) *nm*
kilometre – kilomètre *nm*
   10 kilometres from – à dix
   kilomètres de
kind – gentil, gentille *adj*
kind – sorte *nf*
   kind of – une sorte de
kindly – gentiment *adv*
kindness – gentillesse *nf*
king – roi *nm*
kiosk – kiosque *nm*

kiss – bise *nf*, bisou *nm*
kiss – embrasser *v reg*
kitchen – cuisine *nf*
kite – cerf-volant *nm*
kitten – chaton *nm*
kiwi fruit – kiwi *nm*
knee – genou *nm*
kneel – s'agenouiller* *v refl*
knickers – un slip *nm*
knife – couteau *nm*
knock – frapper *v reg*
   knock on the door – frapper à la
   porte *v reg*
knock over – renverser *v reg*
know – (fact) savoir *v irreg* §
   know how to – savoir *v irreg* §
   I don't know – je ne sais pas
   know about sthg – être au courant
   de *v irreg* §
know – (place, person, book) connaître
   v irreg §
known – connu *see* connaître *v irreg* §

L

laboratory – laboratoire *nm*
lad – garçon *nm*, gars *nm*
ladder – échelle *nf*
Ladies – Mesdames *nfpl*
Ladies – Mesdemoiselles *nfpl*
Ladies' toilets – Dames
lady – dame *nf*
   cleaning lady – femme de ménage
   nf
lady's suit – tailleur *nm*
lake – lac *nm*
lamb – agneau *nm*
lamp – lampe *nf*

land – terre *nf*
land – (plane) atterrir *v reg*
landing – (plane) atterrissage *nm*
landing – (top of stairs) palier *nm*
language – langue *nf*
   foreign language – langue
   étrangère *nf*
   modern languages – langues
   modernes *nfpl*
lantern – lanterne *nf*
laptop – (computer) portable *nm*
large – grand *adj*
laser printer – imprimante à laser *nf*

last – durer *v reg*
last – dernier, dernière *adj*
  last night – hier soir
  last week – la semaine dernière *nf*
  last year – l'année dernière *nf*
  at last – enfin *adv*
late – (for appointment) en retard
late – (not early) tard *adv*
later – plus tard
  see you later! – à tout à l'heure
latest – dernier, dernière *adj*
Latin – latin *nm*
laugh – rire *v irreg* §
laundrette – laverie *nf*
law – loi *nf*
lawn – gazon *nm*, pelouse *nf*
  cut (mow) lawn – tondre la
  pelouse *v reg*
lawyer – avocat *nm*, avocate *nf*
lazy – paresseux, paresseuse *adj*
le Havre – ‡le Havre
  at le Havre – au Havre
lead – mener *v reg* †
  in the lead – en tête
lead – (dog) laisse *nf*
lead – (metal) plomb *nm*
lead free – sans plomb *adj*
leader – (group) responsable *nmf*
leaf – feuille *nf*
leaflet – dépliant *nm*
lean – pencher *v reg*
lean over – se pencher* *v refl*
learn – apprendre *v irreg* §
least – le moindre, la moindre *adj*
leather – cuir *nm*
  made of leather – en cuir
leather goods – maroquinerie *nf*
leave – (go away) partir* de *v irreg* §,
  quitter *v reg*
leave – (something) laisser *v reg*
leave ... lying around – laisser
  traîner ...*v reg*

leave harbour – sortir* du port
  v irreg §
leave the table – quitter la table *v reg*
left – (not right) gauche *nf*
  on the left – à gauche
left-handed – gaucher, gauchère *adj*
left luggage office – consigne *nf*
left luggage ticket – ticket de
  consigne *nm*
leg – jambe *nf*
leggings – un caleçon *nm*
leisure – loisir *nm*
leisure centre – centre de loisirs *nm*
lemon – citron *nm*
  lemon tea – thé au citron *nm*
lemonade – limonade *nf*
lend – prêter *v reg*
length – (measurement) longueur *nf*
length – (time) durée *nf*
lens – lentille *nf*, verre *nf*
  contact lenses – lentilles *nfpl*
less – moins *adv*
  less expensive – moins cher
less – moins *prep*
  less ... than – moins ... que
  less than two kilos – moins de
  deux kilos
lesson – cours *nm*, leçon *nf*
let (allow) – laisser *v reg*
  let s.o. know – informer *v reg*
  let me know – faites-moi savoir,
  prévenez-moi
let – (flat, house) louer *v reg*
  to let – à louer
letter – lettre *nf*
  letter box – boîte aux lettres *nf*
  registered letter – lettre
  recommandée *nf*
lettuce – laitue *nf*, salade *nf*
level – plat *adj*
level – niveau *nm*
  level crossing – passage à niveau *nm*
liar – menteur *nm*, menteuse *nf*

librarian – bibliothécaire *nmf*, documentaliste *nmf*
library – bibliothèque *nf*
licence – permis *nm*
lick – lécher *v reg* †
lie down –s'allonger *v refl* †, se coucher* *v refl*
  have a lie in – faire la grasse matinée *v irreg* §
life – vie *nf*
  daily life – la vie quotidienne *nf*
lifebelt – bouée de sauvetage *nf*, ceinture de sauvetage *nf*
lifeguard – maître-nageur *nm*
lift – ascenseur *nm*
lift up – lever *v reg* †
light – (not heavy) léger, légère *adj*
light –(colour) clair *adj*
  light blue – bleu clair *adj inv*
light – lumière *nf*
light – (switch on) allumer *v reg*
light bulb – ampoule *nf*
light pen – crayon optique *nm*
lighthouse – phare *nm*
lightly – légèrement *adv*
lightning – éclair *nm*
like – (similar) pareil, pareille *adj*, semblable *adj*
like – comme *prep*
  like that – comme ça, de cette façon *adv*
like – aimer *v reg*, bien aimer *v reg*
  I would like – je voudrais, j'aimerais
  like a lot – beaucoup aimer *v reg*
likely – probable *adj*
limit – limite *nf*
limit – limiter *v reg*
line – ligne *nf*
line – (queue) queue *nf*
line – (track) voie *nf*
linen – (household) linge *nm*
  dirty linen – linge sale *nm*

lion – lion *nm*
lip – lèvre *nf*
  lip-read – lire sur les lèvres *v irreg* §
  lipstick – rouge à lèvres *nm*
liquid – liquide *adj*
list – liste *nf*
listen (to) – écouter *v reg*
literature – littérature *nf*
litre – litre *nm*
little – (not big) petit *adj*
little – (not much) peu *adv*
  a little more – un peu plus
  a little of – un peu de
live – (alive) vivant *adj*
live – (broadcast) en direct
live – demeurer *v reg*, habiter *v reg*, loger *v reg* †
  where do you live? – où habites-tu?
live – (be alive) vivre *v irreg* §
lively – animé *adj*, vif, vive *adj*
liver – foie *nm*
living – vivant *adj*
  earn one's living – gagner sa vie *v reg*
living room – salle de séjour *nf*
load – charger *v reg* †
loaded – chargé *adj*
loads of – un tas de, des masses de
loaf – pain *nm*
local – local *adj*, du quartier
lock – fermer à clé *v reg*
lock – verrou *nm*
  lock – (bolt) verrouiller *v reg*
locker – casier *nm*
lodge – loger *v reg* †
lodger – locataire *nmf*
lodging – hébergement *nm*
loft – grenier *nm*
lollipop – sucette *nf*
London – Londres

---

prep - preposition   *v reg* - verb regular   *v refl* - verb reflexive   § - see verb tables
pp - past participle   *v irreg* - verb irregular   † - see verb information   * - takes être

lonely – solitaire *adj*
long – long, longue *adj*
  for a long time – longtemps *adv*
long walk – randonnée *nf*
long-sighted – presbyte *adj*
longer – plus long, plus longue *adj*
  no longer – ne ... plus *adv*
look – regard *nm*
look – (have the appearance of) avoir
  l'air *v irreg* §
  look after – garder *v reg*, soigner
    v reg
  look after – s'occuper* de *v refl*
  look at – regarder *v reg*
  look for – chercher *v reg*
  look forward to – attendre avec
    impatience *v reg*
  look like – ressembler à *v reg*
  look out! – attention!
  look out on to – donner sur *v reg*
lorry – camion *nm*
lorry driver – camionneur *nm*,
  routier *nm*
lose – perdre *v reg*
  lose a match – perdre un match
    v reg
lose one's way – perdre son chemin
  v reg, se perdre* *v refl*
  lose weight – perdre du poids *v reg*
lost – perdu *adj*
  lost property – objets trouvés
  nmpl
lost property office – bureau des
  objets trouvés *nm*
lot (of) – beaucoup de *adv*
  the lot – le tout

quite a lot – pas mal de
lottery – loterie *nf*
loud – bruyant, fort *adj*
loudly – à haute voix *adv*
loudspeaker – ‡haut-parleur *nm*
lounge – salon *nm*
lousy – infect *adj sl*, moche *adj sl*
love – amour *nm*
love – adorer *v reg*, aimer *v reg*
  I'd love to – je veux bien
  love from – (letter end) amitiés,
    bisous, grosses bises
love story – (film) film d'amour *nm*
lovely – beau, bel, belle *adj*
low – bas, basse *adj*
lower – inférieur *adj*
luck – chance *nf*
  good luck! – bonne chance!
  to be lucky – avoir de la chance
    v irreg §
  bad luck! – quel dommage!
  bad luck – malchance *nf*
luggage – bagages *nmpl*
luggage carousel – tapis à bagages
  nm
lunch – déjeuner *nm*, repas de midi *nm*
  have lunch – déjeuner *v reg*
lunch box – cantine *nf*
lunch hour – heure du déjeuner *nf*
lunch time – midi *nm*
Luxembourg – Luxembourg *nm*
Luxembourger – Luxembourgeois
  nm, Luxembourgeoise *nf*
luxurious – de luxe *adj*
lyrics – paroles *nfpl*

M

machine – machine *nf*
mad – fou, fol, folle *adj*
magazine – illustré *nm*, magazine *nm*, revue *nf*
  glossy magazine – magazine de luxe *nm*
  women's magazine – magazine féminin *nm*
magic – magie *nf*
magician – magicien *nm*
magnificent – magnifique *adj*, superbe *adj*
mail – courrier *nm*
main – principal *adj*
majestic – majestueux, majestueuse *adj*
major – (over 18) majeur *adj*
major road – RN, route nationale *nf*
make – (brand name) marque *nf*
make – faire *v irreg* §
  make a film – tourner un film *v reg*
  make a mistake – faire une erreur *v irreg* §
  make a verb agree – faire accorder un verbe *v irreg* §
  make an effort – faire un effort *v irreg* §
  make fun of – se moquer* de *v refl*
  make money – gagner de l'argent *v reg*
  make progress – faire des progrès *v irreg* §
  make the bed – faire le lit *v irreg* §
  make up one's mind – se décider à* *v refl*
make-up – maquillage *nm*
make-up bag – trousse de maquillage *nf*
  put on make-up – se maquiller* *v refl*
male – mâle, masculin *adj*

male – mâle *nm*
malicious – malin, maligne *adj*
Malta – Malte *nf*
Maltese – maltais *adj*
man – homme *nm*
manage – se débrouiller* *v refl*
manager – directeur *nm*, directrice *nf*, gérant *nm*, gérante *nf*, patron *nm*, patronne *nf*
mango – mangue *nf*
manner – manière *nf*
mansion – château *nm*
manual – manuel, manuelle *adj*
many – nombreux, nombreuse *adj*
many – beaucoup de *adv*
map – carte *nf*, plan *nm*
March – mars *nm*
mark – marquer *v reg*
mark with a cross – mettre une croix *v irreg* §
mark – (school) note *nf*
market – marché *nm*
  covered market – marché couvert *nm*
  open air market – marché en plein air *nm*
  market square – place du marché *nf*
marmalade – confiture d'oranges *nf*
marriage – mariage *nm*
married – marié *adj*
married couple – époux *nmpl*
marry – épouser *v reg*, se marier* avec *v refl*
  get married – se marier* *v refl*
marvellous – merveilleux, merveilleuse *adj*, sensationnel, sensationnelle *adj*
mascot – mascotte *nf*
masculine – masculin *adj*

---

mash – (potatoes) purée de pommes de terre *nf*

massive – énorme *adj*

master – maître *nm*

match – (game) match *nm*

match – (stick) allumette *nf*
  box of matches – boîte d'allumettes *nf*

materials – matériaux *nmpl*

mathematics – mathématiques *nfpl*

maths – maths *nfpl*

matron – (school) infirmière *nf*

matter – importer *v reg*
  what does it matter? – qu'importe?
  it does not matter – ça ne fait rien
  what is the matter? – qu'est-ce qu'il y a?

mattress – matelas *nm*

mauve – mauve *adj*

maximum – maximum *adj*

May – mai *nm*

may – pouvoir *v irreg* §
  may I? – puis-je?

maybe – peut-être *adv*

mayonnaise – mayonnaise *nf*

mayor – maire *nm*

me – m', me, moi *pron*

meal – repas *nm*
  evening meal – repas du soir *nm*, dîner *nm*
  midday meal – déjeuner *nm*

mean – vouloir dire *v irreg* §
  what does..mean? – que veut dire..?

mean – (unkind) méchant *adj*

mean – (with money) avare *adj*

measure – mesurer *v reg*

meat – viande *nf*

mechanic – mécanicien *nm*, mécanicienne *nf*

medal – médaille *nf*

gold medal – médaille d'or *nf*

silver medal – médaille d'argent *nf*

bronze medal – médaille de bronze *nf*

medicine – (science) médecine *nf*

medicine – (treatment) médicament *nm*

Mediterranean (Sea) – (mer) Méditerranée *nf*

medium – (steak) à point

meet – rencontrer *v reg*, se retrouver* *v refl*, se revoir* *v refl* §

meet – (be introduced to) faire la connaissance de *v irreg* §

meeting – réunion *nf*, assemblée *nf*

melon – melon *nm*

member – membre *nm*

member – (club, etc) adhérent *nm*

member's card – carte d'adhérent *nf*

memory – mémoire *nf*, souvenir *nm*

mend – réparer *v reg*

Men's toilets – Hommes

menu – menu *nm*, carte *nf*

merchandise – marchandise(s) *nf (pl)*

merit – mérite *nm*

merit – mériter *v reg*

Merry Christmas! – Joyeux Noël!

mess – désordre *nm*
  in a mess – en désordre

mess about – (in class) chahuter *v reg*

message – message *nm*, mot *nm*

messy – en désordre *adj*

metal – métal *nm*

metallic – métallique *adj*

method – méthode *nf*

metre – mètre *nm*

micro-computer – (micro-) ordinateur *nm*

microchip – puce *nf*, processeur *nm*

microphone – micro *nm*

microscope – microscope *nm*

microwave – four à micro-ondes *nm*

midday – midi *nm*

---

nm - noun masculine   *nmpl* - noun masculine plural   *adj* - adjective   *conj* - conjunction
nf - noun feminine   *nfpl* - noun feminine plural   *adv* - adverb   *pron* - pronoun

at midday – à midi
midday meal – repas de midi *nm*
middle – milieu *nm*
  in the middle of – au milieu de
  be in the middle of doing – être
  en train de faire *v irreg* §
middle aged – d'un certain age
midnight – minuit *nm*
  at midnight – à minuit
midnight train – train de minuit *nm*
might – pourrait
mild – doux, douce *adj*
milk – lait *nm*
milkman – laitier *nm*
milk shake – milk-shake *nm*
million – million *nm*
mince – steak haché *nm*
mind – (pay attention to) faire
attention à *v irreg* §
  mind the step – attention à la
  marche!
  I don't mind – ça m'est égal
  would you mind? – voudriez-
  vous?
mine – à moi
  it's mine – c'est à moi
miner – mineur *nm*
mineral water – eau minérale *nf*
minibus – minibus *nm*
minimum – minimum *nm*
minor – (under 18) mineur *adj*
minor – mineur *nm*
mint – menthe *nf*
mint tea – thé à la menthe *nm*
minus – moins *prep*
minute – minute *nf*
mirror – miroir *nm*, glace *nf*
Miss – Mademoiselle, Mlle *nf*
miss – (train, etc) manquer *v reg*,
rater *v reg*
mist – brume *nf*
mistake – erreur *nf*

make a mistake – faire une erreur
v irreg §
misty – brumeux, brumeuse *adj*
mix – mélanger *v reg* †
mixed – mixte *adj*
mixed cold meats – assiette anglaise
nf
mixed salad – salade composée *nf*
moan – (complain) grogner *v reg*, râler
v reg
mobile (phone) – portable *nf*
model – modèle *nm*
  scale model – maquette *nf*
  model-making – modelisme *nm*
modem – modem *nm*
moderate – modéré *adj*
modern – moderne *adj*
modern history – histoire moderne
nf
modern languages – langues
modernes *nfpl*
moment – instant *nm*, moment *nm*
  at this moment – à ce moment,
  actuellement
  for the moment – pour le moment
Monday – lundi *nm*
money – argent *nm*
  change money – changer de
  l'argent *v reg* †
mongrel – chien de race mixte *nm*
monkey – singe *nm*
monster – monstre *nm*
month – mois *nm*
  per month – par mois
monthly – mensuel, mensuelle *adj*
monument – monument *nm*
mood – humeur *nf*
  be in a bad mood – être de
  mauvaise humeur *v irreg* §
  be in a good mood – être de
  bonne humeur *v irreg* §
moon – lune *nf*
moped – mobylette *nf*

---

prep - preposition   *v reg* - verb regular   *v refl* - verb reflexive   § - see verb tables
pp - past participle   *v irreg* - verb irregular   † - see verb information   * - takes être

more – plus, davantage, encore *adv*
  more ... than – plus ... que
  more and more – de plus en plus
  more or less – plus ou moins,
    à peu près
  there is no more – il n'y en a plus
morning – matin *nm*, matinée *nf*
  next morning – le lendemain
    matin
Moroccan – marocain *adj*
Morocco – Maroc *nm*
mosque – mosquée *nf*
mosquito – moustique *nm*
most (of) – la plupart de
mother – mère *nf*
  Mothers' day – fête des Mères *nf*
mother-in-law – belle-mère *nf*
motherly – maternel, maternelle *adj*
motor boat – bateau à moteur *nm*
motor home – camping car *nm*
motorbike – moto *nf*
motorcyclist – motocycliste *nmf*,
    motard *nm*
motorised bike – vélomoteur *nm*
motorist – automobiliste *nmf*
motorway – autoroute *nf*
mountain – montagne *nf*
mountain bike – VTT (vélo tout
    terrain) *nm*
mountain climbing – alpinisme *nm*
mountaineer – alpiniste *nmf*
mouse – souris *nf*
moustache – moustache *nf*
mouth – bouche *nf*
mouthful – bouchée *nf*
move – bouger *v reg* †,
    se déplacer* *v refl* †
move forward – s'avancer* *v refl* †
move house – déménager *v reg* †

movement – mouvement *nm*
moving walkway – trottoir roulant
    nm
mow the lawn – tondre la pelouse
    v reg
Mr, Sir – Monsieur
Mrs, Ms, Madam – Mme (Madame)
much – beaucoup de *adv*
  so much – tellement *adv*
mud – boue *nf*, vase *nf*
muddy – boueux, boueuse *adj*,
    couvert de boue *adj*
mug – tasse *nf*
multi-coloured – multicolore *adj*
multiple crash – carambolage *nm*
multi-storey car park – parking
    à étages *nm*
mum(my) – maman *nf*
museum – musée *nm*
mushroom – champignon *nm*
music – musique *nf*
  pop music – musique pop *nf*
music centre – chaîne compacte *nf*
music department – rayon de
    musique *nm*
music room – salle de musique *nf*
musician – musicien *nm*,
    musicienne *nf*
Muslim – musulman *adj*
Muslim – (person) Musulman *nm*,
    Musulmane *nf*
must – *see devoir v irreg* §
mustard – moutarde *nf*
mutton – mouton *nm*
my – mon, ma, mes *poss adj*
myself – moi-même *pron*
mysterious – mystérieux, mystérieuse
    adj
mystery – mystère *nm*

---

nm - noun masculine   *nmpl* - noun masculine plural   *adj* - adjective   *conj* - conjunction
nf - noun feminine   *nfpl* - noun feminine plural   *adv* - adverb   *pron* - pronoun

N

nail – (finger) ongle *nm*
nail – (for wood) clou *nm*
naked – nu, nue *adj*
name – nom *nm*
  in the name of – au nom de
  my name is – je m'appelle †
  what is your name? – comment t'appelles-tu? comment vous appelez-vous?
name day – fête *nf*
narrow – étroit *adj*
nasty – méchant *adj*, horrible *adj*, vilain *adj*
nation – nation *nf*
national – national *adj*
nationalist – nationaliste *adj*
nationality – nationalité *nf*
native to – originaire de *adj*
natural – naturel, naturelle *adj*
natural history – histoire naturelle *nf*
natural sciences – sciences naturelles *nfpl*
naturally – naturellement *adv*
nature – nature *nf*
naughty – méchant *adj*
navy – marine *nf*
  navy blue – bleu marine *adj inv*
near (to) – près (de) *adv*
near-sighted – myope *adj*
nearby, near here – près d'ici
nearly – presque *adv*
nearly to do something – faillir *v irreg* §
  I nearly missed the train – j'ai failli manquer le train
neat – bien rangé *adj*
necessary – nécessaire *adj*
to be necessary – falloir *v irreg* §

it is necessary – il faut *see v irreg* §
it was necessary – il fallait *v irreg* §
it will be necessary – il faudra *v irreg* §
it would be necessary – il faudrait
neck – cou *nm*
necklace – collier *nm*
nectarine – nectarine *nf*
need – besoin *nm*
  have need of – en avoir besoin *v irreg* §
  need to – avoir besoin de *v irreg* §
needle – aiguille *nf*
needlework – couture *nf*
negative – négatif, négative *adj*
neglect – négliger *v reg* †
neglected – négligé *adj*
neighbour – voisin *nm*, voisine *nf*
neighbourhood – voisinage *nm*, environs *nmpl*
neighbouring – voisin *adj*
neither – non plus *conj*
neither ... nor – ne ... ni ... ni
  I have neither brother nor sister – je n'ai ni frère ni sœur
nephew – neveu *nm*
nervous – nerveux, nerveuse *adj*
Netherlands – Pays Bas *nmpl*
never – jamais *adv*
never – ne ... jamais *adv*
never mind – tant pis
nevertheless – néanmoins, pourtant *adv*
new – (brand new) neuf, neuve *adj*
new – nouveau, nouvel, nouvelle *adj*
  New Year – nouvel an *nm*, nouvelle année *nf*

---

prep - preposition
pp - past participle
v reg - verb regular
v irreg - verb irregular
v refl - verb reflexive
† - see verb information
§ - see verb tables
* - takes être

New Year's Day – jour de l'an *nm*
New Year's Eve – la Saint-
Sylvestre
New Zealand – Nouvelle Zélande *nf*
news – informations *nfpl*,
nouvelles *nfpl*
news – (cinema) actualités *nfpl*
newsagent – marchand de journaux
nm
newspaper – journal *nm*
(journaux *pl*)
next – prochain, suivant *adj*
next week – la semaine prochaine
nf
next year – l'année prochaine *nf*
next – ensuite, puis *adv*
next to – à côté de *adv*
next to – auprès de *prep*
next door – d'à côté *adj*
nice – sympathique *adj*,
sympa *adj inv sl*
nice – (pleasant) agréable *adj*
nice – (kind) gentil, gentille *adj*
nice – (pretty) joli *adj*
nice – (sweet) mignon, mignonne *adj*
nicely – gentiment *adv*
niece – nièce *nf*
night – nuit *nf*
good night! – bonne nuit!
last night – hier soir *adv*
night club – boîte de nuit *nf*
nightdress – chemise de nuit *nf*
nightmare – cauchemar *nm*
nil – zéro *nm*
nine – neuf *adj*
nineteen – dix-neuf *adj*
ninety – quatre-vingt-dix *adj*
ninety-one – quatre-vingt-onze *adj*
ninth – neuvième *adj*
no – nul, nulle *adj*
no – non
no – pas de, aucun, aucune *adj*

no entry – accès interdit, défense
d'entrer, passage interdit
no good at – nul, nulle en *adj*
no longer – ne ... plus *neg adv*
no more – ne ... plus *neg adv*
no parking – défense de stationner,
stationnement interdit
no smoking – défense de fumer
no vacancies – complet
no-one – personne *pron*
nobody – (with verb) ne...personne,
personne ne ... *pron*
no-one else – personne d'autre
noise – bruit *nm*
noisy – bruyant *adj*
non-drinking – non-potable *adj*
non-drinking water – eau non
potable *nf*
non-smoking – non-fumeur *adj*
none the less – quand même *conj*
noodles – nouilles *nfpl*
noon – midi *nm*
normal – normal *adj*
normally – normalement *adv*
north – nord *nm*
North America – Amérique du Nord
nf
North Sea – mer du Nord *nf*
Northern Ireland – Irlande du Nord
nf
Norway – Norvège *nf*
Norwegian – norvégien,
norvégienne *adj*
nose – nez *nm*
nosebleed – saignement de nez *nm*
have a nosebleed – saigner du nez
v reg
nosy – curieux, curieuse *adj*
not – ne ... pas *adv*
not allowed – interdit *adj*
not any – aucun, aucune *adj*
not at all – pas du tout *adv*
not bad – pas mal *adv*

---

nm - noun masculine   *nmpl* - noun masculine plural   *adj* - adjective   *conj* - conjunction
nf - noun feminine   *nfpl* - noun feminine plural   *adv* - adverb   *pron* - pronoun

not expensive – pas cher *adj*
not far from here – non loin d'ici *adv*
not included – non compris *adj*
not much – pas beaucoup, peu *adv*
not one – aucun, aucune *adj*
not only – non seulement *adv*
not to know – ignorer *v reg*
not yet – pas encore *adv*
note – (short letter) mot *nm*
note – (music) note *nf*
notebook – carnet *nm*
notepad – bloc-notes *nm*
note paper – papier à lettres *nm*
nothing – rien *pron*
nothing – (with verb) ne ... rien, rien ne ... *pron*
nothing else – rien d'autre *pron*
notice – remarquer *v reg*
notice – affiche *nf*

notice board – tableau d'affichage *nm*
nought – zéro *nm*
noun – nom *nm*
novel – roman *nm*
detective novel – roman policier *nm*
November – novembre *nm*
now – maintenant *adv*
nowadays – de nos jours *adv*
nowhere – nulle part *adv*
number – numéro *nm*, nombre *nm*
number – (figure) chiffre *nm*
number plate – plaque d'immatriculation *nf*
numerous – nombreux, nombreuse *adj*
nurse – infirmier *nm*, infirmière *nf*
nursery school – école maternelle *nf*
nut – noisette *nf*, noix *nf*
nylon® – nylon® *nm*
made of nylon® – en nylon®

O

oak tree – chêne *nm*
obedient – obéissant *adj*
obey – obéir à *v reg*
object – objet *nm*
obliged to – obligé de
oboe – hautbois *nm*
observe – observer *v reg*
obstacle – obstacle *nm*
obstinate – obstiné, têtu *adj*
obtain – obtenir *v irreg* §
obvious – évident *adj*
occasion – occasion *nf*
occasional – occasionel, occasionelle *adj*
occupant – occupant *nm*

occupation – (job) métier *nm*, profession *nf*
occupied – (seat, etc) occupé *adj*
ocean – océan *nm*
o'clock – heure *nf*
at six o'clock – à six heures
October – octobre *nm*
odd – bizarre *adj*
odd – (not even) impair *adj*
odd jobs – bricolage *nm*, menus travaux *nmpl*, petits boulots *nmpl coll*
do odd jobs – faire du bricolage *v irreg* §
of – de, d' *prep*

of course – bien entendu, bien sûr, certainement *adv*
of it – en *pron*
of them – en *pron*
off – de *prep*
    off – (cancelled) annulé *adj*
    off – (light) éteint *adj*
    off – (tap) fermé *adj*
    day off – jour de congé *nm*
    10% off – réduction de dix pour cent *nf*
offence – infraction *nf*
    commit an offence – être en infraction *v irreg* §
offend – offenser *v reg*
offended – outragé *adj*
offer – offre *nf*
offer – offrir *v irreg* §
office – bureau *nm*
often – souvent *adv*
    how often? – tous les combien?
oil – huile *nf*
oil change – vidange *nf*
oil painting – peinture à l'huile *nf*
OK! – bien! ça va! d'accord!
old – vieux, vieil, vieille *adj*
old – (ancient) ancien, ancienne *adj*
old – (former) ancien, ancienne *adj*
old – âgé *adj*
    how old are you? – quel âge avez-vous?
    I am 16 years old – j'ai seize ans
old age – vieillesse *nf*
old fashioned – démodé *adj*
olive oil – huile d'olive *nf*
Olympic games – jeux olympiques *nmpl*
omelette – omelette *nf*
    omelette with herbs – omelette aux fines herbes *nf*
    mushroom omelette – omelette aux champignons *nf*
on – sur *prep*

on – (light) allumé *adj*
on – (machine) en marche *adj*
on – (tap) ouvert *adj*
on and off – de temps en temps *adv*
on behalf of – au nom de, pour, de la part de
on board – à bord
on foot – à pied *adv*
on Friday – vendredi
on Fridays – le vendredi
on purpose – exprès *adv*
on the ground floor – au rez-de-chaussée
on the left – à la gauche
on the left of – à gauche de
on the other side – de l'autre côté
on the point of – sur le point de
on the right – à droite
on the top floor – au dernier étage
on time – à l'heure
on top of – au-dessus (de)
once – une fois *adv*
once more – une fois de plus, de nouveau *adv*
one – un, une *indef art*
one more time – encore une fois *adv*
one-off – unique *adj*, exceptionnel, exceptionnelle *adj*
one-way ticket – billet simple *nm*
one-way street – sens unique *nm*
oneself – soi-même *pron*
onion – oignon *nm*
only – ne ... que *adv*
only – seulement *adv*
only – unique *adj*
    only daughter – fille unique *nf*
    only son – fils unique *nm*
onwards – en avant *adv*
open – ouvert *adj*
    open – (uncovered) découvert *adj*
    in the open air – en plein air
open – ouvrir *v irreg* §

---

open on to – donner sur *v reg*
opening – ouverture *nf*
  opening hours – heures
  d'ouverture *nfpl*
opera – opéra *nm*
operation – opération *nf*
  have an operation – se faire*
  opérer *v refl* §
opinion – avis *nm*, opinion *nf*
  in my opinion – à mon avis
opinion poll – sondage *nm*
opportunity – occasion *nf*
opposite – contraire *nm*
  in the opposite direction – en
  sens contraire
opposite – en face de *prep*
opt for – opter (pour) *v reg*
optician – opticien *nm*, opticienne *nf*
optimist – optimiste *nmf*
optimistic – optimiste *adj*
optional – facultatif, facultative *adj*
or – ou *conj*
oral question – question orale *nf*
oral test – épreuve orale *nf*
orange – orange *adj*
orange – (fruit) orange *nf*
orange juice – jus d'orange *nm*
orchestra – orchestre *nm*
order – (café) commande *nf*
order – commander *v reg*
order – (sequence) ordre *nm*
  in alphabetical order – par ordre
  alphabétique
  in order of importance – par
  ordre d'importance
  in order to – pour *prep*
ordinal number – ordinal *nm*
ordinary – ordinaire *adj*
organise – arranger *v reg* †,
  organiser *v reg*
organised – organisé *adj*
orphan – orphelin *nm*, orpheline *nf*

other – autre *adj*
  the other day – l'autre jour *nm*
otherwise – autrement *adv*
ouch! ow! – aïe! *excl*
ought – *see devoir v irreg* §
our – notre, nos *adj poss* à nous
ourselves – nous-mêmes *pron*
out – dehors *adv*
  out – (light) éteint *adj*
  out – (not at home) sorti
  out of breath – hors d'haleine
  out of date – périmé *adj*
  out of order – (broken down) en
  panne *adv*
  out of season – hors saison
  six out of ten – six sur dix
  take out of – prendre dans *v irreg* §
outfit – habit *nm*, tenue *nf*
outside – à l'extérieur, dehors *adv*
outside – extérieur *nm*
outside – hors de *prep*
oval – ovale *adj*
oven – four *nm*
over – au-dessus de *prep*
over – par-dessus *prep*
over – (across) de l'autre côté de
over – (ended) fini *adj*
over – (more than) plus de
over – (past) passé *adj*
over there – là-bas *adv*
overalls – bleu de travail *nm*
overcoat – pardessus *nm*
overseas – étranger, étrangère *adj*
  d'outre-mer *adj*
overtake – dépasser *v reg*
overturn – se renverser* *v refl*
owe – *see devoir v irreg* §
own – posséder *v reg* †
own – propre *adj*
owner – patron *nm*, patronne *nf*,
  propriétaire *nmf*
oxygen – oxygène *nm*

P

pack – (cases) faire les valises
  v irreg §
pack of cards – jeu de cartes *nm*
package – paquet *nm*
packed lunch – repas froid *nm*
pad – (writing) bloc-notes *nm*
paddock – paddock *nm*
page – feuille *nf*, page *nf*
  at the bottom of the page – au
  bas de la page
paid – payé *adj*
pain – douleur *nf*, mal *nm*
  be in pain – avoir mal *v irreg* §,
  souffrir *v irreg* §
painful – douloureux, douleureuse *adj*
paint – faire de la peinture *v irreg* §
painter – peintre *nm*
pair (of) – paire *nf*
  pair of shoes – paire de chaussures
  nf
  pair of jeans – un jean *nm*
  pair of pyjamas – un pyjama *nm*
  pair of shorts – un short *nm*
  pair of tights – un collant *nm*
  pair of trousers – un pantalon *nm*
Pakistan – Pakistan *nm*
Pakistani – pakistanais *adj*
Pakistani person – Pakistanais *nm*,
  Pakistanaise *nf*
palace – palais *nm*
pale – pâle *adj*
pancake – crêpe *nf*
paper – papier *nm*
paper – (newspaper) journal *nm*
paperback – livre de poche *nm*
paperclip – trombone *nm*
paragraph – paragraphe *nm*
parcel – paquet *nm*, colis *nm*
parent – parent *nm*
Paris – Paris

Parisian – parisien, parisienne *adj*
Parisian – Parisien *nm*, Parisienne *nf*
park – garer *v reg*, stationner *v reg*
park – jardin public *nm*, parc *nm*
parking – stationnement *nm*
  parking meter – parcmètre *nm*
  parking space – parking *nm*
  parking ticket – procès-verbal *nm*
parrot – perroquet *nm*
part – partie *nf*
  take part in – participer à *v reg*
  part-time – à temps partiel
part – (role) rôle *nm*
particular – particulier,
  particulière *adj*
  in particular – en particulier
partner – partenaire *nmf*
party – boum *nf*, fête *nf*
pass – passer* *v reg*
pass an exam – être reçu à un
  examen *v irreg* §, réussir à un
  examen *v reg*
passage – passage *nm*
passenger – passager *nm*,
  passagère *nf*
passenger – (train) voyageur *nm*,
  voyageuse *nf*
passer-by – passant *nm*, passante *nf*
Passover – Pâque juive *nf*
passport – passeport *nm*
past – passé *nm*
past – (clock time)
  five past four – quatre heures cinq
  quarter past three – trois heures
  et quart
  half past six – six heures et demie
pasta – pâtes *nfpl*
paste – pâte *nf*
pastime – passe-temps *nm*
pastry – pâtisserie *nf*

---

nm - noun masculine   *nmpl* - noun masculine plural   *adj* - adjective   *conj* - conjunction
nf - noun feminine   *nfpl* - noun feminine plural   *adv* - adverb   *pron* - pronoun

pastry cook – pâtissier *nm*, pâtissière *nf*
past tense – passé *nm*
pâté – pâté *nm*
path – chemin *nm*, sentier *nm*
pathetic – minable *adj*
patience – patience *nf*
patient – patient *adj*
patient – (sick person) malade *nmf*, patient *nm*, patiente *nf*
patio – terrasse *nf*
pavement – trottoir *nm*
paw – patte *nf*
pay (for) – payer *v reg* †
pay attention (to) – faire attention (à) *v irreg* §
pay a visit to – (person) aller* voir *v irreg* §
pay a visit to – (place) visiter *v reg*
pay up – régler *v reg* †
PC – (computer) ordinateur *nm*
PE – éducation physique, EPS (éducation physique et sportive) *nf*
peace – paix *nf*
peaceful – paisible *adj*, tranquille *adj*
peacefully – tranquillement *adv*
peach – pêche *nf*
peanut – cacahuète *nf*
pear – poire *nf*
peas – petits pois *nmpl*
peculiar – particulier, particulière *adj*
pedestrian – piéton *nm*
pedestrian crossing – passage clouté *nm*
pedestrian precinct – zone piétonne *nf*
pen – stylo *nm*
pencil – crayon *nm*
pencil case – trousse *nf*
pencil sharpener – taille-crayon *nm*
pen-friend – correspondant *nm*, correspondante *nf*
penknife – canif *nm*

penniless – sans le sou *adj*
pensioner – retraité *nm*, retraitée *nf*, personne du troisième âge *nf*
people – gens *nmpl*
pepper – poivre *nm*
pepper – (sweet) poivron *nm*
per – par *prep*
per cent – pour cent
per day – par jour
per hour – de l'heure
per kilo – par kilo
per month – par mois
per person – par personne
per week – par semaine
percussion instrument – instrument à percussion *nm*
perfect – impeccable *adj*, parfait *adj*
perfectly – parfaitement *adv*
performance – représentation *nf*, séance *nf*, spectacle *nm*
performer – artiste *nmf*
performing arts – arts du spectacle *nmpl*, arts scéniques *nmpl*
perfume – parfum *nm*
perfume shop – parfumerie *nf*
perhaps – peut-être *adv*
period – (of time) période *nf*
period – (menstrual) règles *nfpl*
  I've got my period – j'ai mes règles
permission – autorisation *nf*, permission *nf*
permit – permis *nm*
permitted – permis *adj*
person – personne *nf*
personal – personnel, personnelle *adj*
personal stereo – baladeur *nm*
persuade – persuader *v reg*
pet – animal domestique *nm*
petrol – essence *nf*
  4-star leaded petrol – super *nm*
  unleaded petrol – essence sans plomb *nf*

petrol pump – pompe *nf*
petrol-pump attendant – pompiste *nm*
petrol station – station-service *nf*
pharmacy – pharmacie *nf*
phone – téléphone *nm*, appareil *nm coll*
  on the phone – à l'appareil *coll*
  mobile phone – portable *nm*
phone – téléphoner *v reg*, passer un coup de fil à *v reg*
phone box – cabine téléphonique *nf*
phone book – annuaire *nm*
phone call – coup de téléphone *nm*
phone card – télécarte *nf*
phone number – numéro de téléphone *nm*
photo – photo *nf*
  take a photo – prendre une photo *v irreg* §
photocopy – photocopie *nf*
photocopy – photocopier *v reg*
photocopier – photocopieuse *nf*
photograph – photographier *v reg*
photographer – photographe *nmf*
photography – photographie *nf*
physical – physique *adj*
physical education – éducation physique *nf*
physics – physique *nf*
physiotherapist – kinésithérapeute *nmf*
piano – piano *nm*
  play the piano – jouer du piano *v reg*
pick – (choose) choisir *v reg*
pick – (flowers) cueillir *v irreg* §
pick up – (off the ground) ramasser *v reg*, soulever *v reg* †
pick up – (collect) prendre *v irreg* §
pick up – (child from school) récupérer *v reg* †, aller* chercher *v irreg* §

pick up – (phone) décrocher le téléphone *v reg*
picnic – pique-nique *nm*
picnic – pique-niquer *v reg*
picnic area – aire de pique-nique *nf*
picture – image *nf*, tableau *nm*
picturesque – pittoresque *adj*
piece (of) – morceau (de) *nm*
piece of information – une information *nf*
pig – cochon *nm*, porc *nm*
pile – tas *nm*
pill – comprimé *nm*
pillow – oreiller *nm*
pillowcase – taie d'oreiller *nf*
pilot – pilote *nm*
pineapple – ananas *nm*
pink – rose *adj*
pitch – terrain *nm*
pitch – (campsite) emplacement *nm*
pitch the tent – dresser la tente *v reg*
pity – pitié *nf*, dommage *nm*
  what a pity! – quel dommage!
pizza – pizza *nf*
placard – pancarte *nf*
place – endroit *nm*, lieu *nm*
  take place – avoir lieu *v irreg* §
  at my place – chez moi
place – placer *v reg* †
place – (space) place *nf*
place – (market) place du marché *nf*
place of birth – lieu de naissance *nm*
plait – natte *nf*
plan – projet *nm*
  holiday plans – projets de vacances *nmpl*
plan – avoir l'intention de faire *v irreg* §, faire des projets *v irreg* §
  as planned – comme prévu
plane – avion *nm*
  by plane – en avion
plant – plante *nf*

---

plant – planter *v reg*
plaster – (sticking) pansement *nm*
  sparadrap, *nm*
plastic – plastique *adj*
  made of plastic – en plastique
plate – assiette *nf*
platform – quai *nm*
platform ticket – ticket de quai *nm*
play – pièce de théâtre *nf*
play – jouer *v reg*
  play a game of tennis – faire une
  partie de tennis *v irreg* §
  play a trick on – jouer un tour à
  v reg
  play chess – jouer aux échecs *v reg*
  play football – jouer au football
  v reg
  play golf – jouer au golf *v reg*
  play the guitar – jouer de la
  guitare *v reg*
  play the piano – jouer du piano
  v reg
  play the violin – jouer du violon
  v reg
player – joueur *nm*, joueuse *nf*
playground – aire de jeu *nf*
playground – (school) cour *nf*
playing card – carte à jouer *nf*
playing field – terrain de sport *nm*
pleasant – agréable *adj*,
  sympathique *adj*
pleasantly – agréablement *adv*
please – s'il te/vous plaît, SVP
  please do not ... – prière de ne
  pas ...
pleased to meet you – enchanté(e)
  de faire votre connaissance
pleasure – plaisir *nm*
  with pleasure – avec plaisir,
  volontiers
plug – (bath) bonde *nf*
plug – (electric) prise de courant *nf*
plug in – brancher *v reg*

plum – prune *nf*
plumber – plombier *nm*
plural – pluriel *nm*
  in the plural – au pluriel
p.m. – de l'après-midi, du soir *adv*
pocket – poche *nf*
pocket money – argent de poche *nm*
pointed – pointu *adj*
police – police *nf*
policeman – (town) agent de police
  nm
policeman – (village, small town)
  gendarme *nm*
police station – commissariat de
  police *nm*, poste de police *nm*,
  gendarmerie *nf*
police woman – femme-agent *nf*
polite – poli *adj*
politely – poliment *adv*
politeness – politesse *nf*
polluted – pollué *adj*
pond – mare *nf*
pony – poney *nm*
pony tail – queue de cheval *nf*
poodle – caniche *nm*
pool – (man made) étang *nm*
pool – (snooker) billard américain *nm*
pool – (swimming) piscine *nf*
poor – pauvre *adj*
pop music – musique pop *nf*
popular – populaire *adj*
pork – porc *nm*
pork chop – côte de porc *nf*
port – port *nm*
Portugal – Portugal *nm*
  in Portugal – au Portugal
Portuguese – portugais *adj*
Portuguese person – Portugais *nm*,
  Portugaise *nf*
posh – chic *adj*
possess – posséder *v reg* †
possibility – possibilité *nf*

possible – possible *adj*
possibly – éventuellement *adv*
post – poste *nf*
  post a letter – mettre une lettre à la poste *v irreg* §, poster *v reg*
  post code – code postal *nm*
  post office – bureau de poste *nm*, P et T (sign seen over door)
postage stamp – timbre *nm*
postal order – mandat postal *nm*
postcard – carte postale *nf*
poster – affiche *nf*, poster *nm*
postman – facteur *nm*
postpone – remettre *v irreg* §
postwoman – factrice *nf*
pot – (coffee) cafetière *nf*
pot – (cooking) marmite *nf*
potato – pomme de terre *nf*
pot plant – (indoor) plante d'appartment *nf*
pottery – poterie *nf*
poultry – volaille *nf*
pound – (£) livre sterling *nf*
pound – (500 g) livre *nf*
pour (out) – verser *v reg*
powder – (washing) lessive *nf*
powerful – puissant *adj*
power point – prise de courant *nf*
practical – pratique *adj*
practical work – travaux pratiques *nmpl*
practise – (instrument) s'exercer* *v refl* †
practise – (sport) s'entraîner* *v refl*
precaution – précaution *nf*
precious – précieux, précieuse *adj*
precise – précis *adj*
prefer – mieux aimer *v reg*, préférer *v reg* †
preparations – préparatifs *nmpl*
preparatory – préparatoire *adj*
prepare – préparer *v reg*

prescription – ordonnance *nf*
presence – présence *nf*
present – (current) actuel, actuelle *adj*
  at present – à l'heure actuelle
present – cadeau *nm*
  give a present – offrir un cadeau *v irreg* §
present – (not absent) présent *adj*
  be present at – assister à *v reg*, être présent à *v irreg* §
present – (tense) présent *nm*
present – (give trophy) présenter *v reg*
press – presse *nf*
press on – (lean) appuyer sur *v reg* †
pretend – faire semblant de *v irreg* §
pretty – joli *adj*, mignon, mignonne *adj*
prevent – empêcher *v reg*
previous – ancien, ancienne *adj*
previously – auparavant *adv*
price – prix *nm*
price list – tarif *nm*
priest – (RC) curé *nm*
primary school – école primaire *nf*
primary school teacher – instituteur *nm*, institutrice *nf*
principal – principal *adj*
principle – principe *nm*
print – imprimer *v reg*
printed – imprimé *adj*
printer – (computer) imprimante *nf*
prison – prison *nf*
private – privé *adj*
private school – école privée *nf*
prize – prix *nm*
probable – probable *adj*
problem – problème *nm*
process – méthode *nf*, procédé *nm*
  be in the process of – être en train de *v irreg* §
procession – défilé *nm*

---

product – produit *nm*
profession – métier *nm*, profession *nf*
program – (computer) programme *nm*
programme – (TV, radio) émission *nf*
progress – progrès *nmpl*
  make progress – faire des progrès
  v irreg §
project – projet *nm*
promise – promettre *v irreg* §
pronoun – pronom *nm*
proper – correct *adj*, bon, bonne *adj*
proper noun – nom propre *nm*
propose – proposer *v reg*
protect – protéger *v reg* †
protection – protection *nf*
protest – protester *v reg*
proud – fier, fière *adj*
prove – prouver *v reg*
province – province *nf*
PSE – instruction civique *nf*
PTO – (turn over the page) TSVP
  (tournez, s'il vous plaît)
public – public, publique *adj*
public holiday – jour férié *nm*
public transport – transports en
  commun *nmpl*
publicity – publicité *nf*
pudding – dessert *nm*
pull – tirer *v reg*, traîner *v reg*
pull a face – faire une drôle de tête
  v irreg §
pullover – pull(over) *nm*
pump up tyres – gonfler les pneus
  v reg
pun – jeu de mots *nm*
punctual – ponctuel, ponctuelle *adj*,
  à l'heure
punctuation – ponctuation *nf*

puncture – crevaison *nf*
punctured – crevé *adj*
punish – punir *v reg*
punishment – punition *nf*
pupil – élève *nmf*
  pupil taking school lunch –
  demi-pensionnaire *nmf*
puppy – chiot *nm*
purple – violet, violette *adj*
purpose – but *nm*
  on purpose – exprès
purr – ronronner *v reg*
purse – porte-monnaie *nm*
push – pousser *v reg*
put – mettre *v irreg* §, placer *v reg* †
  put away – ranger *v reg* †
  put back – remettre *v irreg* §
  put down – (something) poser
  v reg
  put in the right order – mettre
  dans le bon ordre *v irreg* §
  put on – mettre *v irreg* §
  put on a pair of shorts – se
  mettre* en short *v refl* §
  put on headlights – allumer les
  phares *v reg*
  put on light – allumer *v reg*
  put on make-up – se maquiller*
  v refl
  put on one's shoes – se chausser*
  v refl
  put out – (light) éteindre *v irreg* §
  put out – (inconvenience) déranger
  v reg †
  put up with – supporter *v reg*
pyjamas – un pyjama *nm*
Pyrenees – Pyrénées *nfpl*

Q

quality – qualité *nf*
  good quality – de bonne qualité *adj*
  poor quality – de mauvaise qualité *adj*
quantity – quantité *nf*
quarrel – se disputer* *v refl*
quarry – carrière *nf*
quarter – quart *nm*
  quarter of a century – quart de siècle *nm*
  quarter of an hour – quart d'heure *nm*
  quarter past one – une heure et quart
  quarter to two – deux heures moins le quart
  three quarters – trois quarts *nmpl*
quarter – (district in city) quartier *nm*
queen – reine *nf*

question – question *nf*
  ask a question – poser une question *v reg*
  out of the question – hors de question
question mark (?) – point d'interrogation *nm*
question – interroger *v reg* †
question s.o. – questionner *v reg*
queue – queue *nf*
  queue – faire la queue *v irreg* §
quick – rapide *adj*
  be quick – (hurry) se dépêcher* *v refl*
quickly – rapidement, vite *adv*
quiet – calme, paisible *adj*
quilt – couette *nf*
quite – assez, tout à fait *adv*
quiz – jeu concours *nm*

R

rabbit – lapin *nm*
race – (nationality) race *nf*
race – (sport) course *nf*
racket – (tennis) raquette *nf*
radiator – radiateur *nm*
radio – radio *nf*
  be on the radio – passer* à la radio *v reg*
radio cassette player – radiocassette *nf*
railway – chemin de fer *nm*
railway carriage – voiture *nf,* wagon *nm*
railway station – gare SNCF *nf*

rain – pleuvoir *v irreg* §
  it is raining – il pleut
  it was raining – il pleuvait
  it will rain – il pleuvra
  it rained – il a plu
rain – pluie *nf*
  in the rain – sous la pluie
rainbow – arc-en-ciel *nm*
raincoat – imperméable *nm,* imper *nm*
rainy – pluvieux, pluvieuse *adj*
Ramadan – ramadan *nm*
rapid – rapide *adj*
rare – rare *adj*
rarely – rarement *adv*

---

nm - noun masculine   *nmpl* - noun masculine plural   *adj* - adjective   *conj* - conjunction
nf - noun feminine   *nfpl* - noun feminine plural   *adv* - adverb   *pron* - pronoun

raspberry – framboise *nf*
raspberry tart – tarte à la framboise *nf*
rate of exchange – cours du change *nm*, taux de change *nm*
rather – assez, plutôt *adv*
raw – cru *adj*
razor – rasoir *nm*
RE (RS) – instruction religieuse *nf*
reach – arriver* à *v reg*
read – lire *v irreg* §
　　I can read – je sais lire
reader – lecteur *nm*, lectrice *nf*
reading – lecture *nf*
ready – prêt *adj*
　　ready to wear – prêt-à-porter *adj*
real – véritable *adj*
realise – se rendre* compte (de) *v refl*
reality – réalité *nf*
really – vraiment *adv*
receive – recevoir *v irreg* §
recent – récent *adj*
recently – récemment, tout à l'heure *adv*
reception – réception *nf*
reception desk – bureau d'accueil *nm*
receptionist – réceptionniste *nmf*
recipe – recette *nf*
reckon – (calculate) calculer *v reg*
reckon – (judge) considérer *v reg* †
reckon – (think) penser *v reg*
recognise – reconnaître *v irreg* §
recommend – recommander *v reg*
recommended – recommandé *adj*
record – disque *nm*
　　record player – électrophone *nm*
record – (on tape) enregistrer *v reg*
recorder – flûte à bec *nf*
recount – raconter *v reg*
recover – (get back) récupérer *v reg* †

recover – (get better) se remettre* *v refl* §
rectangular – rectangulaire *adj*
red – rouge *adj*
red haired – roux, rousse *adj*
red wine – vin rouge *nm*
re-do – refaire *v irreg* §
reduce – réduire *v irreg* §
reduced – réduit *adj*
reduction – réduction *nf*
reel – bobine *nf*
referee – arbitre *nm*
refill – remplir *v reg*
reflexive verbs – verbes pronominaux *nmpl*
refreshment bar – buvette *nf*
refuse – refuser *v reg*
region – région *nf*, province *nf*
registered letter – lettre recommandée *nf*
registration number – (car) numéro d'immatriculation *nm*
regret – regretter *v reg*
regular – régulier, régulière *adj*
rehearsal – répétition *nf*
relationship – rapport *nm*
relative – parent *nm*
relax – se détendre* *v refl*
relaxation – détente *nf*
relaxed – décontracté *adj*, détendu *adj*
remain – (stay) rester* *v reg*
remainder – reste *nm*
remarkable – singulier, singulière *adj*
remedy – remède *nm*
remember – se rappeler* *v refl* †, se souvenir* de *v refl* §
reminder – rappel *nm*
remote control – télécommande *nf*
remove – enlever *v reg* †
renew – remplacer *v reg* †, renouveler *v reg* †
rent – loyer *nm*

---

prep - preposition　　　　*v reg* - verb regular　　　　*v refl* - verb reflexive　　　§ - see verb tables
pp - past participle　　　*v irreg* - verb irregular　　　† - see verb information　　　* - takes être

rent – louer *v reg*
renting – location *nf*
repair – dépannage *nm*
repair man – réparateur *nm*
repair – réparer *v reg*, dépanner *v reg*
repeat – répéter *v reg* †
repeat a year – (at school) redoubler une année *v reg*
replace – remplacer *v reg* †
reply – répondre *v reg*
report – reportage *nm*
report – (school) bulletin *nm*
represent – représenter *v reg*
representative – représentant *nm*, représentante *nf*
request – demande *nf*
rescue – sauver *v reg*
resemble – ressembler à *v reg*
reservation – réservation *nf*
reserve – réserver *v reg*
reserved – réservé *adj*
resident – habitant *nm*
resit exam – repasser un examen *v reg*
respect – respecter *v reg*
responsibility – responsabilité *nf*
rest – se reposer* *v refl*
restart – remettre en marche *v irreg* §
restaurant – restaurant *nm*
restrict – limiter *v reg*
result – résultat *nm*, bilan *nm*
retired – retraité *adj*
return – retourner* *v reg*, rentrer* *v reg*
return journey – voyage de retour *nm*
return ticket – aller-retour *nm*
reverse – reculer *v reg*
reward – récompense *nf*
rib – côte *nf*
rice – riz *nm*
rich – riche *adj*

ride – (horse) monter* à cheval *v reg*, faire de l'équitation *v irreg* §
ridiculous – ridicule *adj*
riding hat – bombe *nf*
right – droit *adj*
right – (not wrong) correct *adj*, juste *adj*
be right – avoir raison *v irreg* §
right! – bien! *excl*
right – droite *nf*
keep to the right – serrez la droite
on the right – à droite
to the right – vers la droite
right answer – la bonne réponse *nf*
right-handed – droitier, droitière *adj*
right now – tout de suite *adv*
right winger – (sport) ailier droit *nm*
ring – bague *nf*
ring – (bell) sonner *v reg*
ring the doorbell – sonner à la porte *v reg*
ring binder – classeur *nm*
ring road – périphérique *nm*
ring up – (phone) téléphoner à *v reg*
rink – patinoire *nf*
ripe – mûr *adj*
rise – monter* *v reg*, se lever* *v reg* †
risk – risque *nm*
river – fleuve *nm*, rivière *nf*
road – route *nf*
major road – RN, route nationale *nf*
road – (town) rue *nf*
road map – carte routière *nf*
road sign – panneau (de signalisation) *nm*
road user – usager de la route *nm*
roadway – chaussée *nf*
roadworks – travaux *nmpl*
roast – rôti *adj*
roast – (meat) rôti *nm*
roast chicken – poulet rôti *nm*
rock climbing – varappe *nf*

---

nm - noun masculine   *nmpl* - noun masculine plural   *adj* - adjective   *conj* - conjunction
nf - noun feminine   *nfpl* - noun feminine plural   *adv* - adverb   *pron* - pronoun

rock music – rock *nm*
role play – jeu de rôle *nm*
roll – (bread) petit pain *nm*
roller blades – rollers in-line *nmpl*
rollercoaster – montagnes russes *nfpl*
roller skate – faire du patin à roulettes *v irreg* §
roller skates – patins à roulettes *nmpl*
roof – toit *nm*
room – pièce *nf*, salle *nf*
  room with a double bed – chambre avec un grand lit *nf*
  room with twin beds – chambre à deux lits *nf*
rope – corde *nf*
rose – rose *nf*
rosé wine – vin rosé *nm*
Rosh Hashanah – Nouvel An juif *nm*
rotten – moche *adj sl*
rough book – cahier de brouillon *nm*
rough paper – papier brouillon *nm*
round – rond *adj*, circulaire *adj*
round – (slice of bread, etc) tranche *nf*, rondelle *nf*
round – autour de *prep*
  go round a corner – tourner au coin de la rue *v reg*
  go round to a friend's house – passer* chez un ami *v reg*
round about – autour de *prep*
roundabout – (fair) manège *nm*
roundabout – (traffic) rond-point *nm*
round here – par ici
route – ligne *nf*
  all routes – toutes directions
routine – routine *nf*
routine – (work) travail quotidien *nm*

row – rang *nm*
row – (boat) ramer *v reg*
royal blue – bleu roi *adj inv*
rubber – (eraser) gomme *nf*
rubber band – élastique *nm*
rubbish – ordures *nfpl*
rucksack – sac à dos *nm*
rude – impoli *adj*
rugby – rugby *nm*
rugby league – rugby à treize *nm*
rugby union – rugby à quinze *nm*
ruin – abîmer *v reg*
rule – règle *nf*
ruler – règle *nf*
run – courir *v irreg* §
run away – se sauver* *v refl*
run down – descendre* en courant *v reg*
run into – (meet) rencontrer *v reg*
run into – (hit) heurter *v reg*
run out of – (have none left) manquer de *v reg*
run out of – (building) sortir* en courant *v irreg* §
run out of petrol – tomber* en panne d'essence *v reg*
run over – écraser *v reg*
run up – monter* en courant *v reg*
runner up – (sport) second *nm*, seconde *nf*
runway – piste *nf*
rush – se dépêcher* *v refl*, se précipiter* *v refl*
  in a rush – pressé *adj*
rush hour – heure de pointe *nf*, heure d'affluence *nf*
Russia – Russie *nf*
Russian – russe *adj*
Russian person – Russe *nmf*

S

sad – triste *adj*
saddle – selle *nf*
sadly – tristement *adv*
sadness – tristesse *nf*
safe – sûr *adj*, sans danger
said – *see* dire *v irreg* §
sail – voile *nf*
sail – (go sailing) faire de la voile
  v irreg §
sailboard – planche à voile *nf*
sailing dinghy – dériveur *nm*
sailing ship – voilier *nm*
sailor – marin *nm*
salad – salade *nf*
salad – (green) salade verte *nf*
salad – (mixed) salade composée *nf*
salad – (tomato) salade de tomates *nf*
salami – salami *nm*
sale – vente *nf*
  for sale – à vendre
  on sale – en vente
sales – soldes *nmpl*
  in the sales – en solde
sales assistant – vendeur *nm*,
  vendeuse *nf*
salmon – saumon *nm*
salt – sel *nm*
salty – salé *adj*
same – même *adj*, pareil, pareille *adj*
  at the same time – en même
  temps
sand – sable *nm*
sandal – sandale *nf*
sand castle – château de sable *nm*
sandwich – sandwich *nm*
sanitary towel – serviette hygiénique
  nf
Santa Claus – Père Noël *nm*
sardine – sardine *nf*
satellite – satellite *nm*

satellite dish – antenne parabolique
  nf
satisfied – satisfait *adj*
satisfy – satisfaire *v irreg* §
Saturday – samedi *nm*
  see you on Saturday! – à samedi!
sauce – sauce *nf*
saucepan – casserole *nf*
saucer – soucoupe *nf*
sausage – saucisse *nf*
save – sauver *v reg*
  save money – économiser *v reg*,
  mettre de côté *v irreg* §
  save up – faire des économies
  v irreg §
savings – économies *nfpl*
saxophone – saxophone *nm*
say – dire *v irreg* §
scarf – (long) écharpe *nf*
scarf – (square) foulard *nm*
scary – effrayant *adj*, qui fait peur
scenery – paysage *nm*
school – école *nf*
  school – (nursery) école maternelle *nf*
  school – (primary) école primaire *nf*
  school – (secondary) collège *nm*,
  lycée *nm*
school bus – car de ramassage
  scolaire *nm*
school holidays – vacances scolaires
  nfpl
school report – bulletin scolaire *nm*
school trip – visite scolaire *nf*
school uniform – uniforme scolaire
  nm
school year – année scolaire *nf*
schoolboy – écolier *nm*
schoolgirl – écolière *nf*
science – science *nf*

---

nm - noun masculine	*nmpl* - noun masculine plural	*adj* - adjective	*conj* - conjunction
nf - noun feminine	*nfpl* - noun feminine plural	*adv* - adverb	*pron* - pronoun

science fiction – science-fiction *nf*
science fiction film – film de science-fiction *nm*
science fiction story – roman de science-fiction *nm*
scientific – scientifique *adj*
scientist – scientifique *nmf*
scissors – ciseaux *nmpl*
scold – gronder *v reg*
scooter – scooter *nm*
score a goal – marquer un but *v reg*
score a point – marquer un point *v reg*
Scotland – Écosse *nf*
Scotsman – Écossais *nm*
Scotswoman – Ecossaise *nf*
Scottish – écossais *adj*
scream – pousser un cri *v reg*, crier *v reg*, hurler *v reg*
screen – écran *nm*
screwdriver – tournevis *nm*
scrum – (rugby) mêlée *nf*
scuba diving – plongée sous-marine *nf*
sea – mer *nf*
at the seaside – au bord de la mer
by the sea – au bord de la mer
seafood – fruits de mer *nmpl*
seagull – mouette *nf*
sea sickness – mal de mer *nm*
be seasick – avoir le mal de mer *v irreg* §
search – fouiller *v reg*
seaside resort – station balnéaire *nf*
season – saison *nf*
out of season – hors saison
season ticket – carte d'abonnement *nf*
seat – place *nf*
seat belt – ceinture de sécurité *nf*
seated – (sitting down) assis, assise *adj*
second – deuxième *adj*, second *adj*

second class – de deuxième classe *adj*
second-hand – d'occasion *adj*
secondary school – collège *nm*, lycée *nm*
secret – secret, secrète *adj*
secretary – secrétaire *nmf*
security – sécurité *nf*
see – voir *v irreg* §
see again – revoir *v irreg* §
see over – voir au verso
see you later! – à tout à l'heure!
see you on Saturday! – à samedi!
see you soon! – à bientôt! *adv*
see you this evening! – à ce soir!
see you tomorrow! – à demain!
seem – apparaître *v irreg* §, avoir l'air (de) *v irreg* §, sembler *v reg*
seize – saisir *v reg*
select – selectionner *v reg*
selection – choix *nm*, sélection *nf*
selfish – égoïste *adj*
self-service restaurant – restaurant libre-service *nm*, self *nm*
self-service shop – libre-service *nm*
sell – vendre *v reg*
sellotape® – scotch® *nm*
semi-colon (;) – point-virgule *nm*
semi-detached house – maison jumelle *nf*, maison jumelée *nf*
semi-final – demi-finale *nf*
send – envoyer *v reg* †
send for the doctor – faire venir le médecin *v irreg* §
senior citizen – personne du troisième âge *nf*
sensational – sensass *adj sl*
sensible – prudent *adj*, raisonnable *adj*, sensé *adj*
sensibly – sagement *adv*
sensitive – sensible *adj*
sentence – phrase *nf*
separate – séparer *v reg*

separated – séparé *adj*
separately – séparément *adv*
separation – séparation *nf*
September – septembre *nm*
serial – (TV, radio, magazine) feuilleton *nm*
serious – grave *adj*, sérieux, sérieuse *adj*
  it's not serious – ce n'est pas grave
serve – servir *v irreg* §
service – service *nm*
  service (not) included – service (non) compris
serve oneself – se servir* *v refl* §
serviette – serviette *nf*
session – séance *nf*
set – placer *v reg* †
  set off – partir* *v irreg* §
  set off again – repartir* *v irreg* §
  set out – se mettre* en route *v refl* §
  set price menu – menu à prix fixe *nm*
  set the alarm clock – mettre le réveil *v irreg* §
  set the table – mettre le couvert *v irreg* §
settee – canapé *nm*
settle – (bill) régler *v reg* †
settle – (down) s'installer* *v refl*
seven – sept *adj*
seventeen – dix-sept *adj*
seventy – soixante-dix *adj*
seventy-one – soixante et onze *adj*
several – plusieurs *adj*
sew – coudre *v irreg* §
sewing – couture *nf*
sewing machine – machine à coudre *nf*
shade – ombre *nf*
  in the shade – à l'ombre
shake hands with – serrer la main à *v reg*

shall we go? – on y va?
shall we go to the cinema? – si on allait au cinéma?
shame – ‡honte *nf*
shameful – ‡honteux, honteuse *adj*
shampoo – shampooing *nm*
shampoo one's hair – se laver* les cheveux *v refl*
shape – forme *nf*
share – partager *v reg* †
sharp – aigu, aiguë *adj*
sharply – nettement *adv*
shave – se raser* *v refl*
she, it – elle *pron f*
shed – remise *nf*
sheep – mouton *nm*
sheet – drap *nm*
  sheet of paper – feuille de papier *nf*
shelf – étagère *nf*, rayon *nm*
shellfish – fruits de mer *nmpl*
shelter – abri *nm*
  sheltered from – à l'abri de
sherry – xérès *nm*
shine – briller *v reg*
shining – brillant *adj*
ship – bateau *nm*, navire *nm*
shirt – chemise *nf*
shiver – frissonner *v reg*, grelotter *v reg*
shiver – frisson *nm*, tremblement *nm*
shoe – chaussure *nf*, soulier *nm*
  pair of shoes – paire de chaussures *nf*
  shoe seller – marchand de chaussures *nm*
  shoe size – pointure *nf*
shooting – tir *nm*
shop – magasin *nm*
  go round the shops – faire les magasins *v irreg* §
shop assistant – vendeur *nm*, vendeuse *nf*

---

nm - noun masculine   *nmpl* - noun masculine plural   *adj* - adjective   *conj* - conjunction
nf - noun feminine   *nfpl* - noun feminine plural   *adv* - adverb   *pron* - pronoun

shopkeeper – commerçant *nm*,
   commerçante *nf*, marchand *nm*
shopping – achats *nmpl*, courses *nfpl*
   do the shopping – faire des achats
      v irreg §, faire des courses *v irreg* §
   go window shopping – faire du
      lèche-vitrines *v irreg* §
shopping bag – sac à provisions *nm*
shopping centre – centre
   commercial *nm*
shop window – vitrine *nf*
short – (not long) court *adj*, bref,
   brève *adj*
short – (not tall) petit *adj*
shortly – tout à l'heure *adv*
short-sighted – myope *adj*
shorts – short *nm*
   pair of shorts – un short *nm*
should – (ought to) devrait
shoulder – épaule *nf*
shout – cri *nm*
shout – crier *v reg*, pousser un cri
   v reg
show – (performance) spectacle *nm*
show – indiquer *v reg*, montrer *v reg*
   show a film – passer un film *v reg*
shower – douche *nf*
   have a shower – prendre une
      douche *v irreg* §
shower – (rain) averse *nf*
   there will be showers – il y aura
      des averses
showing – (film) séance *nf*
show-off – poseur *nm*, poseuse *nf*
show off – se vanter* *v refl*,
   faire le m'as-tu vu *v irreg coll* §
shrewd – malin, maligne *adj*
shrimp – crevette *nf*
Shrove Tuesday – mardi gras *nm*
shut – fermer *v reg*
shut in – enfermer *v reg*
shutter – volet *nm*
shy – timide *adj*

sick – (ill) malade *adj*
sick bay – infirmerie *nf*
sick person – malade *nmf*
   feel sick – avoir mal au cœur
      v irreg §
side – côté *nm*
   on the other side – de l'autre côté
side – (team) équipe *nf*
side board – buffet *nm*
sight – spectacle *nm*, vue *nf*
sightseeing – tourisme *nm*
sign – panneau *nm*, signe *nm*
sign – signer *v reg*
signal – signal *nm*
signature – signature *nf*
signpost – poteau indicateur *nm*
silence – silence *nm*
silent – silencieux, silencieuse *adj*
   be silent – se taire* *v refl* §
silently – silencieusement *adv*
silk – soie *nf*
silly – bête *adj*, idiot *adj*
silly mistake – bêtise *nf*
similar – pareil, pareille *adj*,
   semblable *adj*
simple – simple *adj*
simply – simplement *adv*
since – (time) depuis *prep*
since – (reason) puisque *conj*
sincere – sincère *adj*
sincerely – sincèrement *adv*
sing – chanter *v reg*
singer – chanteur *nm*, chanteuse *nf*
single – (one only) seul *adj*
single – (unmarried) célibataire *adj*
single person – célibataire *nmf*
single room – chambre à un lit *nf*
single ticket – aller simple *nm*,
   billet simple *nm*
singular – singulier *nm*
   in the singular – au singulier
sink – évier *nm*

---

prep - preposition   *v reg* - verb regular   *v refl* - verb reflexive   § - see verb tables
pp - past participle   *v irreg* - verb irregular   † - see verb information   * - takes être

Sir – Monsieur *nm*
sister – sœur *nf*
sit down – s'asseoir* *v refl* §
  sit down! – (one person, informal)
  assieds-toi!
  sit down! – (formal, group)
  asseyez-vous!
  sit down at the table – se mettre*
  à table *v refl* §
site – emplacement *nm*
site – (building) chantier *nm*
sitting down – (seated) assis,
  assise *adj*
sitting room – salon *nm*
situated in – situé à *adj*
situation – cas *nm*, situation *nf*
six – six *adj*
sixteen – seize *adj*
sixteenth – seizième *adj*
sixth – sixième *adj*
sixth form college – lycée *nm*
sixty – soixante *adj*
sixty-one – soixante et un *adj*
size – grandeur *nf*
size – (clothes) taille *nf*
size – (shoes) pointure *nf*
skate – patin *nm*
skate – patiner *v reg*
skateboard – planche à roulettes *nf*
skating rink – patinoire *nf*
ski – faire du ski *v irreg* §
  cross country skiing – ski de
  fond *nm*
ski – ski *nm*
  ski boots – chaussures de ski *nfpl*
  ski lift – téléphérique *nm*
  ski-run – piste *nf*
skilfully – habilement *adv*
skilled – habile *adj*
skin – peau *nf*
skirt – jupe *nf*
sky – ciel *nm*

sky blue – bleu ciel *adj inv*
sledge – toboggan *nm*, luge *nf*
sleep – dormir *v irreg* §
  fall asleep – s'endormir* *v refl* §
sleep – sommeil *nm*
  be sleepy – avoir sommeil *v irreg* § ·
sleeper – wagon-lit *nm*
sleeping bag – sac de couchage *nm*
sleeve – manche *nf*
slice – (bread, etc) tranche *nf*
slice – (of salami) rondelle *nf*
slice – trancher *v reg*
slicing sausage – saucisson *nm*
slide – glisser *v reg*
slide – (transparency) diapositive *nf*
slightly – un peu, légèrement *adv*
slim – mince *adj*
slim – maigrir *v reg*
slip – glisser *v reg*
slipper – pantoufle *nf*
slope – pente *nf*
sloping – en pente
slot machine – distributeur
  automatique *nm*
slot machine – (gambling) machine à
  sous *nf*
slow – lent *adj*
slow down – ralentir *v reg*
slowly – lentement *adv*
slow train – omnibus *nm*
small – petit *adj*
small ad – petite annonce *nf*
small change – petite monnaie *nf*
small scale – réduit *adj*
small shop – boutique *nf*
smart – (clever) débrouillard *adj coll*,
  intelligent *adj*
smart – (fashionable) chic *adj inv*
smart card – carte à mémoire *nf*
smell – odeur *nf*
smell – sentir *v irreg* §
smelly – malodorant *adj*

---

nm - noun masculine   *nmpl* - noun masculine plural   *adj* - adjective   *conj* - conjunction
nf - noun feminine   *nfpl* - noun feminine plural   *adv* - adverb   *pron* - pronoun

smile – sourire *nm*
smile – sourire *v irreg* §
smoke – fumée *nf*
smoke – fumer *v reg*
smoker – fumeur *nm*, fumeuse *nf*
smoking – fumeur
non smoking – non-fumeur
smooth – lisse *adj*
SMS – message text, texto *nm*
snack – casse-croûte *nm*
snack bar – buvette *nf*
snail – escargot *nm*
sneeze – éternuer *v reg*
snobbish – snob *adj*
snooker – jeu de billard *nm*
snow – neiger *v reg* †
snow – neige *nf*
snowball – boule de neige *nf*
snowfall – chute de neige *nf*
snowman – bonhomme de neige *nm*
snowstorm – tempête de neige *nf*
so – (therefore) donc *conj*
so much – tant (de), tellement *adv*
so much the better – tant mieux *adv*
so much, many – autant de *adv*
so what! – bof! *excl*
so what? – et alors?
soak – tremper *v reg*
soaked – mouillé *adj*, trempé *adj*
soaked to the skin – mouillé jusqu'aux os *adj*
soap – savon *nm*
soap opera – feuilleton *nm*
soccer – football *nm*
society – société *nf*
sock – chaussette *nf*
socket – prise de courant *nf*
sofa – canapé *nm*
soft – doux, douce *adj*, mou, mol, molle *adj*

software – logiciel *nm*
sold – vendu *adj*
soldier – militaire *nm*
solemn – solennel, solennelle *adj*
solicitor – avoué *nm*, notaire *nm*
solid – solide *adj*
solution – solution *nf*
solve – résoudre *v irreg* §
some – du, de la, de l', des *art*
some – quelque, quelques *adj*
some ideas – quelques idées *nfpl*
some – en *pron*
some – quelques-uns, quelques-unes *pron*
somebody – quelqu'un *pron*
someone else – quelqu'un d'autre *pron*
something – quelque chose *pron*
something bad/good – quelque chose de mauvais/bon
something else – quelque chose d'autre
sometime – un de ces jours, un jour *adv*
sometimes – parfois, quelquefois *adv*
somewhere – quelque part *adv*
somewhere else – ailleurs, autre part *adv*
son – fils *nm*
son-in-law – gendre *nm*
song – chanson *nf*
soon – bientôt *adv*
sore throat – avoir mal à la gorge *v irreg* §, avoir une angine *v irreg* §
sorry! – je suis désolé!, pardon! *excl*
be sorry – présenter ses excuses *v reg*
I'm sorry! – pardonnez-moi!, excusez-moi!
sort – sorte *nf*
sort of – sorte de *nf*
what sort of ... ? – quel genre de ... ?

sound – son *nm*
soup – potage *nm*, soupe *nf*
south – sud *nm*
South Africa – Afrique du Sud *nf*
South America – Amérique du Sud *nf*
South of France – Midi *nm*
souvenir – souvenir *nm*
soya – soja *nm*
space – espace *nm*
space – (room) place *nf*
  is there any room? – il y a de la place?
spade – pelle *nf*
spaghetti – spaghetti *nmpl*
Spain – Espagne *nf*
Spaniard – Espagnol *nm*, Espagnole *nf*
Spanish – espagnol *adj*
Spanish – (language) espagnol *nm*
spare part – pièce de rechange *nf*
spare time – loisirs *nmpl*
spare wheel – roue de secours *nf*
sparkling – (wine) mousseux, mousseuse *adj*
sparkling – (water) pétillant *adj*
speak – parler *v reg*
  speak French – parler français *v reg*
  speak French fluently – parler français couramment *v reg*
  speak French badly – parler français comme une vache espagnole *v reg*
  speak loudly – parler fort *v reg*
speak to – s'adresser à* *v refl*
special – particulier, particulière *adj*, spécial *adj*
speciality – spécialité *nf*
special offer – promotion *nf*
spectacle – (show) spectacle *nm*
spectacles – (glasses) lunettes *nfpl*
spectacular – spectaculaire *adj*

spectator – spectateur *nm*, spectatrice *nf*
speech – parole *nf*
speech marks ("-") – guillemets *nmpl*
speed – vitesse *nf*, rapidité *nf*
  at top speed – à toute vitesse
speedboat – vedette *nf*
spell – épeler *v reg* †
  how do you spell that? – ça s'écrit comment?
spelling – orthographe *nf*
spend – (money) dépenser *v reg*
spend – (time) passer *v reg*
  spend one's holiday – passer les vacances *v reg*
spider – araignée *nf*
spider's web – toile d'araignée *nf*
spinach – épinards *nmpl*
spiteful – méchant *adj*
splendid – épatant *adj*, splendide *adj*, magnifique *adj*
spoil – abîmer *v reg*, gâter *v reg*
spoiled – abîmé *adj*, manqué *adj*
sponge – éponge *nf*
spoon – cuillère *nf*
spoonful – cuillerée *nf*
sport – sport *nm*
sports car – voiture de sport *nf*
sports centre – centre sportif *nm*
sports ground – terrain de sport *nm*
sporty – sportif, sportive *adj*
spot – (place) endroit *nm*
spot – (zit) bouton *nm*, pustule *nf*
spotted – (fabric) à pois *adj*
sprain one's ankle – se fouler* la cheville *v refl*
spray – arroser *v reg*
spread – (with butter, jam, etc) tartiner *v reg*
spring – printemps *nm*
  in spring – au printemps
springboard – tremplin *nm*

---

nm - noun masculine   *nmpl* - noun masculine plural   *adj* - adjective   *conj* - conjunction
nf - noun feminine   *nfpl* - noun feminine plural   *adv* - adverb   *pron* - pronoun

sprout – chou de Bruxelles *nm*
spy – espion *nm*, espionne *nf*
spying – espionnage *nm*
   spy film – film d'espionnage *nm*
   spy story – roman d'espionnage *nm*
square – (in town) place *nf*
square – (on paper) case *nf*
square – (shape) carré *adj*
square – (shape) carré *nm*
squash – (drink) sirop *nm*
squash – (sport) squash *nm*
squeeze – serrer *v reg*
stable – écurie *nf*
stadium – stade *nm*
staff room – salle des professeurs *nf*
stage – scène *nf*
   be on stage – être en scène
   v irreg §
stain – tache *nf*
stain – tacher *v reg*
stairs, staircase – escalier *nm*
stall – kiosque *nm*
stalls – (theatre) orchestre *nm*
stamp – timbre *nm*
   book of stamps – carnet de
   timbres *nm*
   collect stamps – collectionner des
   timbres *v reg*
stand – (on feet) se tenir* *v refl* §
   standing up – debout *adv*
   stand up – se lever* *v refl* †
stand – (put up with) supporter *v reg*
staple – agrafe *nf*
stapler – agrafeuse *nf*
star – (show business) vedette *nf*
star – (sky) étoile *nf*
start – commencer *v reg* †
start – (beginning) début *nm*
   at the start – au début de
start of school year – rentrée *nf*
start – (vehicle) démarrer *v reg*
start up – mettre en marche *v irreg* §

starter – (food) hors d'œuvre *nmpl*
state – état *nm*
stately home – château *nm*,
   manoir *nm*
station – gare *nf*
stationer's shop – papeterie *nf*
stay – rester* *v reg*, séjourner *v reg*
stay at a hotel – descendre* dans un
   hôtel *v reg*
stay at home – rester* à la maison
   v reg
stay – séjour *nm*
steady – régulier, régulière *adj*
steak – steak *nm*
   steak and chips – steak-frites *nm*
steal – voler *v reg*
steam – vapeur *nf*
steering wheel – volant *nm*
step – pas *nm*
step – (on stairs) marche *nf*
stepbrother – demi-frère *nm*
stepdaughter – belle-fille *nf*
stepfather – beau-père *nm*
stepmother – belle-mère *nf*
stepsister – demi-sœur *nf*
stepson – beau-fils *nm*
stereo – chaîne-stéréo *nf*
   personal stereo – baladeur *nm*
stewardess – hôtesse *nf*
stick – (glue) coller *v reg*
stick of bread – baguette *nf*
sticker – autocollant *nm*
sticky tape – scotch® *nm*
stiff – raide *adj*
still – (not moving) immobile *adj*
still – (yet) encore, toujours *adv*
sting – piqûre *nf*
sting – piquer *v reg*
stocking – bas *nm*
stocky – costaud *adj*
stomach – estomac *nm*, ventre *nm*

---

stomach-ache – mal à l'estomac *nm*, mal au ventre *nm*

stone – pierre *nf*
  built of stone – en pierre

stool – tabouret *nm*

stop – arrêt *nm*
  bus stop – arrêt d'autobus *nm*

stop – (doing sthg) arrêter (de faire) *v reg*

stop – (halt) stopper *v reg*

stop (o.s.) – s'arrêter*(de) *v refl*
  stop smoking – s'arrêter* de fumer *v refl*

stop – (prevent) empêcher *v reg*

storey – étage *nm*

storm – tempête *nf*, orage *nm*

stormy – orageux, orageuse *adj*

story – histoire *nf*, récit *nm*
  horror story – roman d'épouvante *nm*
  science fiction story – roman de science fiction *nm*

storyteller – raconteur *nm*, raconteuse *nf*

stove – poêle *nm*

stove – (cooker) cuisinière *nf*

straight – droit, raide *adj*

straight away – aussitôt, tout de suite *adv*

straight on – tout droit, directement *adv*

strange – curieux, curieuse *adj*

strange – étrange *adj*

stranger – étranger *nm*, étrangère *nf*

strawberry – fraise *nf*

stream – ruisseau *nm*

street – rue *nf*
  at the corner of street – au coin de la rue

stressed out – stressé *adj*

strict – sévère *adj*

strike – (hit) frapper *v reg*

strike – (walk-out) grève *nf*

on strike – en grève

strike – faire la grève *v irreg* §

striker – (football) buteur *nm*

string – ficelle *nf*

string orchestra – orchestre de cordes *nm*

striped – rayé *adj*, à rayures

stroll – flâner *v reg*

strong – fort *adj*

stubborn – entêté *adj*, têtu *adj*, obstiné *adj*

student – étudiant *nm*, étudiante *nf*

student at lycée – lycéen *nm*, lycéenne *nf*

studies – études *nfpl*

studio – atelier *nm*, studio *nm*

studious – studieux, studieuse *adj*

study – étudier *v reg*, faire ses études *v irreg* §

study – (room) bureau *nm*, cabinet de travail *nm*

stupid – bête *adj*, idiot *adj*, stupide *adj*
  do something stupid – faire une bêtise *v irreg* §

sturdy – solide *adj*

style – style *nm*

subject – (school) matière *nf*

subscription – abonnement *nm*, souscription *nf*

subtitled – sous-titré *adj*

suburb – banlieue *nf*
  in the suburbs – en banlieue

subway – passage souterrain *nm*

succeed – réussir *v reg*

success – succès *nm*

such a – tel, telle *adj*

sudden – brusque *adj*, subit *adj*

suddenly – brusquement, soudain, tout à coup *adv*

suffer – souffrir *v irreg* §

sugar – sucre *nm*

suggest – suggérer *v reg* †

---

nm - noun masculine   *nmpl* - noun masculine plural   *adj* - adjective   *conj* - conjunction
nf - noun feminine   *nfpl* - noun feminine plural   *adv* - adverb   *pron* - pronoun

suit – (man's) complet *nm*
suit – (woman's) tailleur *nm*
suitable – convenable *adj*
suitcase – valise *nf*
sulk – bouder *v reg*
sum – (arithmetic) calcul *nm*
summer – été *nm*
    in summer – en été
summer camp – colonie de vacances *nf*
summer holidays – grandes vacances *nfpl*
summit – sommet *nm*
sun – soleil *nm*
sunbathe – se bronzer* *v refl*, prendre un bain de soleil *v irreg* §
sunburn – coup de soleil *nm*
sun cream – crème solaire *nf*
sun-glasses – lunettes de soleil *nfpl*
sun-stroke – insolation *nf*
sun-tanned – bronzé *adj*
Sunday – dimanche *nm*
sunny – ensoleillé *adj*
sunrise – lever du soleil *nm*
sunset – coucher de soleil *nm*
sunshade – parasol *nm*
super – formidable *adj*
super unleaded petrol – super sans plomb *nm*
superior – supérieur *adj*
supermarket – supermarché *nm*
supervise – surveiller *v reg*
supper – souper *nm*
support – soutenir *v irreg* §
sure – sûr *adj*
surely – certainement, sûrement *adv*
surf – faire du surf *v irreg* §
surfboard – planche de surf *nf*
surfing – surf *nm*
surf the net – naviguer sur Internet *v reg*, surfer sur le Net *v reg*

surgery – cabinet de consultation *nm*, salle de consultation *nf*
surname – nom de famille *nm*
surprise – surprise *nf*
surprise – surprendre *v irreg* §
surprised – surpris *adj*
surprising – étonnant *adj*, surprenant *adj*
surrounded by – entouré de *adj*
surroundings – environs *nmpl*
survey – enquête *nf*, sondage *nm*
suspect – se douter de* *v refl*, soupçonner *v reg*
suspicion – soupçon *nm*
swallow – avaler *v reg*
swallow – (bird) hirondelle *nf*
swap – échanger *v reg* †
sweater – pullover *nm*
sweatshirt – sweat-shirt *nm*
Sweden – Suède *nf*
Swedish – suédois *adj*
Swedish person – Suédois *nm*, Suédoise *nf*
sweep – balayer *v reg* †
sweet – bonbon *nm*
sweet – (nice) doux, douce *adj*, mignon, mignonne *adj*
sweet – (tasting) sucré *adj*
sweet shop – confiserie *nf*
sweet-smelling – parfumé *adj*
swiftness – rapidité *nf*
swim – nager *v reg* †
    I can swim – je sais nager *v reg* †
swimming – natation *nf*
swimming pool – piscine *nf*
swimsuit – maillot de bain *nm*
swing – balancer *v reg* †
swing – (child's) balançoire *nf*
Swiss – suisse *adj*
Swiss person – Suisse *nmf*
switch on – (gas, light) ouvrir *v irreg* §
switch on – (the radio) allumer *v reg*

Switzerland – Suisse *nf*
swollen – gonflé *adj*
swot – bosser *v reg sl*, bûcher *v reg sl*

synagogue – synagogue *nf*
syrup – sirop *nm*
system – système *nm*

T

T-shirt – tee-shirt *nm*
table – table *nf*
  to lay the table – mettre le couvert
  v irreg §
table-cloth – nappe *nf*
table tennis – ping pong *nm*
table wine – vin ordinaire *nf*
tablet – cachet *nm*, comprimé *nm*
tail – queue *nf*
  heads or tails? – pile ou face?
tailor – tailleur *nm*
take – prendre *v irreg* §
take – (person) emmener *v reg* †
  take away – emporter *v reg*
  take away again – remporter
  v reg
  take back – reprendre *v irreg* §
  take drugs – se droguer* *v refl*
  take exam – passer un examen
  v reg
  take hold of – saisir *v reg*,
  s'emparer* de *v refl*
  take notes – prendre des notes
  v irreg §
  take off – (aircraft) décoller *v reg*
  take off – (coat, etc) ôter *v reg*
  take one's driving test – passer
  le permis *v reg*
  take one's place – se placer*
  v refl †
  take part in – participer à *v reg*
  take photos – faire des photos
  v irreg §
  take place – avoir lieu *v irreg* §

take the dog for a walk –
  promener le chien *v reg* †
take the first on the left – prenez
  la première à gauche
take the first on the right –
  prenez la première à droite
take-away – à emporter
  take-away meals – plats à
  emporter *nmpl*
talk – parler *v reg*
talkative – bavard *adj*
tall – grand *adj*, haut *adj*,
  de haute taille
tanned – bronzé *adj*
tap – robinet *nm*
tape – bande *nf*
tape – enregistrer *v reg*
tape recorder – magnétophone *nm*
tart – (apple) tarte (aux pommes) *nf*
task – tâche *nf*
taste – goût *nm*
taste – goûter *v reg*
tax – impôt *nm*, taxe *nf*
taxi – taxi *nm*
tea – (drink) thé *nm*
  tea with milk – thé au lait *nm*
  tea without milk – thé nature *nm*
tea – (meal) goûter *nm*
teach – enseigner *v reg*
teacher – enseignant *nm*,
  enseignante *nf*
teacher – (primary) instituteur *nm*,
  institutrice *nf*
teacher – (secondary) professeur *nm*

teaching – enseignement *nm*

tea cup – tasse à thé *nf*

team – équipe *nf*

teapot – théière *nf*

tease – taquiner *v reg*

teaspoon – cuillère à café *nf*

tea towel – torchon *nm*

technical secondary school – CET
(collège d'enseignement technique)
nm

technician – technicien *nm*,
technicienne *nf*

technology – technologie *nf*

teddy bear – nounours *nm*

teenager – adolescent *nm*,
adolescente *nf*, jeune *nmf*

telephone – téléphone *nm*

telephone – téléphoner *v reg*

telephone box – cabine téléphonique
nf

telephone directory – annuaire *nm*

telephone number – numéro de
téléphone *nm*

television – télévision *nf*

on television – à la télévision

television set – téléviseur *nm*

tell – dire *v irreg* §, raconter *v reg*

tell lies – mentir *v irreg* §

tell off – gronder *v reg*

telly – télé *nf*

temperature – température *nf*

have a high temperature – avoir
de la fièvre *v irreg* §

ten – dix *adj*

ten out of ten – dix sur dix

tenant – locataire *nmf*

tender – tendre *adj*

tennis – tennis *nm*

game of tennis – partie de tennis
nf

tennis ball – balle de tennis *nf*

tennis court – court *nm*

tennis shoes – tennis *nfpl*

tense – nerveux, nerveuse *adj*

tense – temps *nm*

in the present tense – au présent

tent – tente *nf*

pitch tent – dresser une tente *v reg*

tenth – dixième *adj*

term – (school) trimestre *nm*

half-term – congé de mi-trimestre
nm

terrace – terrasse *nf*

terrible – épouvantable *adj*,
terrible *adj*

terrific – fantastique *adj*,
formidable *adj*, super *adj*

terrify – terrifier *v reg*

be terrified – avoir très peur
v irreg §

test – épreuve *nf*

driving test – épreuve du permis
de conduire *nm*

text book – manuel (scolaire) *nm*

text message– message text, texto *nm*

Thames – Tamise *nf*

than – que, qu' *conj*

less ... than – moins ... que

more ... than – plus ... que

thank – remercier *v reg*

thank you (very much) – merci
(beaucoup)

thanks to – grâce à

that – ça, cela *pron*

that, those – ce, cet, cette,
ces ...-là *adj*

that – que *conj*

that comes to ten euros – ça fait
dix euros en tout

that depends – ça dépend

that is to say – c'est à dire

that's all – c'est tout

that's better – ça va mieux

that's enough – ça suffit

that's it! – ça y est!

thatched roof – toit de chaume *nm*

that one – celui-là *m*,
celle-là *f dem pron*

the – le, la, l', les *art*

theatre – théâtre *nm*

theft – vol *nm*

their – leur, leurs *poss adj*,
à eux, à elles

theirs – le leur, la leur,
les leurs *poss pron*

them – les *pron*

themselves – eux-mêmes,
elles-mêmes *pron*

then – alors, ensuite, puis *adv*

there – là *adv*
  there are, there is – voilà *prep*

there – (with verb) y *adv*
  I am going there – j'y vais

there are – il y a
  there are not – il n'y a pas de

therefore – donc *conj*

there is – il y a
  there is not – il n'y a pas de

there was, there were – il y avait

there will be – il y aura

there would be – il y aurait

thermometer – thermomètre *nm*

they – ils, elles *pers pron*

they – (people in general) on *pers pron*

thick – (not thin) épais, épaisse *adj*

thickness – épaisseur *nf*

thief – voleur *nm*, voleuse *nf*

thigh – cuisse *nf*

thin – maigre *adj*, mince *adj*

thing – chose *nf*

thingummyjig – truc *nm*

think – réfléchir *v reg*, songer *v reg* †

think about – penser à *v reg*

think of – (have opinion about)
penser de *v reg*

third – (fraction) tiers *adj*

third – (in order) troisième *adj*

thirst – soif *nf*

be thirsty – avoir soif *v irreg* §

I am thirsty – j'ai soif

thirteen – treize *adj*

thirtieth – trentième *adj*

thirty – trente *adj*

this, these – ce, cet, cette, ces *dem adj*
  this is Anne speaking – c'est
Anne à l'appareil

this way – par ici

those – ceux-là, celles-là *pl dem pron*

thought – pensée *nf*

thousand – mille *adj inv, nm*
  thousands of – des milliers de

threaten – menacer *v reg* †

three – trois *adj*

throat – gorge *nf*
  have a sore throat – avoir mal à
la gorge *v irreg* §, avoir une angine
v irreg §

throat pastille – pastille pour la
gorge *nf*

through – à travers *adv*
  through train – train direct *nm*

throw – jeter *v reg* †, lancer *v reg* †

thumb – pouce *nm*

thunder – tonnerre *nm*

thunder – tonner *v reg*

thunderstorm – orage *nm*
  there will be thunderstorms –
il y aura des orages

Thursday – jeudi *nm*

tick (✓) – cocher *v reg*

ticket – billet *nm*, ticket *nm*
  book of tickets – carnet de tickets
nm
  return ticket – aller-retour *nm*
  single ticket – billet simple *nm*

ticket inspector – contrôleur de
billets *nm*

ticket machine – distributeur de
billets *nm*

ticket office – guichet *nm*

tide – marée *nf*

high tide – marée haute *nf*
low tide – marée basse *nf*
tidy – bien rangé *adj*, net, nette *adj*
tidy – ranger *v reg* †
  tidy up – ranger ses affaires *v reg* †
tie – cravate *nf*
tie – attacher *v reg*
tight – étroit *adj*
tights – un collant *nm*
till – caisse *nf*
till – (until) jusqu'à *prep*
tilt – pencher *v reg*
time – (occasion) fois *nf*
  every time – chaque fois
  the first time – la première fois
  the last time – la dernière fois
time – temps *nm*
  a long time ago – il y a longtemps *adv*
  for a long time – longtemps *adv*
  free time – temps libre *nm*
  from time to time – de temps en temps
  on time – à temps, à l'heure
time – (by clock) heure *nf*
  at what time? – à quelle heure?
  dinner time – heure du déjeuner *nf*
  what time is it? – quelle heure est-il?
time off – congé *nm*
timetable – horaire *nm*
timetable – (school) emploi du temps *nm*
timpani – timbales *nfpl*
tin – boîte *nf*
tin opener – ouvre-boîte *nm*
tiny – tout petit *adj*, minuscule *adj*
tip – (money) pourboire *nm*
tip – (end) bout *nm*
tip – (summit) sommet *nm*
tired – fatigué *adj*
tiring – fatigant *adj*

tissue – mouchoir en papier *nm*
title – titre *nm*
to – (in order to) pour *prep*
to, at – à *prep*
  to Paris – à Paris
  to the cinema – au cinéma *nm*
  to the church – à l'église *nf*
  to the hotel – à l'hôtel *nm*
  to the post office – à la poste *nf*
  to the shops – aux magasins *nmpl*
  to the school – aux écoles *nfpl*
toast – pain grillé *nm*
tobacconist – (bureau de) tabac *nm*, café-tabac *nm*
today – aujourd'hui *adv*
toe – doigt de pied *nm*
together – ensemble *adv*
toilet – toilette *nf*, waters *nmpl*, WC *nmpl*
toilet block – bloc sanitaire *nm*
toilets – les cabinets *nmpl*
token – jeton *nm*
told – *see dire v irreg* §
tolerate – tolérer *v reg* †
toll – péage *nm*
tomato – tomate *nf*
tomorrow – demain *adv*
  day after tomorrow – après-demain *nm*
  from tomorrow – à partir de demain
tomorrow evening – demain soir
tomorrow morning – demain matin
ton – tonne *nf*
tone – ton *nm*
tone – (on phone) tonalité *nf*
tongue – langue *nf*
tonight – ce soir *nm*, cette nuit *nf*
too – (as well) aussi *adv*
  too bad – tant pis
  too many – trop *adv*
  too many people – trop de monde
  too much – trop *adv*

---

prep - preposition   *v reg* - verb regular   *v refl* - verb reflexive   § - see verb tables
pp - past participle   *v irreg* - verb irregular   † - see verb information   * - takes être

tool – outil *nm*
tooth – dent *nf*
toothache – mal aux dents *nm*
   have toothache – avoir mal aux
   dents *v irreg* §
toothbrush – brosse à dents *nf*
toothpaste – dentifrice *nm*,
   pâte dentifrice *nf*
top – ‡haut *nm*
   at the top – dans le haut
   at the top of – en haut de
torch – lampe de poche *nf*,
   lampe électrique *nf*
torn – déchiré *adj*
tortoise – tortue *nf*
toss a coin – tirer à pile ou face *v reg*
total – total *nm*
totally – totalement, tout à fait *adv*
touch – toucher *v reg*
tough – robuste *adj*, solide *adj*
   tough luck! – tant pis pour toi!
tour – tour *nm*
tourism – tourisme *nm*
tourist – touriste *nmf*
tourist centre – ville touristique *nf*
tourist information office –
   syndicat d'initiative *nm*
tourist office – office de tourisme *nm*
tournament – tournoi *nm*
tow – remorquer *v reg*
towards – (time, place) vers *prep*
   towards midday – vers midi
towards – (in relation to) envers *prep*
towel – serviette de bain *nf*
tower – tour *nf*
tower block – tour d'habitation *nf*
town – ville *nf*
   in town – en ville
   in the town centre – au centre de
   la ville
town centre – centre-ville *nm*
town hall – hôtel de ville *nm*,
   mairie *nf*

town plan – plan de la ville *nm*
toy – jouet *nm*
track – piste *nf*
tracksuit – survêtement *nm*
tractor – tracteur *nm*
trade – (business) commerce *nm*
trade – (profession) métier *nm*
tradition – tradition *nf*
traditional – traditionnel,
   traditionnelle *adj*
traffic – (drugs) trafic *nm*
traffic – (vehicles) circulation *nf*
traffic island – îlot directionel *nm*
traffic jam – embouteillage *nm*,
   bouchon *nm*
traffic lights – feux *nmpl*
trailer – remorque *nf*
train – train *nm*
   by train – par le train
   catch the train – prendre le train
   v irreg §
   get on the train – monter* dans le
   train *v reg*
   through train – train direct *nm*
train – (sport) s'entraîner* *v refl*
trainer – (coach) entraîneur *nm*
trainers – baskets *nmpl*, tennis *nfpl*,
   chaussures de sport *nfpl*
train – (animal) dresser (un animal)
training – (vocational) formation *nf*
tram – tramway *nm*
trampoline – trampoline *nm*
   trampoline – faire du trampoline
   v irreg §
transform – transformer (en) *v reg*
transistor – (radio) transistor *nm*
translate – traduire *v irreg* §
translation – traduction *nf*
transport – transport *nm*
travel – se déplacer* *v refl* †,
   voyager *v reg* †
   travel by bus – voyager en
   autobus *v reg* †

---

nm - noun masculine   *nmpl* - noun masculine plural   *adj* - adjective   *conj* - conjunction
nf - noun feminine   *nfpl* - noun feminine plural   *adv* - adverb   *pron* - pronoun

travel by car – voyager en voiture *v reg* †

travel by coach – voyager en car *v reg* †

travel by train – voyager par le train, en train *v reg* †

travel agency – agence de voyages *nf*

traveller – voyageur *nm*, voyageuse *nf*

travellers' cheque – chèque de voyage *nm*

tray – plateau *nm*

treasure – trésor *nm*

treat – (medical) traiter *v reg*

treat – (present) cadeau *nm*

treatment – traitement *nm*

tree – arbre *nm*

   fruit tree – arbre fruitier *nm*

tremble – trembler *v reg*

trembling – tremblant *adj*

tremendously – énormément *adv*

trendy – branché *adj*

triangle – triangle *nm*

trip – (outing) excursion *nf*

trip – (journey) voyage *nm*

trip up – trébucher *v reg*

trolley – (supermarket) chariot *nm*, caddie® *nm*

trombone – trombone *nm*

trouble – peine *nf*

   be in trouble – avoir des ennuis *v irreg* §

trousers – (pair of) pantalon *nm*

trout – truite *nf*

truant – faire l'école buissonnière - *v irreg* §

true – vrai *adj*

trumpet – trompette *nf*

trunk road – route nationale *nf*

trunks – (swimming) slip de bain *nm*, maillot de bain *nm*

truth – vérité *nf*

try – essayer *v reg* †

try on clothes – essayer *v reg* †

try to – essayer de *v reg* †, tâcher de *v reg*

tube – tube *nm*

tube station – station de métro *nf*

tuck shop – (school) boutique à provisions *nf*

Tuesday – mardi *nm*

tuna – thon *nm*

tune – (music) air *nm*

tune – (instrument) accorder *v reg*

tunnel – tunnel *nm*

turkey – dinde *nf*

turn – tourner *v reg*

turn – tour *nm*

turn off – (light) éteindre *v irreg* §

turn off – (tap) fermer le robinet *v reg*

turn on – (light) allumer *v reg*

turn on – (tap) ouvrir le robinet *v irreg* §

turn pale – pâlir *v reg*

turn round – se retourner* *v refl*

TV news – téléjournal *nm*

twelfth – douzième *adj*

twelve – douze *adj*

twelve o'clock – midi *nm*, minuit *nm*

twentieth – vingtième *adj*

twenty – vingt *adj*

twenty one – vingt et un *adj*

twenty-first – vingt et unième *adj*

twice – deux fois *adv*

twins – jumeaux *nmpl*, jumelles *nfpl*

twist an ankle – se tordre* la cheville *v refl*

two – deux *adj*

type – genre *nm*, type *nm*, sorte *nf*

type – taper à la machine *v reg*

typewriter – machine à écrire *nf*

typical – typique *adj*

typist – dactylo *nf*

tyre – pneu *nm*

flat tyre – pneu à plat *nm*
punctured tyre – pneu crevé *nm*
tyre pressure – pression des pneus *nf*

check the tyre pressure –
vérifier la pression des pneus *v reg*

U

ugly – laid *adj*, vilain *adj*,
    moche *adj sl*
UK – Royaume-Uni *nm*
umbrella – parapluie *nm*
unaccustomed – inaccoutumé *adj*
unaware of – ignorant de *adj*
    be unaware of – ignorer *v reg*
unbearable – insupportable *adj*
unbelievable – incroyable *adj*
uncle – oncle *nm*
uncomfortable – peu confortable
    adj, désagréable *adj*
under – sous, en-dessous de *prep*
underclothes – vêtements de dessous
    nmpl
underground – métro *nm*
    underground station – station de
    métro *nf*
    underground ticket – ticket de
    métro *nm*
underline – souligner *v reg*
underneath – au-dessous (de),
    par-dessous *prep*
underpants – caleçon *nm*, slip *nm*
understand – comprendre *v irreg* §
understood – compris *see*
    comprendre *v irreg* §
underwater – sous-marin
underwear – sous-vêtements *nmpl*
undress – se déshabiller* *v refl*
unemployed – au chômage
unemployed person – chômeur *nm*,
    chômeuse *nf*
unemployment – chômage *nm*

uneven – inégal (inégaux *mpl*) *adj*
unexpected – inattendu *adj*
unfair – injuste *adj*
unfavourable – défavorable *adj*
unfold – déplier *v reg*
unforgettable – inoubliable *adj*
unfortunate – malheureux,
    malheureuse *adj*
unfortunately – malheureusement
    adv
ungrateful – ingrat *adj*
unhappy – triste *adj*, malheureux,
    malheureuse *adj*
unhurt – sauf, sauve *adj*
uniform – uniforme *nm*
unify – unifier *v reg*
unit – unité *nf*
United Kingdom – Royaume-Uni
    nm
universal – universel, universelle *adj*
universe – univers *nm*
university – université *nf*
unjust – injuste *adj*
unknown – inconnu *adj*
unleaded petrol – essence sans
    plomb *nf*
unlucky – malchanceux,
    malchanceuse *adj*
unpleasant – désagréable, pénible *adj*
untidy – en désordre *adj*
until – jusque *prep*
    until Sunday – jusqu'à dimanche
untruthful – menteur, menteuse *adj*
unwell – indisposé *adj*, souffrant *adj*

---

nm - noun masculine	*nmpl* - noun masculine plural	*adj* - adjective	*conj* - conjunction
nf - noun feminine	*nfpl* - noun feminine plural	*adv* - adverb	*pron* - pronoun

up – en haut, en l'air *adv*
  be up – (out of bed) être levé
  v irreg §, être debout *v irreg* §
  up there – là-haut
upon – sur *prep*
upper – supérieur *adj*
upside down – sens dessous dessus,
  à l'envers
upstairs – à l'étage, en haut
up there – là-haut *adv*
urban – urbain *adj*
urgency – urgence *nf*
urgent – urgent *adj*
us – nous *pron*
USA – Etats-Unis *nmpl*

use – employer *v reg* †, utiliser *v reg*,
  se servir* de *v refl* §
use – usage *nm*
useful – utile *adj*
useless – incapable *adj*, inutile *adj*
user – usager *nm*
usherette – ouvreuse *nf*
usual – ordinaire *adj*
usual – habituel, habituelle *adj*
  as usual – comme d'habitude
usual – normal *adj*
usually – d'habitude, en général,
  généralement *adv*
utensil – ustensile *nm*

V

vacancies – chambres libres
vacuum cleaner – aspirateur *nm*
vacuum – passer l'aspirateur *v reg*
vague – vague *adj*
vain – (conceited) vaniteux,
  vaniteuse *adj*
valid – valable *adj*
valley – vallée *nf*
value – valeur *nf*
van – camionnette *nf*
vanilla – vanille *nf*
vanilla ice cream – glace à la
  vanille *nf*
vanity – (conceit) vanité *nf*
varied – varié *adj*
vary – varier *v reg*
VAT – TVA
  (taxe à la valeur ajoutée) *nf*
VCR – magnétoscope *nm*
veal – veau *nm*
vegan – végétalien *nm*, végétalienne *nf*

vegetable – légume *nm*
vegetarian – végétarien, végétarienne
  adj
vegetarian – végétarien *nm*,
  végétarienne *nf*
vehicle – véhicule *nm*
veil – voile *nm*
velvet – velours *nm*
verb – verbe *nm*
version – version *nf*
  in the original version – en
  version originale
very – très *adv*
very close – tout près
veterinary surgeon – vétérinaire *nm*
vicar – (Protestant) pasteur *nm*
victim – victime *nf*
victorious – victorieux,
  victorieuse *adj*
victory – victoire *nf*
video – vidéo *adj*

---

prep - preposition   *v reg* - verb regular   *v refl* - verb reflexive   § - see verb tables
pp - past participle   *v irreg* - verb irregular   † - see verb information   * - takes être

video camera – caméscope *nm*
video cassette – cassette vidéo *nf*
video game – jeu vidéo *nm*
video recorder – magnétoscope *nm*
video – enregistrer (au magnétoscope)
   v reg
view – vue *nf*
viewer – téléspectateur *nm*,
   téléspectatrice *nf*
vigorous – vigoureux, vigoureuse *adj*
vile – ignoble *adj*
village – village *nm*
vine – vigne *nf*
vinegar – vinaigre *nm*
vine grower – vigneron *nm*
vineyard – vignoble *nm*
viola – alto *nm*
violence – violence *nf*

violent – brutal *adj*
violently – brutalement *adv*
violin – violon *nm*
visibility – visibilité *nf*
visible – visible *adj*
visit – visite *nf*
visit – (a place) visiter *v reg*
visit – (people) aller* voir *v irreg* §,
   rendre visite à *v reg*
visitor – invité *nm*, invitée *nf*,
   visiteur *nm*, visiteuse *nf*
visual – visuel, visuelle *adj*
vital – indispensable *adj*
vocabulary – vocabulaire *nm*
voice – voix *nf*
volleyball – volley(-ball) *nm*
vomit – vomir *v reg*

W

waffle – gaufre *nf*
wages – salaire *nm*
waist – taille *nf*
  waist measurement – tour de
   taille *nm*
waistcoat – gilet *nm*
wait – patienter *v reg*
  ask him to wait – faites-le
   patienter
wait (for) – attendre *v reg*
waiter – garçon (de café), serveur *nm*
waiting room – salle d'attente *nf*
waitress – serveuse *nf*
wake up – se réveiller* *v refl*
Wales – Pays de Galles *nm*
walk – marcher *v reg*,
   aller* à pied *v irreg* §
walk – (stroll) promenade *nf*

walk – se promener* *v refl* †
walk the dog – promener le chien
   v reg †
go for a walk – faire une
   promenade *v irreg* §
walkman® – baladeur *nm*
wall – mur *nm*
wallet – portefeuille *nm*
wallpaper – tapisser *v reg*
want – désirer *v reg*
want – (to) vouloir *v irreg* §,
   avoir envie de *v irreg* §
war – guerre *nf*
warden – (youth hostel) mère
   aubergiste *nf*, père aubergiste *nm*
warden – (traffic) contractuel *nm*,
   contractuelle *nf*
wardrobe – armoire *nf*, penderie *nf*
warm – (assez) chaud *adj*

---

nm - noun masculine   *nmpl* - noun masculine plural   *adj* - adjective   *conj* - conjunction
nf - noun feminine   *nfpl* - noun feminine plural   *adv* - adverb   *pron* - pronoun

be warm – (person) avoir chaud *v irreg* §

be warm – (weather) faire chaud *v irreg* §

warm up – échauffement *nm*

  warm up – échauffer *v reg*

warn – prévenir *v irreg* §

warning – avertissement *nm*

was – était *see* être *v irreg* §

  it was – c'était

was able to – pouvait *see* pouvoir *v irreg* §

was obliged to – devait *see* devoir *v irreg* §

wash – (clothes etc) laver *v reg*

wash basin – lavabo *nm*

wash o.s. – se laver* *v refl*

wash one's hair – se laver* la tête *v refl*

washing – (clothes) lessive *nf*

  do the washing – faire la lessive *v irreg* §

washing machine – lave-linge *nm*

washing up – vaisselle *nf*

  do the washing up – faire la vaisselle *v irreg* §

wasp – guêpe *nf*

waste – (money) gaspiller *v reg*

waste – (time) perdre *v reg*

wasted – inutile *adj*, perdu *adj*, vain *adj*

watch – montre *nf*

watch – regarder *v reg*

water – eau *nf*

water – (plants) arroser *v reg*

water sports – sports nautiques *nmpl*

  water skiing – ski nautique *nm*

  water-ski – faire du ski nautique *v irreg* §

  do watersports – faire des sports nautiques *v irreg* §

wave – (hand) faire signe (de la main) *v irreg* §

wave – (sea) vague *nf*

way – chemin *nm*, route *nf*, voie *nf*

  on the way – en route

  right way – la bonne route *nf*

way in – entrée *nf*, accès *nm*

way out – sortie *nf*

we – nous *pron*

we'll (we will) – *see future tenses*

weak – faible *adj*

wear – (clothes) porter *v reg*

wear out – user *v reg*

weather – temps *nm*

  in bad weather – par mauvais temps

  in good weather – par beau temps

weather forecast – bulletin météo(rologique) *nm*, méteo *nf*

wedding – noce *nf*

wedding dress – robe de mariée *nf*

Wednesday – mercredi *nm*

weeds – les mauvaises herbes *nfpl*

week – semaine *nf*

  during the week – pendant la semaine

  last week – la semaine dernière

  next week – la semaine prochaine

  per week – par semaine

weekend – week-end *nm*

weekly – hebdomadaire *adj*

weep – pleurer *v reg*

weigh – peser *v reg* †

weight – poids *nm*

welcome – bienvenu *adj*

  welcome! – soyez le bienvenu! vous êtes la bienvenue!

welcome – accueillir *v irreg* §

welcoming – accueillant *adj*

well – bien *adv*

  all is well – tout va bien

  as well – aussi *adv*

  I am well – je vais bien

  to be well – bien aller* *v irreg* §

  well-behaved – sage *adj*

---

well-built – (person) costaud *adj*
well-cooked – bien cuit *adj*
well-done! – bravo!
well-known – bien connu *adj*
well-paid – bien payé *adj*
well – (for water) puits *nm*
Welsh – gallois *adj*
Welsh – (language) gallois *nm*
Welsh – (person) Gallois *nm,*
Galloise *nf*
went – allé *see aller* v irreg* §
west – ouest *nm*
   in the west – à l'ouest
western – (film) western *nm*
West Indian – antillais *adj*
West Indian – (person) Antillais *nm,*
Antillaise *nf*
West Indies – Antilles *nfpl*
wet – mouillé *adj*
wet paint – peinture fraîche *nf*
wet through – trempé jusqu'aux os
adj
what? – hein? *excl*
what – (which) ce qui, ce que *rel pron*
what? – comment?
   what is ... like? – comment est ... ?
   what is your name? – comment
   t'appelles tu? comment vous
   appelez-vous?
what? – que?
   what did you say? – que dites-
   vous?
   what has become of him? –
   qu'est-il devenu?
   what does ... mean? – que veut
   dire ...?
what? – (which?) quel, quelle? *adj*
   what a pity! – quel dommage!
   what colour? – de quelle couleur?
   what is the time? – quelle heure
   est-il?
what? – qu'est-ce que?
   what is it? – qu'est-ce que c'est?

what is it in French? – qu'est-ce
que c'est en français?
what? – qu'est-ce qui?
   what's going on? – qu'est-ce qui
   se passe?
   what's the matter? – qu'est-ce
   qui ne va pas?
what? – quoi? *pron*
   what else? – quoi encore?
   what is it about? – de quoi s'agit-
   il?
   what's new? – quoi de neuf?
what is the way to..? – pour aller à..?
whatsit – truc *nm*, machin *nm*
wheel – roue *nf*
wheelbarrow – brouette *nf*
wheelchair – fauteuil roulant *nm*
when – lorsque *conj*
when – quand *adv*
when? – quand? *adv*
where – où *adv*
   I see where he is – je vois où il est
where? – où? *adv*
   where do you come from? –
   d'où venez-vous?
whether – si *conj*
which – que, qui *pron*
which? – quel, quelle? *adj*
while – pendant que, tandis que *conj*
whilst – alors que
whisky – scotch *nm*
whisper – chuchoter *v reg*
white – blanc, blanche *adj*
white wine – vin blanc *nm*
white coffee – café crème *nm*
who? – qui? *pron*
   who is coming in? – qui entre?
   who(m) did you see? – qui as-tu
   vu?
   whose book is this? – à qui est ce
   livre?
whole – entier, entière *adj*, intégral *adj*

---

wholemeal bread – pain complet *nm*
why? – pourquoi? *conj*
wide – large *adj*
widely – largement *adv*
widen – élargir *v reg*
widow – veuve *nf*
widowed – veuf, veuve *adj*
widower – veuf *nm*
width – largeur *nf*
wife – femme *nf*, épouse *nf*
wild – sauvage *adj*
  wild animal – animal sauvage *nm*
will – *see future tenses* §
will – (want to) vouloir *v irreg* §
win – gagner *v reg*, vaincre *v irreg* §
wind – vent *nm*
  it is windy – il fait du vent
window – fenêtre *nf*
window – (shop) vitrine *nf*
  window shopping – faire du
  lèche-vitrines *v irreg* §
windscreen – pare-brise *nm*
windsurf – faire de la planche à voile
  v irreg §
wine – vin *nm*
winger – (sport) ailier *nm*
winner – vainqueur *nm*
winter – hiver *nm*
  in winter – en hiver
  winter sports – sports d'hiver
  nmpl
wipe – essuyer *v reg* †
wise – sage *adj*
wish – désir *nm*, envie *nf*
wish – souhaiter *v reg*
wish – vœu *nm*
  best wishes – meilleurs vœux *nmpl*
wish (to) – vouloir *v irreg* §,
  avoir envie de *v irreg* §
with – avec, auprès de *prep*
  with best wishes from – (letter)
  amicalement

with pleasure – avec plaisir
with success – avec succès
without – sans *prep*
  without doubt – sans doute
witness – témoin *nm*
woman – femme *nf*
wonder – se demander* *v refl*
wonderful – magnifique *adj*,
  merveilleux, merveilleuse *adj*
wood – bois *nm*
  wooden – en bois
wool – laine *nf*
  woollen – en laine
word – mot *nm*, parole *nf*
word processing – traitement de
  texte *nm*
word processor – machine de
  traitement de texte *nf*
work – travail *nm*
  part-time work – travail à
  mi-temps *nm*
work – travailler *v reg*
  work hard – travailler dur *v reg*
  work part-time – travailler à
  mi-temps *v reg*
work – (clock etc) marcher *v reg*
work – (machine) fonctionner *v reg*
worker – ouvrier *nm*, ouvrière *nf*
workshop – atelier *nm*
world – mondial *adj*
world – monde *nm*
worm – ver de terre *nm*
worn out – usé *adj*
worried – troublé *adj*, anxieux,
  anxieuse *adj*
worry – s'inquiéter* *v refl* †
  don't worry! – ne t'inquiète pas!
  ne vous inquiétez pas!
worse – pire *adj*
  so much the worse for them –
  tant pis pour eux
worth – valeur *nf*
  be worth – valoir *v irreg* §

---

prep - preposition   *v reg* - verb regular   *v refl* - verb reflexive   § - see verb tables
pp - past participle   *v irreg* - verb irregular   † - see verb information   * - takes être

it's not worth it – ça ne vaut pas la peine

wrap up – envelopper *v reg*

wrist – poignet *nm*

wrist watch – montre *nf*

write – écrire *v irreg* §

write back – répondre *v reg*

write down – noter *v reg*

writer – écrivain *nm*

writing paper – papier à lettres *nm*

written test – épreuve écrite *nf*

wrong – faux, fausse *adj*

  be wrong – avoir tort *v irreg* §

  I am wrong – j'ai tort

wrong number – mauvais numéro *nm*

wrong side – envers *nm*

  wrong way round – à l'envers

X

Xmas – Noël *nm*

X-ray – rayon X *nm*

Y

yacht – yacht *nm*

  yacht marina – port de plaisance *nm*

yard – cour *nf*, jardin *nm*

yawn – bâiller *v reg*

year – an *nm*, année *nf*

  be ... years old – avoir ... ans *v irreg* §

  be in Year 7 – être en sixième *v irreg* §

  be in Year 8 – être en cinquième *v irreg* §

  be in Year 9 – être en quatrième *v irreg* §

  be in Year 10 – être en troisième *v irreg* §

  be in Year 11 – être en seconde *v irreg* §

  be in Year 12 – être en première *v irreg* §

  be in Year 13 – être en terminale *v irreg* §

last year – l'année dernière *nf*

next year – l'année prochaine *nf*

school year – année scolaire *nf*

yearly – annuel, annuelle *adj*

yell – hurler *v reg*

yellow – jaune *adj*

yes – oui *adv*

  yes I am! – mais si!

yesterday – hier *adv*

  yesterday evening – hier soir

yet – encore, déjà, pourtant *adv*

  not yet – pas encore

yoga – yoga *nm*

yoghurt – yaourt *nm*

you – tu *pron*, vous *pron*

young – jeune *adj*, petit *adj*

  young people – jeunesse *nf*

younger – plus jeune *adj*

---

youngest – cadet, cadette *adj*

your – ton, ta, tes *poss adj*

your – votre, vos *poss adj*

yours – à toi, à vous

yourself – toi-même, vous-même *pron*

Yours faithfully – Veuillez agréer, Monsieur/Madame, les expressions de mes sentiments distingués

Yours sincerely – (formal) Je vous prie de croire en l'expression de mes sentiments les meilleurs

Yours sincerely – (informal) cordialement à vous, bien à vous

youth – jeunesse *nf*

youth club – club des jeunes *nm*, foyer des jeunes *nm*, maison des jeunes *nf*

youth hostel – auberge de jeunesse *nf*

Z

zap – (computer game) enlever *v reg* †

zap – (channel hopping) zapper *v reg*

zebra – zèbre *nm*

zebra crossing – passage clouté *nm*

zero – zéro *nm*

zip – fermeture éclair *nf*

zit – pustule *nf*, bouton *nm*

zone – zone *nf*

pedestrian zone – zone piétonne *nf*

industrial zone – zone industrielle *nf*

zoo – jardin zoologique *nm*, zoo *nm*

Infinitif, Impératif / Infinitive, Imperative	Présent / Present	Imparfait / Imperfect	Passé Composé / Perfect	Futur / Future	Passé Simple / Past Historic
accueillir *to welcome*	*see* cueillir				
aller* *to go* va! (vas-y!) allons! allez!	je vais tu vas il, elle va nous allons vous allez ils/elles vont	j'allais tu allais il/elle allait nous allions vous alliez ils/elles allaient	je suis allé(e) tu es allé(e) il est allé elle est allée nous sommes allé(e)s vous êtes allé(e) allé(e)s ils sont allés elles sont allées	j'irai tu iras il/elle ira nous irons vous irez ils/elles iront	il/elle alla ils/elles allèrent
(s')apercevoir *to notice*	*see* recevoir				
apparaître *to appear*	*see* paraître				
appartenir *to belong to*	*see* tenir				
apprendre *to learn*	*see* prendre				
s'asseoir* *to sit down* assieds-toi! asseyons-nous! asseyez-vous!	je m'assieds tu t'assieds il/elle s'assied nous nous asseyons vous vous asseyez ils/elles s'asseyent	je m'asseyais tu t'asseyais il/elle s'asseyait nous nous asseyions vous vous asseyiez ils/elles s'asseyaient	je me suis assis(e) tu t'es assis(e) il s'est assis elle s'est assise nous nous sommes assis(es) vous vous êtes assis(e)(es) ils se sont assis elles se sont assises	je m'assiérai tu t'assiéras il/elle s'assiéra nous nous assiérons vous vous assiérez ils/elles s'assiéront	il/elle s'assit ils/elles s'assirent
atteindre *to reach*	*see* joindre				
avoir *to have* aie! ayons! ayez!	j'ai tu as il/elle a nous avons vous avez ils/elles ont	j'avais tu avais il/elle avait nous avions vous aviez ils/elles avaient	j'ai eu tu as eu il/elle a eu nous avons eu vous avez eu ils/elles ont eu	j'aurai tu auras il/elle aura nous aurons vous aurez ils/elles auront	il/elle eut ils/elles eurent

Infinitif, Impératif / Infinitive, Imperative	Présent / Present	Imparfait / Imperfect	Passé Composé / Perfect	Futur / Future	Passé Simple / Past Historic
boire *to drink* bois! buvons! buvez!	je bois tu bois il/elle boit nous buvons vous buvez ils/elles boivent	je buvais tu buvais il/elle buvait nous buvions vous buviez ils/elles buvaient	j'ai bu tu as bu il/elle a bu nous avons bu vous avez bu ils/elles ont bu	je boirai tu boiras il/elle boira nous boirons vous boirez ils/elles boiront	il/elle but ils/elles burent
bouillir *to boil* bous! bouillons! bouillez!	je bous tu bous il/elle bout nous bouillons vous bouillez ils/elles bouillent	je bouillais tu bouillais il/elle bouillait nous bouillions vous bouilliez ils/elles bouillaient	j'ai bouilli tu as bouilli il/elle a bouilli nous avons bouilli vous avez bouilli ils/elles ont bouilli	je bouillirai tu bouilliras il/elle bouillira nous bouillirons vous bouillirez ils/elles bouilliront	il/elle bouillit ils/elles bouillirent
comprendre *to understand*	*see prendre*				
conduire *to drive* conduis! conduisons! conduisez!	je conduis tu conduis il/elle conduit nous conduisons vous conduisez ils/elles conduisent	je conduisais tu conduisais il/elle conduisait nous conduisions vous conduisiez ils/elles conduisaient	j'ai conduit tu as conduit il/elle a conduit nous avons conduit vous avez conduit ils/elles ont conduit	je conduirai tu conduiras il/elle conduira nous conduirons vous conduirez ils/elles conduiront	il/elle conduisit ils/elles conduisirent
connaître *to know* *(a person, place, book, film)* connais! connaissons! connaissez!	je connais tu connais il/elle connaît nous connaissons vous connaissez ils/elles connaissent	je connaissais tu connaissais il/elle connaissait nous connaissions vous connaissiez ils/elles connaissaient	j'ai connu tu as connu il/elle a connu nous avons connu vous avez connu ils/elles ont connu	je connaîtrai tu connaîtras il/elle connaîtra nous connaîtrons vous connaîtrez ils/elles connaîtront	il/elle connut ils/elles connurent

Infinitif, Impératif Infinitive, Imperative	Présent Present	Imparfait Imperfect	Passé Composé Perfect	Futur Future	Passé Simple Past Historic
construire *to build* construis! construisons! construisez!	je construis tu construis il/elle construit nous construisons vous construisez ils/elles construisent	je construisais tu construisais il construisait nous construisions vous construisiez ils/elles construisaient	j'ai construit tu as construit il/elle a construit nous avons construit vous avez construit ils/elles ont construit	je construirai tu construiras il/elle construira nous construirons vous construirez ils/elles construiront	il/elle construisit ils/elles construisirent
contenir *to contain*	*see tenir*				
coudre *to sew* couds! cousons! cousez!	je couds tu couds il/elle coud nous cousons vous cousez ils/elles cousent	je cousais tu cousais il/elle cousait nous cousions vous cousiez ils/elles cousaient	j'ai cousu tu as cousu il/elle a cousu nous avons cousu vous avez cousu ils/elles ont cousu	je coudrai tu coudras il/elle coudra nous coudrons vous coudrez ils/elles coudront	il/elle cousit ils/elles cousirent
courir *to run* cours! courons! courez!	je cours tu cours il/elle court nous courons vous courez ils/elles courent	je courais tu courais il/elle courait nous courions vous couriez ils/elles couraient	j'ai couru tu as couru il/elle a couru nous avons couru vous avez couru ils/elles ont couru	je courrai tu courras il/elle courra nous courrons vous courrez ils/elles courront	il/elle courut ils/elles coururent
couvrir *to cover* couvre! couvrons! couvrez!	je couvre tu couvres il/elle couvre nous couvrons vous couvrez ils/elles couvrent	je couvrais tu couvrais il/elle couvrait nous couvrions vous couvriez ils/elles couvraient	j'ai couvert tu as couvert il/elle a couvert nous avons couvert vous avez couvert ils/elles ont couvert	je couvrirai tu couvriras il/elle couvrira nous couvrirons vous couvrirez ils/elles couvriront	il/elle couvrit ils/elles couvrirent

Infinitif, Impératif / Infinitive, Imperative	Présent / Present	Imparfait / Imperfect	Passé Composé / Perfect	Futur / Future	Passé Simple / Past Historic
craindre *to fear, be afraid* crains! craignons! craignez!	je crains tu crains il/elle craint nous craignons vous craignez ils/elles craignent	je craignais tu craignais il/elle craignait nous craignions vous craigniez ils/elles craignaient	j'ai craint tu as craint il/elle a craint nous avons craint vous avez craint ils/elles ont craint	je craindrai tu craindras il/elle craindra nous craindrons vous craindrez ils/elles craindront	il/elle craignit ils/elles craignirent
croire *to believe, think* crois! croyons! croyez!	je crois tu crois il/elle croit nous croyons vous croyez ils/elles croient	je croyais tu croyais il/elle croyait nous croyions vous croyiez ils/elles croyaient	j'ai cru tu as cru il/elle a cru nous avons cru vous avez cru ils/elles ont cru	je croirai tu croiras il/elle croira nous croirons vous croirez ils/elles croiront	il/elle crut ils/elles crurent
cueillir *to pick* cueille cueillons cueillez	je cueille tu cueilles il/elle cueille nous cueillons vous cueillez ils/elles cueillent	je cueillais tu cueillais il/elle cueillait nous cueillions vous cueilliez ils/elles cueillaient	j'ai cueilli tu as cueilli il/elle a cueilli nous avons cueilli vous avez cueilli ils/elles ont cueilli	je cueillerai tu cueilleras il/elle cueillera nous cueillerons vous cueillerez ils/elles cueilleront	il/elle cueillit ils/elles cueillirent
cuire *to cook*	see conduire				
découvrir *to discover*	see couvrir				
décrire *to describe*	see écrire				
détruire *to destroy* détruis! détruisons! détruisez!	je détruis tu détruis il/elle détruit nous détruisons vous détruisez ils/elles détruisent	je détruisais tu détruisais il/elle détruisait nous détruisions vous détruisiez ils/elles détruisaient	j'ai détruit tu as détruit il/elle a détruit nous avons détruit vous avez détruit ils/elles ont détruit	je détruirai tu détruiras il/elle détruira nous détruirons vous détruirez ils/elles détruiront	il/elle détruisit ils/elles détruisirent
devenir* *to become*	see venir*				

Infinitif, Impératif Infinitive, Imperative	Présent Present	Imparfait Imperfect	Passé Composé Perfect	Futur Future	Passé Simple Past Historic
devoir *to have to* dois! devons! devez!	je dois tu dois il/elle doit nous devons vous devez ils/elles doivent	je devais tu devais il/elle devait nous devions vous deviez ils/elles devaient	j'ai dû tu as dû il/elle a dû nous avons dû vous avez dû ils/elles ont dû	je devrai tu devras il/elle devra nous devrons vous devrez ils/elles devront	il/elle dut ils/elles durent
dire *to say, tell* dis! disons! dites!	je dis tu dis il/elle dit nous disons vous dites ils/elles disent	je disais tu disais il/elle disait nous disions vous disiez ils/elles disaient	j'ai dit tu as dit il/elle a dit nous avons dit vous avez dit ils/elles ont dit	je dirai tu diras il/elle dira nous dirons vous direz ils/elles diront	il/elle dit ils/elles dirent
dissoudre *to dissolve* dissous! dissolvons! dissolvez!	je dissous tu dissous il/elle dissout nous dissolvons vous dissolvez ils/elles dissolvent	je dissolvais tu dissolvais il/elle dissolvait nous dissolvions vous dissolviez ils/elles dissolvaient	j'ai dissous tu as dissous il/elle a dissous nous avons dissous vous avez dissous ils/elles ont dissous	je dissoudrai tu dissoudras il/elle dissoudra nous dissoudrons vous dissoudrez ils/elles dissoudront	
disparaître *to disappear*	*see* paraître				
dormir *to sleep* dors! dormons! dormez!	je dors tu dors il/elle dort nous dormons vous dormez ils/elles dorment	je dormais tu dormais il/elle dormait nous dormions vous dormiez ils/elles dormaient	j'ai dormi tu as dormi il/elle a dormi nous avons dormi vous avez dormi ils/elles ont dormi	je dormirai tu dormiras il/elle dormira nous dormirons vous dormirez ils/elles dormiront	il/elle dormit ils/elles dormirent

Infinitif, Impératif / Infinitive, Imperative	Présent / Present	Imparfait / Imperfect	Passé Composé / Perfect	Futur / Future	Passé Simple / Past Historic
écrire *to write*	j'écris	j'écrivais	j'ai écrit	j'écrirai	il/elle écrivit
	tu écris	tu écrivais	tu as écrit	tu écriras	
écris!	il/elle écrit	il/elle écrivait	il/elle a écrit	il/elle écrira	ils/elles écrivirent
écrivons!	nous écrivons	nous écrivions	nous avons écrit	nous écrirons	
écrivez!	vous écrivez	vous écriviez	vous avez écrit	vous écrirez	
	ils/elles écrivent	ils/elles écrivaient	ils/elles ont écrit	ils/elles écriront	
s'endormir* *to go to sleep, fall asleep*	je m'endors	je m'endormais	je me suis endormi(e)	je m'endormirai	il/elle s'endormit
	tu t'endors	tu t'endormais	tu t'es endormi(e)	tu t'endormiras	
	il/elle s'endort	il/elle s'endormait	il s'est endormi	il/elle s'endormira	ils/elles s'endormirent
endors-toi!	nous nous endormons	nous nous endormions	elle s'est endormie	nous nous endormirons	
endormons-nous!	vous vous endormez	vous vous endormiez	nous nous sommes endormi(e)s	vous vous endormirez	
endormez-vous!	ils/elles s'endorment	ils/elles s'endormaient	vous vous êtes endormi(e)(s)	ils/elles s'endormiront	
			ils se sont endormis		
			elles se sont endormies		
entretenir *to maintain*	*see tenir*				
éteindre *to extinguish, switch off*	j'éteins	j'éteignais	j'ai éteint	j'éteindrai	il/elle éteignit
	tu éteins	tu éteignais	tu as éteint	tu éteindras	
éteins!	il/elle éteint	il/elle éteignait	il/elle a éteint	il/elle éteindra	ils/elles éteignirent
éteignons!	nous éteignons	nous éteignions	nous avons éteint	nous éteindrons	
éteignez!	vous éteignez	vous éteigniez	vous avez éteint	vous éteindrez	
	ils/elles éteignent	ils/elles éteignaient	ils/elles ont éteint	ils/elles éteindront	
être *to be*	je suis	j'étais	j'ai été	je serai	il/elle fut
	tu es	tu étais	tu as été	tu seras	
sois!	il/elle est	il/elle était	il/elle a été	il/elle sera	ils/elles furent
soyons!	nous sommes	nous étions	nous avons été	nous serons	
soyez!	vous êtes	vous étiez	vous avez été	vous serez	
	ils/elles sont	ils/elles étaient	ils/elles ont été	ils/elles seront	

Infinitif, Impératif / Infinitive, Imperative	Présent / Present	Imparfait / Imperfect	Passé Composé / Perfect	Futur / Future	Passé Simple / Past Historic
faire *to do, make*	je fais	je faisais	j'ai fait	je ferai	il/elle fit
	tu fais	tu faisais	tu as fait	tu feras	
fais!	il/elle fait	il/elle faisait	il/elle a fait	il/elle fera	ils/elles firent
faisons!	nous faisons	nous faisions	nous avons fait	nous ferons	
faites!	vous faites	vous faisiez	vous avez fait	vous ferez	
	ils/elles font	ils/elles faisaient	ils/elles ont fait	ils/elles feront	
falloir *to have to*	il faut	il fallait	il a fallu	il faudra	il fallut
fuir *to flee*	je fuis	je fuyais	j'ai fui	je fuirai	il/elle fuit
	tu fuis	tu fuyais	tu as fui	tu fuiras	
fuis!	il/elle fuit	il/elle fuyait	il/elle a fui	il/elle fuira	ils/elles fuirent
fuyons!	nous fuyons	nous fuyions	nous avons fui	nous fuirons	
fuyez!	vous fuyez	vous fuyiez	vous avez fui	vous fuirez	
	ils/elles fuient	ils/elles fuyaient	ils/elles ont fui	ils/elles fuiront	
inscrire *to inscribe*	see écrire				
instruire *to instruct*	see construire				
interdire *to forbid*	see dire				
interrompre *to interrupt*	see rompre				
introduire *to introduce*	see construire				
joindre *to join*	je joins	je joignais	j'ai joint	je joindrai	il/elle joignit
	tu joins	tu joignais	tu as joint	tu joindras	
joins!	il/elle joint	il/elle joignait	il/elle a joint	il/elle joindra	ils/elles joignirent
joignons!	nous joignons	nous joignions	nous avons joint	nous joindrons	
joignez!	vous joignez	vous joigniez	vous avez joint	vous joindrez	
	ils/elles joignent	ils/elles joignaient	ils/elles ont joint	ils/elles joindront	

Infinitif, Impératif Infinitive, Imperative	Présent Present	Imparfait Imperfect	Passé Composé Perfect	Futur Future	Passé Simple Past Historic
lire *to read*	je lis	je lisais	j'ai lu	je lirai	il/elle lut
	tu lis	tu lisais	tu as lu	tu liras	
lis!	il/elle lit	il/elle lisait	il/elle a lu	il/elle lira	ils/elles lurent
lisons!	nous lisons	nous lisions	nous avons lu	nous lirons	
lisez!	vous lisez	vous lisiez	vous avez lu	vous lirez	
	ils/elles lisent	ils/elles lisaient	ils/elles ont lu	ils/elles liront	
maintenir *to maintain*	*see tenir*				
mentir *to lie*	je mens	je mentais	j'ai menti	je mentirai	il/elle mentit
	tu mens	tu mentais	tu as menti	tu mentiras	
mens!	il/elle ment	il/elle mentait	il/elle a menti	il/elle mentira	ils/elles mentirent
mentons!	nous mentons	nous mentions	nous avons menti	nous mentirons	
mentez!	vous mentez	vous mentiez	vous avez menti	vous mentirez	
	ils/elles mentent	ils/elles mentaient	ils/elles ont menti	ils/elles mentiront	
mettre *to put*	je mets	je mettais	j'ai mis	je mettrai	il/elle mit
	tu mets	tu mettais	tu as mis	tu mettras	
mets!	il/elle met	il/elle mettait	il/elle a mis	il/elle mettra	ils/elles mirent
mettons!	nous mettons	nous mettions	nous avons mis	nous mettrons	
mettez!	vous mettez	vous mettiez	vous avez mis	vous mettrez	
	ils/elles mettent	ils/elles mettaient	ils/elles ont mis	ils/elles mettront	
mourir* *to die*	je meurs	je mourais	je suis mort(e)	je mourrai	il/elle mourut
	tu meurs	tu mourais	tu es mort(e)	tu mourras	
meurs!	il/elle meurt	il/elle mourait	il est mort	il/elle mourra	ils/elles
mourons!	nous mourons	nous mourions	elle est morte	nous mourrons	moururent
mourez!	vous mourez	vous mouriez	nous sommes mort(e)s	vous mourrez	
	ils/elles meurent	ils/elles mouraient	vous êtes mort(e)(s)	ils/elles mourront	
			ils sont morts		
			elles sont mortes		

Infinitif, Impératif / Infinitive, Imperative	Présent / Present	Imparfait / Imperfect	Passé Composé / Perfect	Futur / Future	Passé Simple / Past Historic
naître* *to be born* nais! naissons! naissez!	je nais tu nais il/elle naît nous naissons vous naissez ils/elles naissent	je naissais tu naissais il/elle naissait nous naissions vous naissiez ils/elles naissaient	je suis né(e) tu es né(e) il est né elle est née nous sommes né(e)s vous êtes né(e)(s) ils sont nés elles sont nées	je naîtrai tu naîtras il/elle naîtra nous naîtrons vous naîtrez ils/elles naîtront	il/elle naquit ils/elles naquirent
obtenir *to obtain*	*see* tenir				
offrir *to offer* offre! offrons! offrez!	j'offre tu offres il/elle offre nous offrons vous offrez ils/elles offrent	j'offrais tu offrais il/elle offrait nous offrions vous offriez ils/elles offraient	j'ai offert tu as offert il/elle a offert nous avons offert vous avez offert ils/elles ont offert	j'offrirai tu offriras il/elle offrira nous offrirons vous offrirez ils/elles offriront	il/elle offrit ils/elles offrirent
ouvrir *to open* ouvre! ouvrons! ouvrez!	j'ouvre tu ouvres il/elle ouvre nous ouvrons vous ouvrez ils/elles ouvrent	j'ouvrais tu ouvrais il/elle ouvrait nous ouvrions vous ouvriez ils/elles ouvraient	j'ai ouvert tu as ouvert il/elle a ouvert nous avons ouvert vous avez ouvert ils/elles ont ouvert	j'ouvrirai tu ouvriras il/elle ouvrira nous ouvrirons vous ouvrirez ils/elles ouvriront	il/elle ouvrit ils/elles ouvrirent
paraître *to appear,* *seem* parais! paraissons! paraissez!	je parais tu parais il/elle paraît nous paraissons vous paraissez ils/elles paraissent	je paraissais tu paraissais il/elle paraissait nous paraissions vous paraissiez ils/elles paraissaient	j'ai paru tu as paru il/elle a paru nous avons paru vous avez paru ils/elles ont paru	je paraîtrai tu paraîtras il/elle paraîtra nous paraîtrons vous paraîtrez ils/elles paraîtront	il/elle parut ils/elles parurent
parcourir *to run along*	*see* courir				

Infinitif, Impératif / Infinitive, Imperative	Présent / Present	Imparfait / Imperfect	Passé Composé / Perfect	Futur / Future	Passé Simple / Past Historic
partir* *to leave, go away* pars! partons! partez!	je pars tu pars il/elle part nous partons vous partez ils/elles partent	je partais tu partais il/elle partait nous partions vous partiez ils/elles partaient	je suis parti(e) tu es parti(e) il est parti elle est partie nous sommes parti(e)s vous êtes parti(e)(s) ils sont partis elles sont parties	je partirai tu partiras il/elle partira nous partirons vous partirez ils/elles partiront	il/elle partit ils/elles partirent
parvenir* *to manage, get to, reach, succeed* parviens! parvenons! parvenez!	je parviens tu parviens il/elle parvient nous parvenons vous parvenez ils/elles parviennent	je parvenais tu parvenais il/elle parvenait nous parvenions vous parveniez ils/elles parvenaient	je suis parvenu(e) tu es parvenu(e) il est parvenu elle est parvenue nous sommes parvenu(e)s vous êtes parvenu(e)(s) ils sont parvenus elles sont parvenues	je parviendrai tu parviendras il/elle parviendra nous parviendrons vous parviendrez ils/elles parviendront	il/elle parvint ils/elles parvinrent
peindre *to paint* peins! peignons! peignez!	je peins tu peins il/elle peint nous peignons vous peignez ils/elles peignent	je peignais tu peignais il/elle peignait nous peignions vous peigniez ils/elles peignaient	j'ai peint tu as peint il/elle a peint nous avons peint vous avez peint ils/elles ont peint	je peindrai tu peindras il/elle peindra nous peindrons vous peindrez ils/elles peindront	il/elle peignit ils/elles peignirent
permettre *to permit*	*see* mettre				

Infinitif, Impératif Infinitive, Imperative	Présent Present	Imparfait Imperfect	Passé Composé Perfect	Futur Future	Passé Simple Past Historic
se plaindre* *to complain* plains-toi! plaignons-nous! plaignez-vous!	je me plains tu te plains il/elle se plaint nous nous plaignons vous vous plaignez ils/elles se plaignent	je me plaignais tu te plaignais il/elle se plaignait nous nous plaignions vous vous plaigniez ils/elles se plaignaient	je me suis plaint(e) tu t'es plaint(e) il s'est plaint elle s'est plainte nous nous sommes plaint(e)s vous vous êtes plaint(e)(s) ils se sont plaints elles se sont plaintes	je me plaindrai tu te plaindras il/elle se plaindra nous nous plaindrons vous vous plaindrez ils/elles se plaindront	il/elle se plaignit ils/elles se plaignirent
plaire *to please* plais! plaisons! plaisez!	je plais tu plais il/elle plaît nous plaisons vous plaisez ils/elles plaisent	je plaisais tu plaisais il/elle plaisait nous plaisions vous plaisiez ils/elles plaisaient	j'ai plu tu as plu il/elle a plu nous avons plu vous avez plu ils/elles ont plu	je plairai tu plairas il/elle plaira nous plairons vous plairez ils/elles plairont	il/elle plut ils/elles plurent
pleuvoir *to rain*	il pleut	il pleuvait	il a plu	il pleuvra	il plut
poursuivre *to pursue*	*see* suivre				
pouvoir *to be able to, can*	je peux (puis-je?) tu peux il/elle peut nous pouvons vous pouvez ils/elles peuvent	je pouvais tu pouvais il/elle pouvait nous pouvions vous pouviez ils/elles pouvaient	j'ai pu tu as pu il/elle a pu nous avons pu vous avez pu ils/elles ont pu	je pourrai tu pourras il/elle pourra nous pourrons vous pourrez ils/elles pourront	il/elle put ils/elles purent
prendre *to take* prends! prenons! prenez!	je prends tu prends il/elle prend nous prenons vous prenez ils/elles prennent	je prenais tu prenais il/elle prenait nous prenions vous preniez ils/elles prenaient	j'ai pris tu as pris il/elle a pris nous avons pris vous avez pris ils/elles ont pris	je prendrai tu prendras il/elle prendra nous prendrons vous prendrez ils/elles prendront	il/elle prit ils/elles prirent
prescrire *to prescribe*	*see* écrire				

Infinitif, Impératif Infinitive, Imperative	Présent Present	Imparfait Imperfect	Passé Composé Perfect	Futur Future	Passé Simple Past Historic
prévenir *to warn, inform* préviens! prévenons! prévenez!	je préviens tu préviens il/elle prévient nous prévenons vous prévenez ils/elles préviennent	je prévenais tu prévenais il/elle prévenait nous prévenions vous préveniez ils/elles prévenaient	j'ai prévenu tu as prévenu il/elle a prévenu nous avons prévenu vous avez prévenu ils/elles ont prévenu	je préviendrai tu préviendras il/elle préviendra nous préviendrons vous préviendrez ils/elles préviendront	il/elle prévint ils/elles prévinrent
prévoir *to foresee*	*see voir*				
produire *to produce*	*see construire*				
promettre *to promise*	*see mettre*				
recevoir *to receive* reçois! recevons! recevez!	je reçois tu reçois il/elle reçoit nous recevons vous recevez ils/elles reçoivent	je recevais tu recevais il/elle recevait nous recevions vous receviez ils/elles recevaient	j'ai reçu tu as reçu il/elle a reçu nous avons reçu vous avez reçu ils/elles ont reçu	je recevrai tu recevras il/elle recevra nous recevrons vous recevrez ils/elles recevront	il/elle reçut ils/elles reçurent
reconnaître *to recognise* reconnais! reconnaissons! reconnaissez!	je reconnais tu reconnais il/elle reconnaît nous reconnaissons vous reconnaissez ils/elles reconnaissent	je reconnaissais tu reconnaissais il/elle reconnaissait nous reconnaissions vous reconnaissiez ils/elles reconnaissaient	j'ai reconnu tu as reconnu il/elle a reconnu nous avons reconnu vous avez reconnu ils/elles ont reconnu	je reconnaîtrai tu reconnaîtras il/elle reconnaîtra nous reconnaîtrons vous reconnaîtrez ils/elles reconnaîtront	il/elle reconnut ils/elles reconnurent
recouvrir *to cover, recover*	*see couvrir*				
réduire *to reduce* réduis! réduisons! réduisez!	je réduis tu réduis il/elle réduit nous réduisons vous réduisez ils/elles réduisent	je réduisais tu réduisais il/elle réduisait nous réduisions vous réduisiez ils/elles réduisaient	j'ai réduit tu as réduit il/elle a réduit nous avons réduit vous avez réduit ils/elles ont réduit	je réduirai tu réduiras il/elle réduira nous réduirons vous réduirez ils/elles réduiront	il/elle réduit ils/elles réduirent

Infinitif, Impératif / Infinitive, Imperative	Présent / Present	Imparfait / Imperfect	Passé Composé / Perfect	Futur / Future	Passé Simple / Past Historic
refaire *to re-do, re-make*	*see* faire				
rejoindre *to re-join*	*see* joindre				
relire *to re-read*	*see* lire				
reluire *to shine*	*see* conduire				
remettre *to replace, remit, put back on, postpone*	*see* mettre				
repartir* *to leave again*	*see* partir*				
reprendre *to take, get back, resume*	*see* prendre				
résoudre *to solve*	je résous / tu résous / il/elle résout / nous résolvons / vous résolvez / ils/elles résolvent	je résolvais / tu résolvais / il/elle résolvait / nous résolvions / vous résolviez / ils/elles résolvaient	j'ai résolu / tu as résolu / il/elle a résolu / nous avons résolu / vous avez résolu / ils/elles ont résolu	je résoudrai / tu résoudras / il/elle résoudra / nous résoudrons / vous résoudrez / ils/elles résoudront	il/elle résolut / ils/elles résolurent
ressentir *to feel, experience*	*see* sentir				
retenir *to hold back, keep*	*see* tenir				
revenir* *to come back, return*	*see* venir*				
revoir *to see again*	*see* voir				
rire *to laugh* / ris! / rions! / riez!	je ris / tu ris / il/elle rit / nous rions / vous riez / ils/elles rient	je riais / tu riais / il/elle riait / nous riions / vous riiez / ils/elles riaient	j'ai ri / tu as ri / il/elle a ri / nous avons ri / vous avez ri / ils/elles ont ri	je rirai / tu riras / il/elle rira / nous rirons / vous rirez / ils/elles riront	il/elle rit / ils/elles rirent

Infinitif, Impératif / Infinitive, Imperative	Présent / Present	Imparfait / Imperfect	Passé Composé / Perfect	Futur / Future	Passé Simple / Past Historic
rompre *to break* romps! rompons! rompez!	je romps tu romps il/elle rompt nous rompons vous rompez ils/elles rompent	je rompais tu rompais il/elle rompait nous rompions vous rompiez ils/elles rompaient	j'ai rompu tu as rompu il/elle a rompu nous avons rompu vous avez rompu ils/elles ont rompu	je romprai tu rompras il/elle rompra nous romprons vous romprez ils/elles rompront	il/elle rompit ils/elles rompirent
satisfaire *to satisfy*	*see* faire				
savoir *to know* (*a fact, or how to do something*) sache! sachons! sachez!	je sais tu sais il/elle sait nous savons vous savez ils/elles savent	je savais tu savais il/elle savait nous savions vous saviez ils/elles savaient	j'ai su tu as su il/elle a su nous avons su vous avez su ils/elles ont su	je saurai tu sauras il/elle saura nous saurons vous saurez ils/elles sauront	il/elle sut ils/elles surent
sentir *to smell, feel, sense* sens! sentons! sentez!	je sens tu sens il/elle sent nous sentons vous sentez ils/elles sentent	je sentais tu sentais il/elle sentait nous sentions vous sentiez ils/elles sentaient	j'ai senti tu as senti il/elle a senti nous avons senti vous avez senti ils/elles ont senti	je sentirai tu sentiras il/elle sentira nous sentirons vous sentirez ils/elles sentiront	il/elle sentit ils/elles sentirent
se sentir* *to feel (ill, well, etc)* sens-toi! sentons-nous! sentez-vous!	je me sens tu te sens il/elle se sent nous nous sentons vous vous sentez ils/elles se sentent	je me sentais tu te sentais il/elle se sentait nous nous sentions vous vous sentiez ils/elles se sentaient	je me suis senti(e) tu t'es senti(e) il s'est senti elle s'est sentie nous nous sommes senti(e)s vous vous êtes senti(e)(s) ils se sont sentis elles se sont senties	je me sentirai tu te sentiras il/elle se sentira nous nous sentirons vous vous sentirez ils/elles se sentiront	il/elle se sentit ils/elles se sentirent

Infinitif, Impératif / Infinitive, Imperative	Présent / Present	Imparfait / Imperfect	Passé Composé / Perfect	Futur / Future	Passé Simple / Past Historic
servir *to serve* sers! servons! servez!	je sers tu sers il/elle sert nous servons vous servez ils/elles servent	je servais tu servais il/elle servait nous servions vous serviez ils/elles servaient	j'ai servi tu as servi il/elle a servi nous avons servi vous avez servi ils/elles ont servi	je servirai tu serviras il/elle servira nous servirons vous servirez ils/elles serviront	il/elle servit ils/elles servirent
se servir* (de) *to use* sers-toi! servons-nous! servez-vous!	je me sers tu te sers il/elle se sert nous nous servons vous vous servez ils/elles se servent	je me servais tu te servais il/elle se servait nous nous servions vous vous serviez ils/elles se servaient	je me suis servi(e) tu t'es servi(e) il s'est servi elle s'est servie nous nous sommes servi(e)s vous vous êtes servi(e)(s) ils se sont servis elles se sont servies	je me servirai tu te serviras il/elle se servira nous nous servirons vous vous servirez ils/elles se serviront	il/elle se servit ils/elles se servirent
sortir* *to go out* sors! sortons! sortez!	je sors tu sors il/elle sort nous sortons vous sortez ils/elles sortent	je sortais tu sortais il/elle sortait nous sortions vous sortiez ils/elles sortaient	je suis sorti(e) ** tu es sorti(e) il est sorti elle est sortie nous sommes sorti(e)s vous êtes sorti(e)(s) ils sont sortis elles sont sorties	je sortirai tu sortiras il/elle sortira nous sortirons vous sortirez ils/elles sortiront	il/elle sortit ils/elles sortirent
souffrir *to suffer* souffre! souffrons! souffrez!	je souffre tu souffres il/elle souffre nous souffrons vous souffrez ils/elles souffrent	je souffrais tu souffrais il/elle souffrait nous souffrions vous souffriez ils/elles souffraient	j'ai souffert tu as souffert il/elle a souffert nous avons souffert vous avez souffert ils/elles ont souffert	je souffrirai tu souffriras il/elle souffrira nous souffrirons vous souffrirez ils/elles souffriront	il/elle souffrit ils/elles souffrirent

* use avoir as the auxiliary if there is a direct object, e.g. j'ai sorti mon mouchoir

Infinitif, Impératif / Infinitive, Imperative	Présent / Present	Imparfait / Imperfect	Passé Composé / Perfect	Futur / Future	Passé Simple / Past Historic
soumettre *to submit*	see mettre				
sourire *to smile* souris! sourions! souriez!	je souris tu souris il/elle sourit nous sourions vous souriez ils/elles sourient	je souriais tu souriais il/elle souriait nous sourions vous souriez ils/elles souriaient	j'ai souri tu as souri il/elle a souri nous avons souri vous avez souri ils/elles ont souri	je sourirai tu souriras il/elle sourira nous sourirons vous sourirez ils/elles souriront	il/elle sourit ils/elles sourirent
soutenir *to support*	see tenir				
se souvenir* de *to remember*	see venir*				
suffire *to suffice* suffis! suffisons! suffisez!	je suffis tu suffis il/elle suffit nous suffisons vous suffisez ils/elles suffisent	je suffisais tu suffisais il/elle suffisait nous suffisions vous suffisiez ils/elles suffisaient	j'ai suffi tu as suffi il/elle a suffi nous avons suffi vous avez suffi ils/elles ont suffi	je suffirai tu suffiras il/elle suffira nous: suffirons vous suffirez ils/elles suffiront	il/elle suffit ils/elles suffirent
suivre *to follow* suis! suivons! suivez!	je suis tu suis il/elle suit nous suivons vous suivez ils/elles suivent	je suivais tu suivais il/elle suivait nous suivions vous suiviez ils/elles suivaient	j'ai suivi tu as suivi il/elle a suivi nous avons suivi vous avez suivi ils/elles ont suivi	je suivrai tu suivras il/elle suivra nous suivrons vous suivrez ils/elles suivront	il/elle suivit ils/elles suivirent
surprendre *to surprise*	see prendre				
survenir* *to take place*	see venir*				
survivre *to survive*	see vivre				

Infinitif, Impératif Infinitive, Imperative	Présent Present	Imparfait Imperfect	Passé Composé Perfect	Futur Future	Passé Simple Past Historic
se taire* *to be silent* tais-toi! taisons-nous! taisez -vous!	je me tais tu te tais il/elle se tait nous nous taisons vous vous taisez ils/elles se taisent	je me taisais tu te taisais il/elle se taisait nous nous taisions vous vous taisiez ils/elles se taisaient	je me suis tu(e) tu t'es tu(e) il s'est tu elle s'est tue nous nous sommes tu(e)s vous vous êtes tu(e)(s) ils se sont tus elles se sont tues	je me tairai tu te tairas il/elle se taira nous nous tairons vous vous tairez ils/elles se tairont	il/elle se tut ils/elles se turent
tenir *to hold* tiens! tenons! tenez!	je tiens tu tiens il/elle tient nous tenons vous tenez ils/elles tiennent	je tenais tu tenais il/elle tenait nous tenions vous teniez ils/elles tenaient	j'ai tenu tu as tenu il/elle a tenu nous avons tenu vous avez tenu ils/elles ont tenu	je tiendrai tu tiendras il/elle tiendra nous tiendrons vous tiendrez ils/elles tiendront	il/elle tint ils/elles tinrent
se tenir* *to stand* tiens-toi! tenons-nous! tenez-vous!	je me tiens tu te tiens il/elle se tient nous nous tenons vous vous tenez ils/elles se tiennent	je me tenais tu te tenais il/elle se tenait nous nous tenions vous vous teniez ils/elles se tenaient	je me suis tenu(e) tu t'es tenu(e) il s'est tenu elle s'est tenue nous nous sommes tenu(e)s vous vous êtes tenu(e)(s) ils se sont tenus elles se sont tenues	je me tiendrai tu te tiendras il/elle se tiendra nous nous tiendrons vous vous tiendrez ils/elles se tiendront	il/elle se tint ils/elles se tinrent
traduire *to translate*	*see* conduire				
transmettre *to transmit*	*see* mettre				

Infinitif, Impératif / Infinitive, Imperative	Présent / Present	Imparfait / Imperfect	Passé Composé / Perfect	Futur / Future	Passé Simple / Past Historic
vaincre *to defeat* vaincs! vainquons! vainquez!	je vaincs tu vaincs il/elle vainc nous vainquons vous vainquez ils/elles vainquent	je vainquais tu vainquais il/elle vainquait nous vainquions vous vainquiez ils/elles vainquaient	j'ai vaincu tu as vaincu il/elle a vaincu nous avons vaincu vous avez vaincu ils/elles ont vaincu	je vaincrai tu vaincras il/elle vaincra nous vaincrons vous vaincrez ils/elles vaincront	il/elle vainquit ils/elles vainquirent
valoir *to be worth*	je vaux tu vaux il/elle vaut nous valons vous valez ils/elles valent	je valais tu valais il/elle valait nous valions vous valiez ils/elles valaient	j'ai valu tu as valu il/elle a valu nous avons valu vous avez valu ils/elles ont valu	je vaudrai tu vaudras il/elle vaudra nous vaudrons vous vaudrez ils/elles vaudront	il/elle valut ils/elles valurent
venir* *to come* viens! venons! venez!	je viens tu viens il/elle vient nous venons vous venez ils/elles viennent	je venais tu venais il/elle venait nous venions vous veniez ils/elles venaient	je suis venu(e) tu es venu(e) il est venu elle est venue nous sommes venu(e)s vous êtes venu(e)(s) ils sont venus elles sont venues	je viendrai tu viendras il/elle viendra nous viendrons vous viendrez ils/elles viendront	il/elle vint ils/elles vinrent
vivre *to live, be alive* vis! vivons! vivez!	je vis tu vis il/elle vit nous vivons vous vivez ils/elles vivent	je vivais tu vivais il/elle vivait nous vivions vous viviez ils/elles vivaient	j'ai vécu tu as vécu il/elle a vécu nous avons vécu vous avez vécu ils/elles ont vécu	je vivrai tu vivras il/elle vivra nous vivrons vous vivrez ils/elles vivront	il/elle vécut ils/elles vécurent

Infinitif, Impératif / Infinitive, Imperative	Présent / Present	Imparfait / Imperfect	Passé Composé / Perfect	Futur / Future	Passé Simple / Past Historic
voir *to see*	je vois	je voyais	j'ai vu	je verrai	il/elle vit
	tu vois	tu voyais	tu as vu	tu verras	
vois!	il/elle voit	il/elle voyait	il/elle a vu	il/elle verra	ils elles virent
voyons!	nous voyons	nous voyions	nous avons vu	nous verrons	
voyez!	vous voyez	vous voyiez	vous avez vu	vous verrez	
	ils/elles voient	ils/elles voyaient	ils/elles ont vu	ils/elles verront	
vouloir *to wish, want*	je veux	je voulais	j'ai voulu	je voudrai	il/elle voulut
	tu veux	tu voulais	tu as voulu	tu voudras	
	il/elle veut	il/elle voulait	il/elle a voulu	il/elle voudra	ils/elles voulurent
veuille!	nous voulons	nous voulions	nous avons voulu	nous voudrons	
veuillons!	vous voulez	vous vouliez	vous avez voulu	vous voudrez	
veuillez!	ils/elles veulent	ils/elles voulaient	ils/elles ont voulu	ils/elles voudront	

If you are looking for a reflexive verb and do not find it in the table, look for it without se or s'
Example: se mettre* en colère   *see* mettre
Do remember that all reflexive verbs take être in the Perfect Tense even when the non-reflexive verb takes avoir!

GRAMMAR INFORMATION

ARTICLES

the

French nouns are grammatically either masculine or feminine.
Masculine nouns use **le** for *the*. Feminine nouns use **la** for *the*.
Both masculine and feminine nouns use **l'** for *the* in front of nouns which begin
with a vowel or a silent **h**. Other nouns beginning with **h** need a full **le** or **la**.
   Example: *hedge*   ‡haie *nf*   is **la** haie
Both masculine and feminine nouns use **les** for *the* in front of plural nouns.

a, an, some

Masculine nouns use **un** for *a* or *an*. Feminine nouns use **une** for *a* or *an*.
Both masculine and feminine nouns use des for *some* in front of plural nouns.

Du, de la, de l', des, de

There are five different ways of expressing the ideas of **some**, **any** or **no**:

masculine singular:	Il mange **du** pain	*He eats **some** bread*
feminine singular:	Il mange **de la** viande	*He eats **some** meat*
any noun starting with a vowel	Je bois **de l'**eau	*I drink **some** water*
any noun starting with a silent h	J'achète **de l'**huile	*I buy **some** oil*
any plural noun	J'achète **des** pommes	*I buy **some** apples*

If the sentence is negative, use **de** for all nouns (singular and plural) starting with a
consonant, and **d'** for all nouns (singular and plural) starting with a vowel or a
silent h.

Je n'ai pas **de** pain	*I have **no** bread*
Je n'ai pas **de** monnaie	*I haven't **any** change*
Je n'ai pas **d'**argent	*I have **no** money*
Je n'ai pas **de** pommes	*I haven't **any** apples*

POSSESSION

French has no equivalent of the apostrophe **s** which is used in English to signify
ownership. The words **du**, **de la**, **de l'** and **des** are also used for this purpose:

le sac **du** garçon	*the boy's bag (one bag, one boy)*
le sac **de la** fille	*the girl's bag (one girl, one bag)*
le sac **de l'**enfant	*the child's bag (one child, one bag)*
le sac **des** garçons	*the boys' bag (one bag, more than one boy)*
les sacs **des** garçons	*the boys' bags*
	(more than one bag, more than one boy)
le sac **d'**Anne et **de** Paul	*Anne and Paul's bag*

Possessive Adjectives

The words expressing the ideas of ownership are adjectives and therefore they must match their noun. They match the gender of the thing owned, not the sex of the owner!

"C'est **mon** pullover, c'est **ma** chemise, ce sont **mes** chaussures." dit Luc. "Ils sont **à moi!**"

*"It's **my** pullover, it's **my** shirt, they're **my** shoes!" says Luke. "They are **mine!**"*

	MS	FS	Plural (M&F)		Meaning
	1 person/thing		**2+ persons/things**		
1 owner	**mon** père	**ma** mère	**mes** frères	**mes** sœurs	*my*
	ton père	**ta** mère	**tes** frères	**tes** sœurs	*your*
	son père	**sa** mère	**ses** frères	**ses** sœurs	*his, its*
	son père	**sa** mère	**ses** frères	**ses** sœurs	*her, its*
2+ owners	**notre** père	**notre** mère	**nos** frères	**nos** sœurs	*our*
	votre père	**votre** mère	**vos** frères	**vos** sœurs	*your*
	leur père	**leur** mère	**leurs** frères	**leurs** sœurs	*their*

DEMONSTRATIVE ADJECTIVES

There are four words for **this/that** and **these/those**

masculine singular	Je préfère **ce** pullover	*I prefer this pullover*
masculine singular noun with vowel	Je préfère **cet** anorak	*I prefer this anorak*
masculine noun with silent h	Je préfère **cet** hôtel	*I prefer this hotel*
feminine singular	Je préfère **cette** chemise	*I prefer this shirt*
any plural noun	Je préfère **ces** chaussettes	*I prefer these socks*

To emphasise the words *this* and *that*, the suffixes **-ci** and **-là** are added to the noun:

Example:	ce pullover-**ci**	***this** pullover*
	ce pullover-**là**	***that** pullover*

NEGATIVES

Two words are usually required in French to turn a positive statement into a negative one. The first one is always **ne** or **n'**. The second one gives the exact meaning.

Je réponds	+ **ne ... pas**	becomes	Je **ne** réponds **pas**
I answer			*I **don't** answer*
Je réponds	+ **ne ... jamais**	becomes	Je **ne** réponds **jamais**
I answer			*I **never** answer*
Je dis	+ **ne ... rien**	becomes	Je **ne** dis **rien**
I say			*I say **nothing***
Je vois	+ **ne ... personne**	becomes	Je **ne** vois **personne**
I see			*I see **no-one**, I can't see **anybody***

REGULAR VERBS

There are three families or groups of verbs which form the patterns for other verbs to follow.

Each one is known by the last two letters of the infinitive, **-er, -ir,** or **-re.**

The largest group of regular verbs is the **-er** group. These behave like **regarder.**

Infinitif Infinitive	Présent Present	Passé Composé Perfect	Impératif Imperative
regarder *to look at,* *watch*	je regarde tu regardes il/elle regarde nous regardons vous regardez ils/elles regardent	j'ai regardé tu as regardé il/elle a regardé nous avons regardé vous avez regardé ils/elles ont regardé	 regarde regardons regardez
	Imparfait **Imperfect**	**Futur** **Future**	**Passé Simple** **Past Historic**
	je regardais tu regardais il/elle regardait nous regardions vous regardiez ils/elles regardaient	je regarderai tu regarderas il/elle regardera nous regarderons vous regarderez ils/elles regarderont	 il/elle regarda ils/elles regardèrent

Commonly used regular -er verbs include:

accepter, accompagner, accrocher, aider, aimer, arriver*, chercher, compter, danser, déjeuner, désirer, dessiner, détester, donner, durer, éclater, écouter, entrer*, frapper, fréquenter, fumer, gagner, indiquer, inviter, jouer, laver, louer, marcher, monter*, montrer, oublier, parler, penser, pleurer, porter, poser, pousser, préparer, quitter, raconter, rencontrer, rentrer*, réparer, réserver, rester*, retourner*, rouler, sauter, sonner, téléphoner, tomber*, toucher, tourner, traverser, trouver, verser, visiter, voler

Verbs marked * take **être** in the *passé composé.*

Example: Elle est montée au dernier étage   *She went up to the top floor*
           Il est rentré à 7 heures   *He came home at 7 o'clock*

However, **monter** and **rentrer** will take **avoir** if they have a direct object:

Example: Elle a monté sa valise   *She took her case upstairs*
           Il a rentré les provisions dans la maison *He brought the groceries in*

A smaller family is the **-ir** group. These verbs behave like **finir**.

Infinitif Infinitive	Présent Present	Passé Composé Perfect	Impératif Imperative
finir *to finish*	je finis tu finis il/elle finit nous finissons vous finissez ils/elles finissent	j'ai fini tu as fini il/elle a fini nous avons fini vous avez fini ils/elles ont fini	finis finissons finissez
	Imparfait **Imperfect**	**Futur** **Future**	**Passé Simple** **Past Historic**
	je finissais tu finissais il/elle finissait nous finissions vous finissiez ils/elles finissaient	je finirai tu finiras il/elle finira nous finirons vous finirez ils/elles finiront	il/elle finit ils/elles finirent

Commonly used regular -ir verbs include: choisir, remplir, rougir, saisir.

The third family is the **-re** group. These verbs behave like **répondre**.

Infinitif Infinitive	Présent Present	Passé Composé Perfect	Impératif Imperative
répondre *to answer,* *reply*	je réponds tu réponds il/elle répond nous répondons vous répondez ils/elles répondent	j'ai répondu tu as répondu il/elle a répondu nous avons répondu vous avez répondu ils/elles ont répondu	réponds répondons répondez
	Imparfait **Imperfect**	**Futur** **Future**	**Passé Simple** **Past Historic**
	je répondais tu répondais il/elle répondait nous répondions vous répondiez ils/elles répondaient	je répondrai tu répondras il/elle répondra nous répondrons vous répondrez ils/elles répondront	il/elle répondit ils/elles répondirent

Commonly used regular -re verbs include: attendre, descendre*, entendre, rendre, vendre. Verbs marked * take **être** in the passé composé.

    Example: Nous sommes descendus de bonne heure   *We came downstairs early*
However, **descendre** will take **avoir** when it has a direct object.

    Example: Elle a descendu sa valise   *She brought her case downstairs*

REFLEXIVE VERBS

These are verbs which describe actions such as washing and getting dressed which people do for themselves. They have an extra pronoun.
There are some verbs which are reflexive in French but not in English.
These include *s'arrêter* and *se sentir*.
Most reflexive verbs behave like *se laver*.
The vast majority of them are **-er** verbs, but the more common irregular reflexive verbs can be found in the irregular verb table. They are marked *v refl* §.

	Présent Present	Passé Composé Perfect	Impératif Command
se laver* *to wash* (*oneself*)	je me lave tu te laves il/elle se lave nous nous lavons vous vous lavez ils/elles se lavent	je me suis lavé(e) tu t'es lavé(e) il s'est lavé elle s'est lavée nous nous sommes lavé(e)s vous vous êtes lavé(e)/lavé(e)s ils se sont lavés elles se sont lavées	lave-toi lavons-nous lavez-vous
	Imparfait **Imperfect**	**Futur** **Future**	**Passé Simple** **Past Historic**
	je me lavais tu te lavais il/elle se lavait nous nous lavions vous vous laviez ils/elles se lavaient	je me laverai tu te laveras il/elle se lavera nous nous laverons vous vous laverez ils/elles se laveront	il/elle se lava ils/elles se lavèrent

Commonly used reflexive verbs include:

s'amuser*, s'arrêter*, se baigner*, se coucher*, se dépêcher*, se déshabiller*, s'habiller*, se laver*, se trouver* (*v refl*)

s'allonger*, s'appeler*, se déplacer*, s'engager*, s'ennuyer*, s'exercer*, s'inquiéter*, s'intéresser* à, se lever*, se noyer*, se placer*, se promener*, se rappeler*, se succéder*, se venger* (*v refl* †) (See pages 232-233)

s'apercevoir*, s'asseoir*, se sentir*, se souvenir* de (*v refl* §) (See pages 208-226)

Reflexive verbs all take **être** in the *passé composé* and are marked *.

-ER VERBS WITH VARIATIONS

Some of the frequently used **-er** verbs have variations from the usual present tense pattern. These are marked *v reg* †.

- **Manger** and other verbs ending in **-ger** need an extra **-e-** in the **nous** form:

  Example: je mange   tu manges   il/elle mange

  nous mang**e**ons   vous mangez   ils/elles mangent

Commonly used verbs of this type include: allonger, aménager, arranger, bouger, changer, charger, corriger, déranger, échanger, engager, exiger, interroger, juger, loger, longer, mélanger, nager, négliger, neiger, obliger, partager, piger, plonger, prolonger, protéger, rager, rallonger, ranger, rédiger, ronger, songer, soulager, venger, voyager

- **Commencer** and other verbs ending in **-cer** need a cedilla in the **nous** form:

  Example: je commence   tu commences   il/elle commence

  nous commen**ç**ons   vous commencez   ils/elles commencent

Commonly used verbs of this type include: agacer, annoncer, avancer, balancer, coincer, déplacer, divorcer, effacer, enfoncer, exercer, froncer, glacer, grincer, lancer, menacer, percer, pincer, placer, prononcer, recommencer, remplacer, renforcer, renoncer, sucer, tracer

- **S'appeler** doubles the **l** where the ending is silent:

  Example: je m'appe**ll**e   tu t'appe**ll**es   il/elle s'appe**ll**e

  nous nous appelons   vous vous appelez ils/elles s'appe**ll**ent

Commonly used verbs of this type include: appeler, grommeler, peler, rappeler, renouveler

- **Jeter** doubles the **t** where the ending is silent:

  Example: je je**tt**e   tu je**tt**es   il/elle je**tt**e

  nous jetons   vous jetez   ils/elles je**tt**ent

- Verbs like **lever** add accents where the ending is silent:

  Example: je l**è**ve   tu l**è**ves   il/elle l**è**ve

  nous levons   vous levez   ils/elles l**è**vent

Commonly used verbs of this type include: acheter, amener, crever, élever, emmener, enlever, épeler, geler, haleter, marteler, mener, peser, ramener, semer, soulever

- Verbs like **préférer** change the final accent from **é** to **è** for a silent ending:
  Example: je préfère   tu préfères   il/elle préfère
           nous préférons   vous préférez   ils/elles préfèrent

Commonly used verbs of this type include: accélérer, céder, compléter, digérer, espérer, interpréter, lécher, oblitérer, pécher, pénétrer, précéder, posséder, récupérer, régler, régner, répéter, révéler, sécher, succéder, suggérer, tolérer, transférer, vociférer

Note: **protéger** behaves like this group, but also has an extra **e** in the **nous** form:
  Example: il protège   nous protégeons

- **Envoyer** and other verbs ending in **-yer** change the **y** to **i** with a silent ending:
  Example: j'envoie   tu envoies   il/elle envoie
           nous envoyons   vous envoyez   ils/elles envoient

Commonly used verbs of this type include: aboyer, appuyer, balayer, effrayer, employer, ennuyer, essayer, essuyer, nettoyer, renvoyer, tournoyer

In the present tense **payer** can be either **je paie** or **je paye**
In the future tense it can be either: **je paierai** or **je payerai**
Note that the irregularities in the present tense of these verbs affect other tenses.

IRREGULAR VERBS

There are many irregular verbs in French. These are listed in the verb table on pages 208-226.

PERFECT TENSE

This is the tense which is used in **conversation** and in **letters** to describe:
- an action in the past which has been completed
- an action in the past which happened on one occasion only

The *passé composé* has two parts:
- the auxiliary verb, which is the present tense of either **avoir** or **être**
- and the past participle

Perfect tense with avoir

To form the past participles of **regular verbs**, remove the final two letters (**-er, -ir, -re**) from the infinitive and add **-é, -i** or **-u** to the remaining stem:
  regarder becomes **regardé**   **finir** becomes **fini**   **répondre** becomes **répondu**

The past participles of **irregular verbs** have to be looked up in the verb table, then learnt. Past participles are marked *pp* when they are listed in this dictionary.

Perfect tense with être

Not all verbs take **avoir**. There are 16 common verbs which form the perfect tense with **être** as the auxiliary. These are marked * in this dictionary. Most of them can be remembered in groups which are opposite (or nearly opposite) in meaning.

arriver*	descendre*	venir*	entrer*	naître*	tomber*
partir*	monter*	revenir*	rentrer*	mourir*	rester*
		aller*	sortir*		retourner*

When they are arranged in this order, the initial letters of the first verb in each group spell the word **a d v e n t** - it might help in remembering them!

The important point with the verbs which take être is that the past participle must agree with the subject:

	Masculine	**Feminine**
je suis	venu	venue
tu es	venu	venue
il est	venu	
elle est		venue
on est	venu	
Chris est	venu **(boy)**	venue **(girl)**
nous sommes	venus	venues
vous êtes	venu(s)**	venue(s)**
ils sont	venus	
elles sont		venues
les enfants sont	venus	

** **depending on whether *vous* is masculine or feminine, singular or plural**

Three of the sixteen verbs which take **être** are also commonly found with **avoir** when they have a direct object.

Examples:

J'ai monté les valises	*I took the cases upstairs*
J'ai descendu les bagages	*I brought the luggage down*
Elle a sorti son mouchoir	*She took out her handkerchief*

SUBJECT PRONOUNS

- **Tu** is used when speaking to **one** person you know well, to a member of the family, to a child or to a pet.

- **Vous** is used when speaking to **two** or more people, either good friends or strangers.
  Vous is also used when speaking to **one adult** you do not know very well.

- **Il** and **elle** can mean **it** when referring to masculine or feminine nouns.

- **On** has a variety of meanings: **we, one, they, you, people, someone**.

- **Ils** is used for **they** when **all** the nouns referred to are masculine or when there is a group of nouns, **one** of which is masculine.

- **Elles** is used for **they** when speaking of 2+ girls or women or when **all** the nouns in a list are feminine.

WRITING LETTERS AND POSTCARDS

Students are often asked to write a letter or a postcard in French. In examinations, it is particularly important to **carry out the tasks set in the question**. In other words, you should not write a pre-prepared letter which has only a vague resemblance to the question on the exam paper.

Postcards are nearly always to friends. Letters can be to friends and family (informal letters) or to businesses, hotels or public offices (formal letters).

Informal letters and postcards

Letter envelope:
When you write an envelope or a card to an address in France:-
    The surname is written first, often in capitals.
    The word **rue** is written with a small **r**.
    There is a 5-figure postcode. It is written
    before the name of the town, on the same line.
    The town is written in capital letters.

The name and address of the sender are normally written on the back of the envelope, after the word *Expéditeur:* or *Exp:* (Sender).

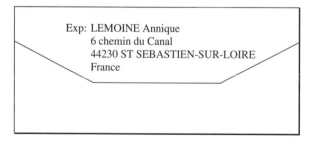

Informal Letters:

Town and date: It is usual just to write the name of the town and the date.
Put this information in the **top right-hand corner** of the page.

Dear ...

Cher Robert,	(male)
Chère Anne,	(female)
Cher Robert, chère Anne,	(more than one person)
Chers amis,	(plural, all male, male and female)
Chères amies,	(plural, all female)

Tu or vous? Informal letters and postcards to one person are usually written
in the **tu** form.
Check that **tu** is used consistently, and if you need to say
"please..." remember to use "...s'il **te** plaît"

Closing Useful phrases include:

C'est tout pour aujourd'hui	*That's all for today*
Maintenant je vais faire mes devoirs	*Now I'm going to do my homework*
En attendant de tes nouvelles	*I'm looking forward to hearing from you*
Ecris-moi bientôt	*Write soon*
A bientôt	*See you soon*

Signing off This list becomes more friendly as you read on.
Just use one of these phrases:

Amicalement	
Amitiés	
Ton ami	(if you are male)
Ton amie	(if you are female)
Ton correspondant	(if you are male)
Ta correspondante	(if you are female)
Grosses bises	

Finally, sign your name.

Formal letters

Your address   In the **top left-hand corner** of the page write your own name and address. French people often write their surname first in capital letters and their first name in upper and lower case letters. (Example: *LEMOINE David*)

Date: In the **top right-hand corner** of the page write the date.

Recipient's Address
In the **top right-hand corner** of the page under the date put the address you are writing to.

Dear ...   Monsieur,   *Dear Sir*
          Madame,   *Dear Madam*
          Messieurs,   *Dear Sirs*

Tu or vous?   Formal letters are always written in the **vous** form.

Signing off   Business letters in French usually end with a *formule* which is the equivalent of *Yours sincerely* or *Yours faithfully*. There are many variations of the *formule*. The two versions suggested here are often used.

Veuillez agréer, Monsieur, l'expression de mes sentiments distingués.

Je vous prie d'agréer, Madame, l'expression de mes sentiments distingués.

Remember to change *Monsieur* to *Madame* or *Messieurs* to match the gender and number of the person or people who will receive the letter.

Finally, sign your name.

The envelope: Your name and address are normally written on the back of the envelope, after Expéditeur/Exp. (See page 236).

Sample formal letter

le 6 juin 2004

WHITE John   *Syndicat d'initiative*
32 New Street   *2 place du marché*
OLDTOWN   *23310 BAINVILLE*
OT6 7XY   *France*
GB

Messieurs,

Je vous écris pour savoir ...

Veuillez agréer, Messieurs, l'expression de mes sentiments distingués.

John White

Sample informal letter

Malvern, le 6 juin 2004

Chère Béatrice,

Je t'écris pour savoir ...

En attendant de tes nouvelles
Amitiés

John

INSTRUCTIONS

Note: These instructions have been given in the **vous** form, which is the one used by many text books and exam boards. Versions of the most frequently used command words in the **tu** form can be found at the end of this section on page 244.

All four skills: Listening, Reading, Speaking, Writing

Sequence words

d'abord	*first*
maintenant	*now*
puis	*then*

Questions

à quelle heure?	*at what time?*
c'est combien?	*how much is it?*
combien coûte ... ?	*how much does ... cost?*
comment?	*how?*
comment est-il?	*what is he/it like?*
lequel préférez-vous?	*which one do you prefer?*
où?	*where?*
où est?	*where is?*
où sont?	*where are?*
pourquoi?	*why?*
quand?	*when?*
qu'est-ce que?	*what?*
que veut dire ... ?	*what does ... mean?*
qui a raison?	*who is right?*

Information

à votre avis	*in your opinion*
elle parle au sujet de	*she is talking about*
elle parle avec ...	*she is speaking to ...*
en anglais	*in English*
en chiffres	*in numbers*
en français	*in French*
entre deux personnes	*between two people*
faux	*false, wrong*
il parle au sujet de	*he is talking about*
il y aura deux pauses pendant l'annonce	*there will be two pauses in the announcement*
il y aura deux pauses pendant l'extrait	*there will be two pauses in the extract*

les réponses suivantes	*the following answers*
pour chaque client	*for each customer*
pour chaque personne	*for each person*
pour chaque question	*for each question*
quelques phrases	*some sentences*
quelques questions	*some questions*
tournez la page	*turn over the page*
voici un exemple	*here is an example*
vous n'aurez pas besoin de toutes les lettres	*you will not need all the letters*
vrai	*true*

Listening and Reading

arrangez les mots correctement	*arrange the words in the correct order*
choisissez la description qui correspond le mieux	*choose the description which best fits*
choisissez la réponse correcte	*choose the correct answer*
cochez la case	*tick the box*
cochez la phrase appropriée	*tick the appropriate sentence*
cochez les cases (appropriées)	*tick the (appropriate) boxes*
cochez seulement 5 cases	*tick 5 boxes only*
complétez le tableau	*complete the table*
complétez la grille	*complete the grid*
complétez la liste	*complete the list*
complétez les comparaisons	*complete the comparisons*
complétez les détails	*complete the details*
complétez les phrases	*complete the sentences*
corrigez l'affirmation	*correct the statement*
corrigez les erreurs	*correct the mistakes*
corrigez les fautes	*correct the mistakes*
décidez	*decide*
dessinez une flèche pour montrer quelle illustration va avec quel panneau	*draw an arrow to show which picture goes with which sign*
écrivez dans la case le numéro de l'illustration	*write the number of the illustration in the box*
écrivez l'équivalent en anglais	*write the equivalent in English*
écrivez le mot qui ne va pas avec les autres	*write the odd word out*
écrivez le numéro	*write the number*
écrivez les détails	*write the details*
écrivez la lettre	*write the letter*
écrivez la lettre qui correspond	*write the letter which matches*
écrivez les numéros qui correspondent	*write the numbers which match*
écrivez les réponses	*write the answers*

écoutez attentivement	*listen carefully*
écoutez bien	*listen carefully*
écoutez l'exemple	*listen to the example*
encerclez oui ou non	*circle yes or no*
est-ce que les phrases sont vraies ou fausses?	*are the sentences true or false?*
expliquez comment	*explain how*
expliquez pourquoi	*explain why*
faites correspondre	*match up*
faites des notes	*make notes*
indiquez sur le plan	*mark on the plan/map*
indiquez sur la carte	*mark on the map*
lisez attentivement	*read carefully*
lisez l'article, le texte, l'histoire	*read the article, the text, the story*
lisez la lettre	*read the letter*
lisez la liste	*read the list*
lisez les annonces	*read the adverts*
lisez les informations	*read the information*
lisez les instructions	*read the instructions*
lisez les phrases suivantes	*read the following sentences*
lisez les questions	*read the questions*
lisez un extrait d'un journal	*read the extract from a newspaper*
mettez la bonne lettre dans la case	*put the correct letter in the box*
mettez les images dans le bon ordre	*put the pictures into the correct order*
notez les détails	*note down the details*
prenez des notes	*make notes*
regardez la grille	*look at the grid*
regardez les dessins	*look at the drawings*
regardez les notes	*look at the notes*
remplissez la grille	*fill in the grid*
remplissez les blancs	*fill in the blanks*
répondez à toutes les questions	*answer all the questions*
répondez aux questions	*answer the questions*
répondez en français	*answer in French*
répondez en français ou cochez les cases	*answer in French or tick the boxes*
si l'affirmation est vraie, cochez la case **vrai**	*if the statement is true, tick the **true** box*
si la phrase est vraie, cochez la case **vrai**	*if the sentence is true, tick the **true** box*
si la remarque est fausse,	*if the statement is incorrect,*
écrivez une remarque correcte	* write a correct one*
soulignez	*underline*
tournez la page	*turn the page, turn over*
trouvez la bonne réponse à chaque question	*choose the right answer to each question*

trouvez la phrase qui correspond à chaque photo	*find the sentence which matches each photo*
trouvez l'erreur	*find the mistake*
trouvez le symbole qui correspond au mot	*find the symbol which matches the word*
trouvez le texte qui correspond à chaque image/dessin/titre	*find the text which matches each picture/drawing/title*
trouvez les mots, les phrases	*find the words, the phrases*
trouvez X sur le plan	*find X on the plan*
vous allez entendre deux fois une série de petites conversations	*you will hear twice a series of short conversations*
vous allez entendre un message/une conversation/un dialogue/une émission/ un programme/un reportage à la radio/ une interview à la télévision	*you are going to hear a message/ a conversation/a dialogue/ a programme/a programme/ a radio report/a TV interview*
vous pouvez utiliser un dictionnaire si vous voulez	*you may use a dictionary if you wish*
vous trouverez des informations sur ...	*you will find information on ...*

Speaking

décrivez l'image	*describe the picture*
demandez les informations suivantes	*ask for the following information*
finissez poliment la conversation	*end the conversation politely*
parlez	*speak*
posez des questions	*ask questions*
racontez les choses que vous avez faites	*say what you did*
regardez les images, les photos	*look at the pictures, the photos*
remerciez le commerçant	*thank the shopkeeper*
saluez l'examinateur	*greet the examiner*
utilisez ces symboles pour faire un dialogue	*use the symbols to make up a dialogue*
vous allez répondre à quelques questions	*you are going to reply to some questions*

Writing

choisissez le thème 1 ou le thème 2	*choose title 1 or title 2*
dans votre lettre vous devez ...	*in your letter you should ...*
demandez des conseils	*ask for advice*
demandez les détails suivants	*ask for the following details*
donnez les renseignements	*give information*
écrivez environ 100 mots	*write about 100 words*
écrivez les détails	*write the details*
écrivez un article	*write an article*
écrivez une carte postale	*write a postcard*
écrivez une lettre	*write a letter*

écrivez une réponse	*write a reply*
écrivez votre avis avec les raisons	*write your opinion and the reasons for it*
expliquez comment	*explain how*
expliquez pourquoi	*explain why*
faites une comparaison	*make a comparison*
faites une description	*describe/write a description of*
faites une liste	*write a list*
faites un résumé	*summarise*
imaginez que ...	*imagine that ...*
mentionnez	*mention*
modifiez	*change*
préparez les tâches suivantes en français	*prepare the following tasks in French*
préparez un dépliant, un poster	*prepare a brochure, a poster*
présentez-vous	*introduce yourself*
racontez ce que vous avez fait	*say what you did*
racontez les choses que vous avez faites	*say what you did*
racontez vos impressions	*give your impressions*
remplissez la fiche	*fill in the form*
remplissez le formulaire	*fill in the form*
répondez à la lettre	*reply to the letter*
répondez aux questions posées dans la lettre	*answer the questions asked in the letter*
vous pouvez utiliser un dictionnaire	*you may use a dictionary*

Common commands in the tu form

arrange	*arrange*	lis	*read*
choisis	*choose*	mentionne	*mention*
coche	*tick*	mets	*put*
complète	*complete*	note	*note*
corrige	*correct*	parle	*speak (about)*
décide	*decide*	pose	*ask (questions)*
décris	*describe*	prépare	*prepare*
demande	*ask*	raconte	*tell (a story)*
dessine	*draw*	regarde	*look at*
donne	*give*	remplis	*fill in*
écoute	*listen to*	réponds	*reply*
écris	*write*	salue	*greet*
encercle	*circle*	souligne	*underline*
explique	*explain*	tourne	*turn*
fais	*make*	trouve	*find*
finis	*finish*	tu peux	*you can*
imagine	*imagine*	utilise	*use*
indique	*indicate*		